Carl Appel

Allgemeines Liederbuch für deutsche Krieger

Carl Appel

Allgemeines Liederbuch für deutsche Krieger

ISBN/EAN: 9783743371798

Hergestellt in Europa, USA, Kanada, Australien, Japan

Cover: Foto ©Thomas Meinert / pixelio.de

Manufactured and distributed by brebook publishing software (www.brebook.com)

Carl Appel

Allgemeines Liederbuch für deutsche Krieger

„Alldeutschland hie!“

Allgemeines Liederbuch

für

deutsche Krieger-, Militär- u. patriotische Vereine, actives Militär und gesellige Vereine.

Eine Festgabe zum 2. Januar 1886

herausgegeben von

Carl Appel, Buchhändler und Krieger von 1870/71

und

Oscar Mauck, Gymnasialgesanglehrer.

Motto: Im Frieden froh vereinigt singen,
Im Kriege treu vereinigt ringen,
In Lied und Kampf „Alldeutschland hie!“
Das ist die schönste Harmonie.
Felix Dahn.

Weilburg, Verlag von Carl Appel.
1886.

Zur Feier 25jähriger ruhmvoller Regierung.

Gold'ne Abendsonne scheinet hell und friedlich einem Leben,
Dem der Himmel unermeßlich reichen Segen hat gegeben,
Das er gnädig hat berufen, Glück und Frieden uns zu bringen
Nach der Waffen wildem Tosen, nach gewalt'gem Kampfesringen
Deutschland eins und stark zu machen, **Preußens König** war beschieden,
Und als **Deutscher Kaiser** schützt er mächtig nun den Völkerfrieden.
Treu geliebter Kaiser Wilhelm! wieder schallet Jubelrufen.
Gruß und Dank und Segenswünsche kommen zu des Thrones Stufen,
Nimm' mit Deiner Huld und Güte diese Festesgabe auch,
Drinnen weht durch Blatt und Blüthe von der **großen Zeit** ein **Hauch**.

Carl Appel.

Vorwort.

Anläßlich vielfach in letzter Zeit bei patriotischen Festlichkeiten geäußerter Wünsche, ein zu diesen Festen geeignetes, wirklich patriotisches Liederbuch zu besitzen, hat es der Unterzeichnete mit gütiger Beihilfe des Herrn Gymnasial-Gesanglehrers Oscar Mauck von Weilburg versucht, ein möglichst reichhaltiges, dabei aber äußerst preiswürdiges Büchlein zu schaffen und dasselbe unter der Flagge „**Alldeutschland hie**“ als Festgabe zum 2. Januar 1886, dem 25. Jahrestage des Antritts der glorreichen Regierung Sr. Majestät des Königs Wilhelm von Preußen und Kaiser des Deutschen Reiches den Kameraden zu übergeben.

Ein allgemein verwendbares Liederbuch für deutsche Krieger-, Militär-, patriotische und gesellige Vereine und actives Militär soll es sein und als Hauptzweck besonders den haben, die einzelnen Vereine sich einänder näher zu rücken und zur Einheit zu führen Macht es doch immer einen anheimelnden Eindruck, wenn man im Kreise neuer Bekannter an einem anderen Ort dieselben Lieder mitsingen kann, welche man im Verein zu Hause erlernte.

In dem Büchlein sind wohl alle bekannten und beliebten Vaterlandslieder und Volksweisen enthalten, dabei ist den Specialeigenthümlichkeiten der einzelnen deutschen Stämme möglichst Rechnung getragen, ferner hat der Verfasser viele bis jetzt noch nicht sangbar gemachte Lieder, welche aber verdienen, im Volksmund und im Liede weiter zu leben durch bekannte oder leichte neue Melodien eingeführt und glaubt hiermit keinen Fehlgriff gethan zu haben.

Ich übergebe das Büchlein Euch, geehrte Kriegskameraden, mit der Bitte, es geneigtest aufnehmen zu wollen, als Festgabe zum Jubeltage unseres allverehrten obersten Kriegsherrn und bitte, mich auf die anhaftenden Mängel aufmerksam zu machen und mir wohlgemeinte Rathschläge und Winke nicht vorenthalten zu wollen und verbleibe mit kameradschaftlichem Gruß und Handschlag und im Voraus für die freundliche Aufnahme und gütige Unterstützung meines patriotischen Unternehmens bestens dankend Euer treuer Kamerad

Weilburg, den 18. October 1885.

Carl Appel.

I.
Vaterlands- und Kriegslieder.

1. An das Vaterland.

Mäßig. C. Kreutzer.

2. Bundeslied vor der Schlacht.

2. Hinter uns, im Grau'n der Nächte, liegt die Schande, liegt die Schmach, liegt der Frevel fremder Knechte, der die deutsche Eiche brach. Unsre Sprache ward geschändet, unsere Tempel stürzten ein: unsre Ehre ist verpfändet, deutsche Brüder lös't sie ein! Brüder die Rache flammt! Reicht Euch die Hände, daß sich der Fluch des Himmlischen wende! Lös't das verlorene Palladium ein.

3. Vor uns liegt ein glücklich Hoffen, liegt der Zukunft goldne Zeit, steht ein ganzer Himmel offen, blüht der Freiheit Seligkeit. Deutsche Kunst und deutsche Lieder, Frauenhuld und Liebesglück, alles Große kommt uns wieder, alles Schöne kehrt zurück. Aber noch gilt es ein gräßliches Wagen, Leben und Blut in die Schanze zu schlagen; nur in dem Opfertod reift uns das Glück.

4. Nun mit Gott, wir wollen's wagen, fest vereint dem Schicksal stehn, unser Herz zum Altar tragen, und dem Tod entgegen

geh'n. Vaterland dir woll'n wir sterben, wie dein großes Wort gebeut! Uns're Lieben mögens erben, was wir mit dem Blut befreit. Wachse du Freiheit der deutschen Eichen, wachse empor über unsere Leichen, Vaterland, höre den heiligen Eid.

5. Und nun wendet Eure Blicke noch einmal der Liebe nach, scheidet von dem Blüthenglücke, das der gift'ge Süden brach. Wird Euch auch das Auge trüber, keine Thräne bringt Euch Spott, werft den letzten Kuß hinüber, dann empfehlt Euch Eurem Gott. Alle die Lieben, die für uns beten, alle die Herzen, die wir zertreten, tröste und schütze sie ewiger Gott.

6. Und nun frisch zur Schlacht gewendet, Aug' und Herz zum Licht hinauf! Alles Ird'sche ist vollendet und das Himmlische geht auf. Faßt Euch an, ihr deutschen Brüder! Jede Nerve sei ein Held, treue Herzen sehn sich wieder. Lebewohl für diese Welt! Hört Ihr's, schon jauchzt es donnernd entgegen: Brüder hinein in den blitzenden Regen! Wiedersehn in der besseren Welt.

Th. Körner.

3. Bundeslied.

Marschmäßig. Nach Sturz.

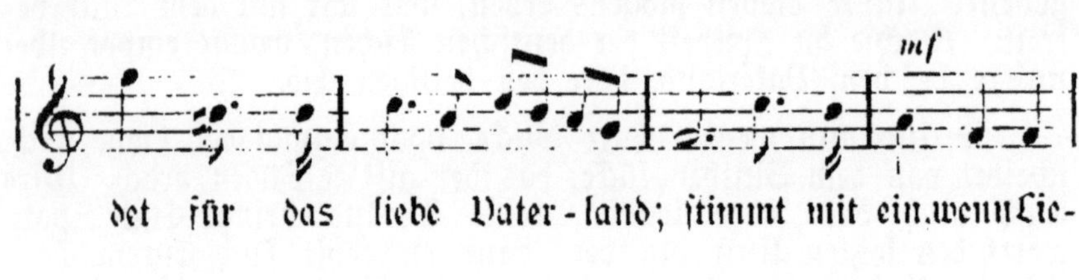

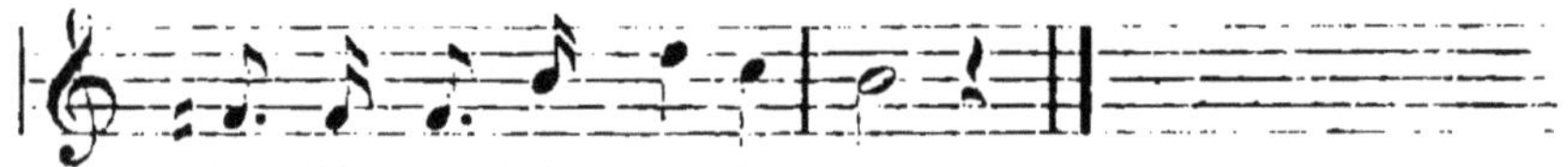

2. Nicht die Stämme sollen trennen, was vereinigt Sitt' und Wort, Deutsche wir uns Alle nennen, wie im Süden, so im Nord: Deutsche Sprache, deutsche Sitte, deutsche Treu und deutscher Muth weilen in des Bundes Mitte als gemeinschaftliches Gut.

3. Deutsch zu singen, deutsch zu denken, deutsch zu streiten jeder Zeit, deutschem Geist uns ganz zu schenken seien Alle wir bereit! Schwarz-weiß-roth die Fahnen wehen, flattern Allen uns voran, treu zum Reiche laßt uns stehen, treu geeinigt Mann für Mann.

4. Treu als Bürger, stark als Krieger, dienen wir dem Vaterland. Einig sind die deutschen Sieger, was der Franzmann wohl empfand. Einig steh du Volk in Waffen zu dem Kaiser, zu dem Reich, hüte was dir Gott geschaffen deinem besten Kleinod gleich!

5. Friede, Weib und Kind erhalten, schützen jeden deutschen Heerd, soll uns Hader nimmer schalten, so jed' echter Deutsche schwört. Deutsche Marken, deutsche Bande, allzeit bleiben sie vereint, Gott, der Einigkeit uns sandte, hat es gut mit uns gemeint.

6. Treu vereint in schönem Bunde, der geweiht dem Vaterland, sind wir willig jede Stunde, ihm zu weihen Herz und Hand ihm zu opfern unser Leben, wenn es gilt, sind wir bereit, stets sei's unser heilig Streben, treu zu sein dem Fahneneid!

7. Froh begeistert in dem Liede einig rufen wir Hurrah! Gott das deutsche Reich behüte, dreimal Hoch Germania! Treu im Kriege wie im Frieden, pflegen schön wir den Gesang, Halten treu zu Reich und Kaiser unser ganzes Leben lang.

8. Deutsches Lied aus deutschem Munde, schalle laut und schalle hell, sei es uns'rem deutschem Bunde wahrer Freundschaft steter Quell, Gott erhalte, laß uns pflegen allezeit das deutsche Lied, preisend deutscher Einheit Segen werden wir im Lied nicht müd'.

Lied für „Alldeutschland hie."

4. Reichschoral.

Melodie: „Lobe den Herrn, den Mächtigen."

1. Allmacht, die furchtbar, die gnadenvoll über uns schaltet, Urlicht, vor welchem die sterbliche Weisheit veraltet, Gott unser Gott, Hochmuth verwehrt in Spott, wo deine Herrlichkeit waltet.

2. Vater der Menschen, du sah'st unsre Arbeit und Streben, hast unser Sehnen gewürdigt, das Reich uns gegeben, ein Vaterland, hast uns zur Rettung gesandt, hast uns erwecket zum Leben.

3. Schütz' uns Allmächtiger, behüt uns die leuchtende Krone, segne dein Deutschland, daß Friede und Freude drin wohne; Freiheit und Recht blüh von Geschlecht zu Geschlecht; Eintracht und Treue belohne!

4. Vater, o Vater, gieb, daß wir nicht Schuld auf uns laden! Schrecke die Feinde rings um, so da sie sinnen zu schaden! Führe das Reich, Kaiser und Völker zugleich, schenk' ihm die Fülle der Gnaden.

5. Schickest Du Stürme, wir wollen sie muthig erwarten: Eichen erstarken im Sturmwind; dem winterlich harten, Prüfung, o Gott, beuget uns Deinem Gebot, sei uns verwehret Dein Garten.

6. Vater im Himmel, Du heiliger, hör' unser Flehen, sende dem Reiche das Heil aus den himmlischen Höhen; wahr' es im Geist, der sich Dir kräftig erweist, laß Dir's zum Ruhme bestehen.

Ungenannt.

5. Ein prophetisches Wort.

Melodie: „Preisend mit viel schönen Reden."

1. Als ein Wort prophet'schen Geistes sang uns unser Felix Dahn, Deutschland wird nicht untergehn auf der großen Völkerbahn!

2. Ernst und traurig klang die Weise, die er sang vom deutschen Reich, doch verheißend auch und tröstend und ermuthigend zugleich!

3. In den Sternen steht geschrieben, einst ersteht ein deutsches Reich, das dem alten römisch-deutschen wohl an Glanz und Ehren gleich!

4. Volk! so sang er hochbegeistert, vorwärts schau und nicht zurück, in der Zukunft liegt dein Hoffen, liegt dein Sehnen, liegt dein Glück!

5. Schaue vorwärts, schau nicht rückwärts, daß der Gram dich nicht verzehrt, deutscher Mann und Jüngling, sang er, traue deinem Recht und Schwert.

6. Was der Dichter hat gesungen und verheißen wurde wahr, hoch fliegt jetzt des deutschen Reiches majestät'scher Kaiseraar.

P. S. Von dem schönen Dahn'schen Gedicht begeistert, zog der Verfasser dieses Liedes froh und muthig in den Krieg und hat später in dankbarer Erinnerung an dasselbe dieses Lied geschrieben; das schöne Dahn'sche Gedicht steht unter den Vaterlandsliedern und beginnt: „Ich weiß ein Lied u. s. w."

Lied für „Alldeutschland hie."

6. Nibelungenschatz.

Melodie: „Einsam bin ich nicht alleine."

1. Alter Schatz der Nibelungen, lang hast du im Rhein geruht, lange hat man dich besungen als ein schönes, hohes Gut.

2. Einigkeit du solltest bringen, deutschem Lande Glanz und Ehr; doch wer wollte dich erringen, mußte ziehen erst zur Wehr.

3. Welschland suchte dich zu haben, wollte nehmen deutschen Rhein, lange war dies schon sein Streben; doch dies durft' und sollt nicht sein.

4. Habsucht, Ehrsucht ließen schlafen unsern welschen Nachbar nicht, darum mußten wir ihn strafen, wie es Hausrecht war und Pflicht.

5. Als der Welsche war vertrieben, fanden wir den gold'nen Hort, deutsch ist unser Rhein geblieben, wird es bleiben immerfort.

6. Endlich ist der Schatz gehoben, den der Hagen hat versenkt, deutsche Zwietracht ist zerstoben, uns ein deutsches Reich geschenkt.

7. Jetzt der Schatz der Nibelungen schmückt den besten deutschen Sohn, und der Schatz, den wir besungen, glänzt als deutsche Kaiserkron'!

8. Hohenzollern werden hüten heilig unsren Einheitshort, Reich und Kaiser blüht in Frieden, blühet, blühet immerfort.

Lied für „Alldeutschland hie."

7. Deutscher Schwur.

Melodie: „Steh ich in finstrer Mitternacht."

1. Alldeutschland liebes Vaterland, an das uns knüpft der Liebe Band, du bist uns heilig jeder Zeit, dir gilt der erste heil'ge Eid!

2. Der zweite Schwur, er gilt dem Mann, der überall steht obenan, dem deutschen Kaiser fromm und gut, dem Kaiser weih'n wir Gut und Blut.

3. Und der Familie unsrem Heim, des wahren Glückes edlem Keim, geloben Treu wir alle Zeit in einem feierlichen Eid!

4. Erhalte Kaiser uns und Reich, sei gnädig unsrem Völkerzweig, beschirm uns Kind, beschütz uns Weib und steter Schutz dem Hausstand bleib.

5. Laß uns erfüllen unsre Pflicht, laß wanken uns, verzagen nicht, beschirme Kaiser, Vaterland, und der Familie heil'ges Band!

(Unbekannt.) Lied für „Alldeutschland hie!"

8. Gelübde eines deutschen Knaben.

1. Als die Trommel klang Thal und Feld entlang: „Auf zum Rhein, zum

deutschen Rhein,“ „Vorwärts nach Paris“ der Trom-peter blies,

ach da war ich noch zu klein, konnt' die Büchse noch nicht

tragen, konnt' die Feinde noch nicht schlagen; doch wo Deutsch-

land schritt und stritt, zog mein Herz stets fröhlich

mit.

2. Wenn die Botschaft kam von dem Siegesplan, Deutschlands Fahne weiter flog, schaute ich freudig drein, stimmte jubelnd ein: „König Wilhelm lebe hoch!“ Und wenn schwer das Wetter drohte, Thränen bracht' der Todesbote, bat ich still den lieben Gott: Herr mach Du den Feind zu Spott.

3. Doch bin ich einst groß und geht's wieder los, ach dann bin ich auch dabei! Wie die Väter dann stell' ich meinen Mann fest in alter deutscher Treu! Hai! wie will ich wacker reiten,

muthig kämpfen, tapfer streiten! Wer für Deutschland stritt und fällt, ist allein ein rechter Held. G. Furste.

9. Die Schlacht an der Katzbach.

Eigene Melodie.

1. An der Katzbach, an der Katzbach, heißa gab's ein gräßlich Tanzen! Wilde wüste Wirbelwalzer tanzten da die schnöden Franzen.
2. Ja es strich den ganzen Brummbaß auch ein alter deutscher Meister, Marschall Vorwärts, Fürst von Wahlstatt, Gebhardt, Lebrecht Blücher heißt er.
3. Ja Marsch alle vorwärts! heißt er, hart kann Euch der Gebhardt geben, Lebrecht heißt der Wahlstatt Meister, denn er führt das rechte Leben,
4. Auf dem Tanzsaal hat der Blücher mit Kanonenblitz geleuchtet, schaart Euch lustig grüne Tücher, die beim Tanz so wohl befeuchtet.
5. Und er wichst den Fidelbogen erst mit Goldberg sich und Jauer. Hui nun hat er ausgezogen und sein Spiel ist Nordsturmschauer.
6. Hui der Tanz ging nicht bedächtig, alle faßt ein kitzlich Rasen, wie wenn heulend übermächtig Stürm' in Windmühlräder blasen.
7. Doch der Alte will's bequemlich, daß man tanze mit Behagen, läßt er deutlich, wohl vernehmlich deutschen Takt mit Kolben schlagen.
8. Sagt, wer ist's, der hart beim Alten schwer die große Pauke rühret, der mit grimmigen Gewalten plump den Donnerhammer führet?
9. Gneisenau der freie Ritter! Deutschlands Neider, Deutschlands Tadler schlägt des Paares Kraft in Splitter, ein lebend'ger Doppeladler.
10. Und den Kehraus kratzt der Alte, arme Franzen, arme Mädel, was für Tänzer schickt der Alte? Hussassa! die Todenschädel.
11. Doch als ihr zu sehr erhitzet in den höllenmäß'gen Spielen, so daß Blut und Hirn Euch schwitzet, ließ er Euch die Katzbach kühlen.
12. Aus der Katzbach beim Erstarren hört den alten Spruch Ihr sausen: feile Buben, geile Narren muß man mit der Kolbe lausen.

13. So hat deutsches Volk gefochten, keine Sklaven, keine Fürsten; und was Zwingherrnwitz geflochten, brach der Freiheit Rachedürsten.

14. Blücher! Katzbach! schrei't Germanen, in der Becher Jubeltöne jubelt, jubelt, daß der Ahnen Sternenzelt Walhalla dröhne.

August Ludwig Follen.

9a. Deutsche Feier.

Eigene Melodie.

1. Auf ihr meine deutschen Brüder, feiern wollen wir die Nacht, schallen sollen frohe Lieder bis der Morgenstern erwacht. Laßt die Stunden uns beflügeln, hier ist echter deutscher Wein, mild gerei't an deutschen Hügeln und gepreßt am alten Rhein.

2. Wer in fremdem Tranke prasset, meide dieses freie Land, wer des Rheines Gabe hasset, trink' als Sklav' am heißen Strand. Singt in lauten Wechselchören, Dichter die das Herz erfreu'n, sollten uns Gesänge lehren; Liederklang würzt uns den Wein.

3. Jeder wack're Deutsche labe, der es treu und redlich meint, jedem deutschen Manne gebe Gott den wärmsten Busenfreund und ein Weib in seine Hütte, das ihm sei ein Himmelreich und ihm Kinder geb', an Sitte unseren braven Vätern gleich!

4. Leben sollen alle Schönen, die von fremder Thorheit rein, nur des Vaterlandes Söhnen ihren keuschen Busen weih'n! deutsche Redlichkeit und Treue mach' uns ihrer Liebe werth: drum wohlan der Tugend weihe, jeder sich, der sie begehrt.

5. Trotz geboten allen Denen, die mit Galliens Gezier, uns're Muttersprache höhnen; ihrer spotten wollen wir! ihrer spotten! aber Brüder, rein und gut, wie dieser Wein, sollen alle uns're Lieder bei Gelag und Mahlen sein.

J. M. Miller.

10. Der deutsche Schwur.

Melodie: „Wo Muth und Kraft.“

1. Auf Brüder, auf, beginnt das Lied der Weihe, stimmt kräftig an den festlichen Gesang; dem deutschen Land, dem Land der

Kraft und Treue tön' unser Lieder heller Jubelklang! Dich haben wir erkoren, Dir haben wir geschworen, o Vaterland im Kampfe fest zu steh'n, für dich, wenn's gilt, auch in den Tod zu geh'n.

2. Dir weih'n wir uns, Du heil'ge Muttererde, für Dich sind wir zu kämpfen stets bereit, sei's mit dem Wort, sei's mit dem scharfen Schwerte, wir wanken nicht, wir halten unsern Eid. Dir bleiben wir ergeben, im Tode wie im Leben; für Deinen Ruhm nur glühet unser Herz, Dir sind wir treu, in Freude wie im Schmerz.

3. So blühe denn, o Deutschland und gedeihe, in Frieden groß, siegreich in jedem Streit, und bleib, wie einst, das Land der festen Treue, die Heimath bleib von Recht und Redlichkeit. Noch lange Dir ertöne das Festlied Deiner Söhne, und wo der deutschen Sänger Fahne wallt, dort auch Dein Preis, o Vaterland, erschallt.

Ungenannt.

11. Deutschlands Sänger.

Melodie: „An das Vaterland."

1. Auf, ihr Brüder laßt uns wallen in den großen heil'gen Dom, laßt aus tausend Kehlen schallen des Gesang's lebend'gen Strom. Wenn die Töne sich verschlingen, knüpfen wir das Bruderband, auf zum Himmel Wünsche dringen für das theure Vaterland.

2. In der mächt'gen Eichen Rauschen mische sich der deutsche Sang, daß die alten Geister lauschen, sich erfreu'n an deutschem Klang. Deutsches Lied tön' ihnen Kunde fort und fort von deutschem Geist, der in tausendstimm'gen Bunde seine alten Helden preist.

3. Ueberall in deutschen Landen blühet kräftig der Gesang, der aus tiefster Brust entstanden, kündet laut des Herzens Drang. Deutsches Lied aus deutschem Herzen tönet fort von Mund zu Mund, hemmt die Klagen, heilt die Schmerzen, knüpfet freier Männer Bund.

4. Sei gegrüßt du Fest der Lieder, ströme Freud' und Sorgen aus, daß die Schaaren trauter Brüder kehren froh ins Vaterhaus. Nun wohlan denn, Deutschlands Söhne, reichet Euch die Bruderhand, und die frohe Kunde töne durch das weite Vaterland.

A. H. Weißmann 1808.

12. Auf, mein Deutschland.

Marschtakt.

1. Auf, mein Deutschland, schirm dein Haus, stelle deine Wachen

aus, keine Zeit ist zu ver - lieren, wenn der Erb - feind

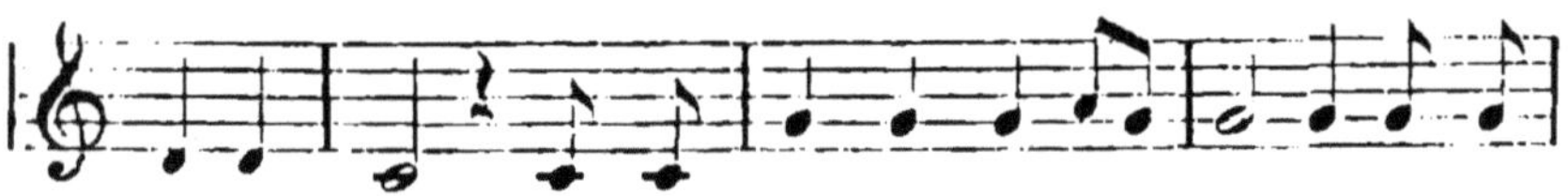

schlägt ans Schwert! Laß marschi - ren, laß marschiren, daß die

Grenze sei be- währt, laß mar- schiren, laß mar- schi - ren,

daß die Grenze sei be - währt.

2. Preußen zieh' dein scharfes Schwert, wie der Blücher dich's gelehrt; kannst fürwahr den Reigen führen: vorwärts soll die Losung sein! :,: Laß marschiren, laß marschiren, von der Weichsel bis zum Rhein. :,:

3. Baiern, Schwaben, all' zu Hauf', pflanzt die Bajonette auf, mit den deutschen Schlachtpaniren! Sachsen, Hessen frisch voran! :,: Laßt marschiren, laßt marschiren, was die Wehre tragen kann! :,:

4. Deutschland so voll Muth und Mark, bist du einig, bist du stark; Kraft und Ehre wird Dich zieren, muß es sein, so schlage drein! :,: Laß marschiren, laß marschiren, dann ist Sieg und Friede dein! :,:

Heinrich von Rustige.

13. Der Sohn der Wittwe.

Melodie: Ich hab' mich ergeben.

1. Auf Sanct Marien stürmen sie übers kahle Feld — das sind des Königs Garden, und jeder Mann ein Held.

2. Die Tambours alle schlagen, laut die Geschütze schrein, dicht schlägt der Eisenhagel in all die Heldenreih'n.

3. Hoch in der Fahne wallet der Aar vor ihnen her, das ist die ältste Fahne im ganzen Preußenheer!

4. Es trägt die ältste Fahne der jüngste Offizier vom Kaiser Alexander-Garde-Grenadier.

5. Ein Dewitz ist der Träger, ein treu Soldatenblut, aus einer alten Sippe im Pommerlande gut.

6. Hoch trägt er seine Fahne und auf der Brust ein Blatt, das ihm die liebe Mutter ins Feld gegeben hat.

7. Sie hat darauf geschrieben den alten, frommen Sang, der auch im Schlachtendonner ihm noch zum Herzen drang.

8. Die Todesloose fallen, ins Blut sinkt Mann auf Mann; der Dewitz mit der Fahne, er geht als Held voran.

9. Da traf auch ihn zum Tode das feindliche Geschoß, der Fähnrich seine Fahne mit seinem Blut begoß.

10. Die Schlachtenwetter brausen darüber dumpf und hohl, der Dewitz liegt erschlagen, wer so stirbt, der stirbt wohl! —

11. Und in die Mutterhände kam wiederum das Blatt, was bis zum Tod am Herzen der Sohn getragen hat.

12. So hatten sie's beredet! Das theure Blatt allein das soll der stille Träger der Todesbotschaft sein!

Georg Hesekiel.

14. Gruß an's Vaterland.

Melodie: Auf Bergeshöh'n, im tiefen Thal.

1. Auf sanfter Höh', im dunklen Hain, ein freundlich Dorf am Wiesen-Rain, auf Feld und Flur, ein stiller Pfad, und dort im Grund ein Mühlenrad. :,: Auf's Herz, aufs treue Herz die Hand, Gott grüße dich mein Vaterland, :,: Gott grüße dich, mein Vaterland.

2. Ein Felsenwall zur Tiefe blickt, ein altes Schloß die Felsen schmückt, ein mächt'ger Strom vorüberschäumt und Rebengrün die Ufer säumt. :,: Auf's Herz, auf's treue Herz die Hand, Gott grüße dich, mein Vaterland, :,: Gott grüße dich, mein Vaterland.

3. Und wenn mir einst das Leben bricht, verschwindet Weltthals Glanz und Licht, dann bettet mich in einen Schrein, im Heimathlande soll es sein. :,: Legt mir auf's kalte Herz die Hand, Gotte schütze dich, mein Vaterland, :,: Gott schütze dich, mein Vaterland.

15. Treu bis in den Tod.

Melodie: Ich hab mich ergeben.

1. Auf wild zerstampften Acker liegt todt ein Grenadier, der festgestanden wacker in heißem Kampf allhier.

2. Als er auf blut'ger Scholle zum Sterben sich geschickt, hat er die Mantelrolle sich untern Kopf gerückt.

3. Um noch hervorzuholen ein Bildniß lieb und traut, er hat sie Gott befohlen, — Die nun verlass'ne Braut.

4. Auch hält mit letzten Kräften das Blatt die kalte Hand, die Augen starr noch heften darauf sich unverwandt, —

5. Und wenn dein Bild nun wieder dir zukommt, blutbethaut, Und Thränen quillen nieder: Gott tröst dich, Heldenbraut!

6. Sei stark und bring' ergeben auch du ein Opfer dar, nachdem er Blut und Leben gelegt auf den Altar.

7. Und sahst du selbst ihm nimmer ins Auge treu und gut: so hat sein letzter Schimmer auf diesem Bild geruht.

8. Du konntest selbst ihm reichen kein Labsal — aber mild durft ihm dies Bild verscheuchen des Todes Schauerbild.

9. Und Liebe, die im Sterben noch stehet frisch und grün, sie kann ja nicht verderben, sie muß ja ewig blühn!

G. Kemmler.

16. Jünglingsmuth.

Melodie: Heil Dir im Siegerkranz.

1. Brause, du Freiheitssang, brause wie Wogendrang aus Felsenbrust! Feig bebt der Knechte Schwarm, uns schlägt das Herz so warm, uns zuckt der Jünglingsarm voll Thatenlust.

2. Gott Vater, dir zum Ruhm flammt Deutschlands Ritterthum in uns auf's Neu; neu wird das alte Land, wachsend wie Feuersbrand, Gott, Freiheit, Vaterland, altdeutsche Treu!

3. Stolz, keusch und heilig sei, gläubig und deutsch und frei Hermanns Geschlecht! Zwingherrschaft, Zwingherrnwitz tilgt Gottes Racheblitz; euch sei der Herrschersitz, Freiheit und Recht!

4. Freiheit, in uns erwacht ist deine Geistermacht! Heil dieser Stund'! Glühend für Wissenschaft, blühend in Jugendkraft, sie Deutschlands Jüngerschaft ein Brüderbund,

5. Schalle, du Liederklang, schalle, du Hochgesang, aus deutscher Brust: ein Herz, ein Leben ganz, stehn wir wie Wall und Schanz' Bürger des Vaterlands, voll Thatenlust. Karl Follen. († 1840.)

17. Brüder weihet Herz und Hand.

Feierlich. Nauck.

2. Ewig lodere heil'ge Gluth in des deutschen Mannesblut. Mögen auch in Todesschmerzen brechen viele glühn'de Herzen, wo ein heilig Licht verglüht, stets ein neues Herz erblüht.

Volkslied.

18. Heimse ein!

Melodie: Steh' ich in finstrer Mitternacht.

1. Das Korn ist reif, die Ernte winkt; so mähensfroh die Sense blinkt; Wer zwingt das Schwert in Schnitters Hand? Wer schwingt des Krieges Feuerbrand?

2. Es ist der Corse über'm Rhein, er gönnt dem Deutschen kein Gedeih'n; sein Korn mißrieth; vor Neid und Zorn nimmt er nun Deutschlands Korn auf's Korn.

3. Einmüthig, wie noch nie zuvor, strömt Deutschlands Volk aus Thür und Thor, und stellt — Ein Herz, ein Seel', ein Heer — Für's Ein'ge Deutschland sich zur Wehr.

4. Die Stämm und Fürsten allesammt, was nur aus deutschem Blute stammt, ganz Deutschland von der Alp' zum Belt kennt nur den Ruf: Zu Feld! Zu Feld!

5. Ja auf zu Feld! Die Ernte winkt; so mähensfroh die Klinge blinkt; Das Korn ist reif von Waterloo: Nicht wieder mä'hn wir leeres Stroh!

6. Das Korn ist reif von Waterloo! O deutsches Schwert, so mähensfroh, nun heimse ein den Erntestand: Das Elsaß und Lothringerland! M. Moltke.

19. Männer und Buben.

Schrittmäßig. Volksweise.

1. Das Volk steht auf, der Sturm bricht los, wer legt

noch die Hände jetzt feig in den Schooß? Pfui üb'r dich

Buben hinter dem Ofen, unter den Schranzen und unter

den Zo - fen, bist doch ein ehrlos er-bärm-li-cher Wicht.

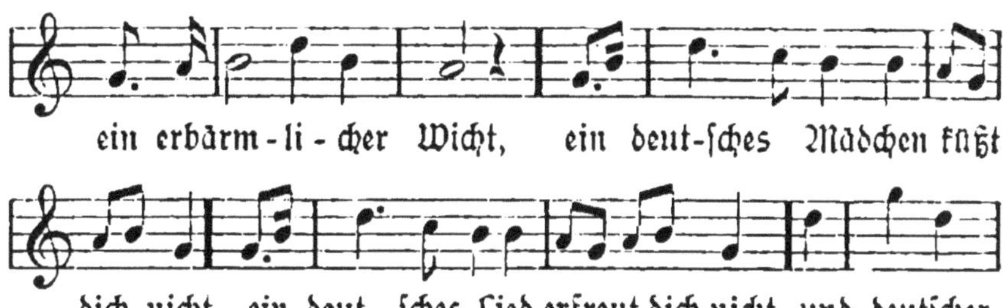

2. Wenn wir die Schauer der Regennacht unter Sturmespfeifen wachend vollbracht: kannst du freilich auf üppigen Pfühlen wollüstig träumend die Glieder fühlen. Bist doch ein ehrlos erbärmlicher Wicht ꝛc.

3. Wenn uns der Trompeten rauher Klang wie Donner Gottes zum Herzen drang: magst du im Theater die Nase wetzen und dich an Trillern und Läufen ergötzen. Bist doch ꝛc.

4. Wenn die Gluth des Tages versengend drückt und uns kaum noch ein Tropfen Wasser erquickt: kannst du Champagner springen lassen, kannst du bei brechenden Tafeln prassen. Bist doch ꝛc.

5. Wenn wir vor'm Drange der würgenden Schlacht zum Abschied ans ferne Treuliebchen gedacht: magst du zu deinen Maitressen laufen und dir mit Golde die Lust erkaufen. Bist doch ꝛc.

6. Wenn die Kugel pfeift, wenn die Lanze saust, wenn der Tod uns in tausend Gestalten umbraust: kannst du am Spieltisch dein Septleva brechen und mit der Spadille die Könige stechen. Bist doch ꝛc.

7. Und schlägt unser Stündlein im Schlachtenroth, willkommen dann, seliger Wehrmannstod! Du verkriechst dich in seidene Decken, winselnd vor der Vernichtung Schrecken; stirbst als ein ehrlos er-

bärmlicher Wicht! ein deutsches Mädchen beweint dich nicht, ein deutsches Lied besingt dich nicht, und deutsche Becher klingen dir nicht. — Stoßt mit an, Mann für Mann, wer den Flamberg schwingen kann! Theodor Körner, 17. Aug. 1813.

(Nach dem Ablauf des Waffenstillstandes.)

20. Das Testament des Landwehrmanns.

Mauck.

2. Ha, wie sie fielen, plötzlich hingestreckt! Die Salven krachten und die Kugeln pfiffen. Was nicht zerschmettert, hat, zu Tod erschreckt, beim Feinde drüben schnell die Flucht ergriffen. Wohl stand der Tod auch hoch in unsern Reih'n, ich mochte nicht nach seiner Ernte schauen: Mag ich nun selbst auch seine Beute sein — Gerettet sind die theuren deutschen Gauen!

3. Halt' fest mein Herz, noch eine Spanne nur! Kommt, Kameraden, reichet mir die Hände, daß ich durch euch zur fernen Heimathflur den letzten Gruß, die letzten Wünsche sende! Nehmt mir vom Finger ab den gold'nen Reif, und wen von euch das heiße Blei verschonet, der bring' ihn — weh, die Glieder werden steif — zu meinem Weib, das weinend ihn belohnet.

4. Mein armes Weib! Die Kleinen frisch und roth! Ich seh' sie vor mir mit den blonden Haaren. Sie sollen klagen nicht um meinen Tod, doch ihre Liebe treulich mir bewahren. Mein Knabe soll, wenn er zum Mann gereift, und wenn der Franzmann, wie er's jetzt getrieben, mit schnöder Gier um uns're Grenzen streift, ihn rückwärts jagen, unter Schuß und Hieben! —

5. Die Sonne weicht, verschleiert naht die Nacht — horch, hört ihr nicht den Jubel in der Ferne?! Sieg, rauscht es Sieg! — Gewonnen ist die Schlacht — nun nehmt mich auf, ihr ew'gen Himmelssterne! Dort sprengt der König — richtet mich empor — die Hörner klingen und die Fahnen fliegen; — o Deutschland, größer warst du nie zuvor! Nie können — deine Söhne — unterliegen!

Ludwig Bund.

21. Meinem Kaiser.

Melodie: „Nun ade du mein lieb' Heimathland."

1. Dem Kaiser sei mein erstes Lied, ihm kling' der erste Klang, des Vaterlandes Schirm und Hort preis' ich mit lautem Sang. Sein Name füllt mit hoher Lust jedwedes Deutschen treue Brust: der Kaiser lebe hoch!

2. Wie meinen Vater lieb' ich ihn bis zu dem letzten Hauch. Was gilt's, wenn er mein Vater ist, mein Kaiser ist er auch. Er blickt von seinem Heldenthron mit Lust auf jeden deutschen Sohn: der Kaiser lebe hoch!

3. Er ist mein Kaiser und mein Held aus herrlichem Geschlecht, und wenn er lautes Lob verschmäht, so preis' ich ihn erst recht! Er ist mein Kaiser und mein Mann, drum sing ich, was ich singen kann: der Kaiser lebe hoch! Ungenannt.

22. Der alte Barbarossa.

Mäßig langsam. Gersbach.

1. Der al - te Bar- ba - ros-sa, der Kai - ser Frie-de-rich,

im unter-ir-di-schen Schlos-se hält er verzaubert sich.

2. Er ist niemals gestorben, er lebt darin noch jetzt; er hat im Schloß verborgen zum Schlaf sich hingesetzt.

3. Er hat hinabgenommen des Reiches Herrlichkeit und wird einst wiederkommen mit ihr zu seiner Zeit.

4. Der Stuhl ist elfenbeinern, darauf der Kaiser sitzt: der Tisch ist marmelsteinern, worauf sein Haupt er stützt.

5. Sein Bart ist nicht von Flachse, er ist von Feuersgluth, ist durch den Tisch gewachsen, worauf sein Kinn ausruht.

6. Er nickt als wie im Traume, sein Aug' halb offen zwinkt; und je nach langem Raume er einem Knaben winkt.

7. Er spricht im Schlaf zum Knaben: Geh hin vor's Schloß, o Zwerg, und sieh, ob noch die Raben herfliegen um den Berg.

8. Und wenn die alten Raben noch fliegen immerdar, so muß ich auch noch schlafen verzaubert hundert Jahr.

Friedrich Rückert 1817.

23. Königslied.

Kraftvoll. Mauck.

1. Der deut - sche Held zieht in das Feld für seines Deutsch-

lands Eh-re greift er zur blut'-gen Weh-re; am Rhein

ü-bern Rhein, nach Frankreich hinein! Pa-ris, Paris soll

un-ser sein.

2. O deutscher Held, dir jauchzt die Welt. „Heil dem König der Ehren!“ Hallt es über den Meeren; kein Welttheil schwieg, sie flehn um Sieg der deutschen Waffen im heiligen Krieg.

3. O deutscher Held, wie's Gott gefällt! Wir stellen's in seine Hände, er führt's zum besten Ende, uns're Sach' ist rein, mit Gott allein führ' uns zum Kriegs- und Siegesreihn.

4. O deutscher Held! Der Herr der Welt verleihe dir, hienieden zu schaffen dauernden Frieden. Nichts ist zu gut, kein Gut, kein Blut, bis der Sieg auf deinen Fahnen ruht.

Karl Goedeke.

24. Bitte um Erhaltung der deutschen Einigkeit.

Melodie: Ich bin der Fürst von Thoren.

1. Der deutsche Süd und Norden nun einig sind geworden, der Einheit Segen kosten der deutsche West und Osten.

2. Das Reich ist schön erstanden, sich alle Deutsche fanden, geeinigt bei den Streiten von Gott in unsren Zeiten.

3. Der Einigkeit gab Segen der Himmel aller Wegen, und ließ von Sieg zu Siegen den deutschen Adler fliegen.

4. Der Himmel alles lenkte so schön, uns Deutschen schenkte er einen Kaiser wieder, dem gelten unsere Lieder.

5. Den Reichesherrn, den treuen, ihn gilt es zu erfreuen, ihm alle Deutsche wollen stets Dank und Ehrfurcht zollen.

6. Denn väterlich zu sorgen, am Abend wie am Morgen, das ist des Kaisers Willen, den stets er wird erfüllen.

7. Gott segne sein Bemühen, laß Glück und Frieden blühen, in Deutschland auf dem Throne Zufriedenheit stets wohne.

8. Den Kaiser Gott erhalte, die Völker niemals spalte, so beten immer wieder, insbrünstig deutsche Brüder.

9. Gott gnädiglich erhöre der Deutschen Bitten, störe, du nimmer Eintracht, Frieden, die du uns hast beschieden.

Lied für „Alldeutschland hie!“

25. Deutsches Kriegslied.

Melodie: Fahr mich hinüber schöner Schiffer.

1. Der Du den Vätern beigestanden im Drange mancher heißen Schlacht, da sie von fremder Knechtschaft Banden die theure Heimath frei gemacht: der Du vom Tage von Großbeeren bis Waterloo Dich offenbart, — o sei mit Deinen Himmelsheeren heut wieder bei der deutschen Art!

2. Die goldnen Adler prunken wieder, und widrig für ein deutsch Gehör, rollt durch die dichtgedrängten Glieder das alte Vive l'empereur! Doch ist's der alte Cäsar nimmer, und wär er's auch, uns schreckt er nicht: Auch seinen Thron schlug einst in Trümmer durch deutsche Kraft des Herrn Gericht!

3. Wir haben die gerechte Sache, den Vätern gleich, und reine Hand: Ein Feiger, der vom eignen Dache nicht abwehrt Raub und Feuerbrand! Und fehlt uns Rußlands Alexander und Bernadott' und Kaiser Franz, heut steh'n nur Deutsche zu einander: Die neue „heil'ge Allianz!“

4. Willkommen Bayern, Sachsen, Schwaben, ihr Brüder all' in Nord und Süd! Der Zwietracht Fluch ist heut begraben, der uns so oft mit Scham durchglüht! Es geht um unser Eins und Alles! Heraus die Klingen! Stimmet ein, und weit durch alle Gauen schall' es: Das ganze Deutschland soll es sein!

Hugo v. Blomberg.

26. Lob des deutschen Mannes.

Melodie: Der Papst lebt herrlich in der Welt.

1. Den Mann, den halt' ich ehrenwerth, deß starke Hand das deutsche Schwert schwingt über seines Feindes Haupt, der Freiheit ihm und Ehre raubt.

2. Dem deutschen Manne sing' ich Heil, deß Herz nicht ist dem Golde feil, der nicht um eiteln Ordenstand verräth sein deutsches Vaterland.

3. Dem Deutschen bring' ich Lob und Ehr', der wie ein Fels im wilden Meer, selbst wenn das Unglück ihn umschwebt, noch stolz das deutsche Haupt erhebt.

4. Mein Lob, es halle fort und fort dem Manne, der sein deutsches Wort so fest hält als sein Schwert und Schild, der's treu an Freund und Feind erfüllt.

5. Und Ruh' und Frieden schweb' herab auf jedes deutschen Mannes Grab, der Ruhm im Leben sich erwarb, vom Frevel rein als Deutscher starb.

J. D. Symanski 1817.

27. Der Gott, der Eisen wachsen ließ.

Kräftig bewegt. Volksweise.

Der Gott, der Eisen wach-sen ließ, der woll-te kei-ne
Drum gab er Säbel, Schwert und Spieß dem Mann in seine

Knechte,
Rechte, drum gab er ihm den küh-nen Muth, den Zorn

der frei-en Re - de, daß er be-stün-de bis auf's Blut, bis

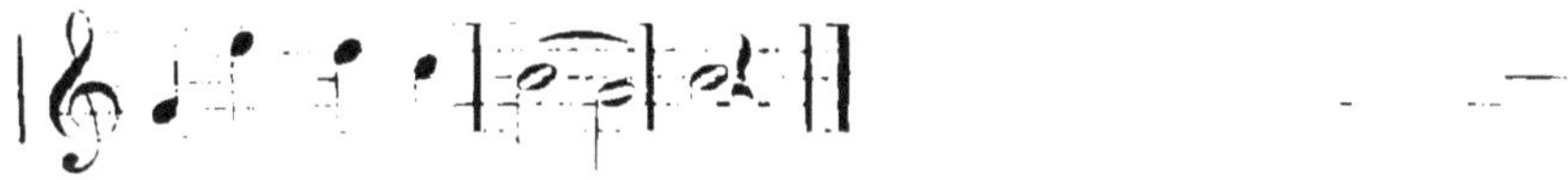

in den Tod die Fehde.

2. So wollen wir, was Gott gewollt, mit rechter Treue halten, und nimmer im Tyrannensold die Menschenschädel spalten: doch

wer für Tand und Schande ficht, den hauen wir zu Scherben, :,: der soll im deutschen Lande nicht mit deutschen Männern erben. :,:

3. O Deutschland, heil'ges Vaterland, o deutsche Lieb' und Treue! Du hohes Land, du schönes Land, dir schwören wir aufs Neue: dem Buben und dem Knecht die Acht! der füttre Krähn und Raben! :,: So ziehn wir aus zur Hermannsschlacht und wollen Rache haben! :,:

4. Laßt brausen, was nur brausen kann, in hellen, lichten Flammen! Ihr deutschen Alle, Mann für Mann, für's Vaterland zusammen! Und hebt die Herzen himmelan, und himmelan die Hände, :,: und rufet Alle, Mann für Mann: „Die Knechtschaft hat ein Ende!“ :,:

5. Laßt klingen, was nur klingen kann, die Trommeln und die Flöten! Wir wollen heute, Mann für Mann, mit Blut das Eisen röthen, mit Henker- und mit Knechteblut, o süßer Tag der Rache! :,: Das klinget allen Deutschen gut, das ist die große Sache! :,:

6. Laßt wehen, was nur wehen kann, Standarten wehn und Fahnen! Wir wollen heut' uns, Mann für Mann, zum Heldentode mahnen. Auf, fliege stolzes Siegspanier, voran den kühnen Reihen! :,: Wir siegen oder sterben hier den süßen Tod der Freien! :,:

Ernst Moritz Arndt 1812.

28. Einer von Sedan.

Melodie: „Wohlauf Kameraden.“ (Zeile 7 u. 8 wie 5 u. 6 zu singen.)

1. „Der Kaiser, der Kaiser gefangen!“ Da dröhnt durch das Heer ein Jubel ohn' Ende, das Jauchzen selbst noch der Verwundeten tönt, sie erheben mit einmal die Hände! Die Helme, die Czakos erheben all' die Tausende freudig gen Himmel: Das Hurrahgebrause, der Jubelschall dröhnt mächtiger als Schlachtengetümmel!

2. Und ein Sterbender fährt noch einmal empor, er richtet sich kerzengerade, ruft laut Hurrah in den donnernden Chor, und der Tod hält ab die Parade! Es stürzt aus der Wunde der Blutstrom roth, ein Laut noch, die letzte Geberde, dann rollet er plötzlich lautlos todt über einen Franzosen zur Erde.

Joh. Fastenrath.

29. Rothbart's Abschied.

Melodie: „Der alte Barbarossa."

1. Der Kaiser Barbarossa, ruht schlummernd tief im Schloß, und um ihn liegen trunken vom Zauber, Mann und Roß.
2. Da stürmt im raschen Laufe zum Saal herein der Zwerg: Herr Kaiser auf! die Raben verlassen Burg und Berg!"
3. Das Haupt das müde, hebet, halb träumend noch, der Stauf; er reibt den Schlaf vom Auge, er springt vom Sessel auf.
4. Er faßt das Schwert und schlägt es an seinen Schild von Gold, daß weithin durch die Wölbung ein Schlachtendonner rollt.
5. Der Ritter und die Knappen, sie fahren rasselnd auf; sie springen in den Sattel und sammeln sich zu Hauf.
6. Es flattern stolze Banner, Drommeten geben Schall, über die Brücke reiten sie fort mit dumpfem Hall.
7. Doch plötzlich hemmt der Kaiser das Roß und blickt ins Thal: Umblitzt von Waffenwogen dort Männer ohne Zahl.
8. Zu Fuß, zu Roß, mit Wagen und Feuerschlünden zieht, der Deutschen Heer vorüber und singt ein Siegeslied.
9. Lang schaut zu Thal der Rothbart, das Haupt gedankenschwer; dann nimmt er ab die Krone, den Herold winkt er her.
10. Und spricht: „Die Krone sendet der Stauf dem Zoller dort. In ihm hat Deutschland endlich gefunden seinen Hort."
11. Er winkt: da rollt ein Donner, da gähnt des Berges Schlund; Mit Ross' und Rittern sinket der Kaiser in den Grund.

R. Aug. Mayer.

30. Barbarossa.

Melodie: „Der alte Barbarossa."

1. Der Kaiser winkt dem Knaben: „Geh', lug ins Land, o Zwerg, ob immer noch die Raben umkreisen meinen Berg."
2. Er sprach's. Gar seltsam leuchtet sein flammen rother Bart; das Auge strahlt befeuchtet von Thränen eigner Art. —
3. Der Knabe war entsprungen, gehorsam, flink, gewandt; schon ist sein Ruf erklungen: „Ich luge tief ins Land."
4. Und meine Blicke haben, so weit die Wolken gehn, nicht mehr die alten Raben den Berg umkreisen sehn.
5. Es lacht der Himmel heiter, ob allen deutschen Gaun! Doch Schaaren tapf'rer Streiter sind rings umher zu schaun.

6. Von Süden wie von Norden, in starker Einigung, an deines Rheines Borden wallt Völkerwanderung.
7. Im Winde wehn die Fahnen, die Deutschen Mann für Mann gehn auf der Ehre Bahnen und Fürsten ziehn voran.
8. Du sahst wohl keinen vollern Heerbann bereit zum Sieg: Wilhelm von Hohenzollern führt Deutschland in den Krieg!"
9. Da kracht es im Kyffhäuser, da loht es himmelan, Erlösung ward dem Kaiser, gebrochen ist der Bann.
10. Aus fremder Herrschaft Banden, ist Land und Volk befreit; und wieder auferstanden des Reiches Herrlichkeit.
11. Es senkt die deutsche Krone, mit Lorbeer frisch umlaubt, Louisen's Heldensohne sich auf das theu're Haupt!

L. K. Aegidi.

31. Das Schlachtfeld.

Melodie: „In einem kühlen Grunde."

1. Der Mond blickt über die Haide so freundlich und so mild, und rings im blut'gen Kleide starrt schaurig das Gefild.
2. Zu Ende sind all die Reigen, die hier sich lustig gerührt, die Schlachtdrommeten schweigen, die schmetternd zum Tanze geführt.
3. Und Viele hat Schlummer umfangen bei klirrendem Schwerterklang, hinweg sind Andere gegangen mit Flöten und Gesang.
4. Ermüdet blieben vom Tanze, auch manche der Gäste zurück und senden zum zitternden Glanze des Mondes den brechenden Blick.
5. Der Mond blickt über die Haide so freundlich und so mild und rings im blut'gen Kleide starrt schaurig das Gefild.

Heinrich Stieglitz.

32. Deutsches Herz.

„Eig'ne Melodie."

1. Deutsches Herz verzage nicht, thu', was dein Gewissen spricht, dieser Strahl des Himmelslichts: Thue recht und fürchte nichts!
2. Baue nicht auf bunten Schein, Lug und Trug ist dir zu fein, schlecht geräth dir List und Kunst, Freiheit wird dir eitel Dunst.
3. Doch die Treue ehrenfest, und die Liebe die nicht läßt, Einfalt, Demuth, Redlichkeit stehn dir wohl, du Sohn von Teut.

4. Wohl steht dir das grade Wort, wohl der Speer der grade bohrt, wohl das Schwert, das offen ficht und von vorn die Brust durchbricht.

5. Deutsche Freiheit, deutscher Gott, deutscher Glaube ohne Spott, deutsches Herz und deutscher Stahl sind vier Helden allzumal.

6. Diese steh'n wie Felsenburg, diese fechten Alles durch, diese halten tapfer aus in Gefahr und Todesbraus.

7. Drum, o Herz, verzage nicht, thu was dein Gewissen spricht, dieser Strahl des Himmelslichts, thue recht und fürchte nichts.

Ernst Moritz Arndt.

33. Das deutsche Volk.

Melodie: „Gott erhalte Franz den Kaiser."

1. Deutsches Lied in deutscher Weise sing', o Sohn des Vaterlands! In der Länder weitem Kreise trägt es stolz den Ehrenkranz! Aus der Wälder düsterm Grauen schuf es seine Saat; eigner Kraft will's kühn vertrauen, :,: wehrhaft stehn im Männerath! :,:

2. Hoch auf Bergen flammt das Feuer! Licht und Wahrheit strömen aus! Hehre Freiheit, sei uns theuer! Eintracht wohn im Vaterhaus! Allen Völkern, nah und ferne, reichen wir die Bruderhand; uns vereinen ew'ge Sterne, :,: All' ein Glaub', ein Heimathland! :,:

3. Seht die heil'ge Fahne wallen! Freudig steigt der Kaiseraar; dorthin zu den Sieges Hallen, ziehe fromme Heldenschaar! Deutsche Liebe, deutsche Treue, deutsches Wort auf Felsengrund! Später Enkel Schwur erneue, :,: deutschen Muth und deutschen Bund! :,:

Römer.

34. Heimkehr.

Gemäßigte Bewegung. Schäffer.

1. Deutsche Worte hör' ich wieder, sei ge-grüßt mit Herz

und Hand, Land der Freude, Land der Lieder, schö - nes heitres

Va - ter - land! Fröh-lich kehr' ich nun zu-rück, Deutschland,

Deutschland, du mein Trost, mein Glück, Deutsch - land, Deutsch-

land, du mein Trost, mein Glück.

2. O wie sehnt' ich mich so lange doch nach dir, du meine Braut! :,: Und wie ward mir freudebange, als ich wieder dich erschaut! :,: :,: Sei gegrüßt mit Herz und Hand, :,: :,: Deutschland, du mein Vaterland!

3. Alles Guten, alles Schönen reiche, sel'ge Heimath du! :,: Fluch den Feinden, die dich höhnen, Fluch den Feinden, deiner Ruh! :,: :,: Weg mit wälschem Lug und Tand, :,: :,: Deutschland ist mein Vaterland :,:

Hoffmann von Fallersleben 1839.

35. Der deutsche Jüngling.

Innig. March.

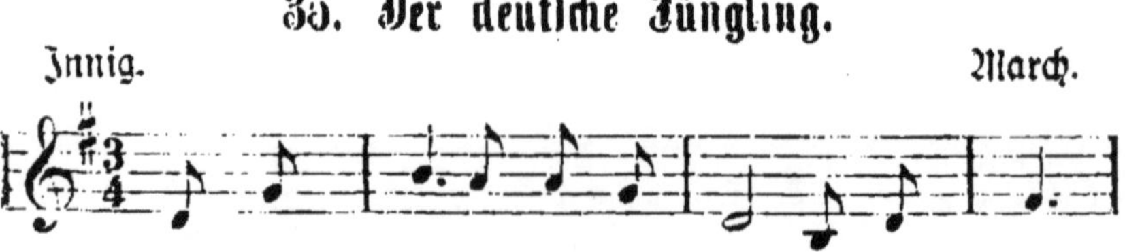

1. Deutschland, dei - nes Namens Klang tönt wie fest-

li-cher Ge-sang. Deutsch zu hei-ßen will ich streben, Deutsch-

land Blut und Leben weihn, nur in Deutschland will ich

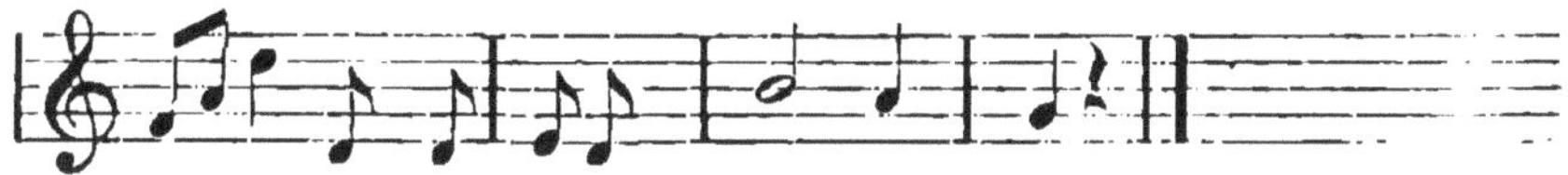

le-ben und ein echter Deut-scher sein.

2. Deutschland Deiner Männer Arm, trotzte kühn der Feinde Schwarm, hoher Helden Geister schweben über dir im Sternenschein! Nur in Deutschland &c.

3. Deutschland du mein Vaterland, wo sich Treu und Muth verband! Biedersinn und Liebe geben sich die Hand im deutschen Hain! Nur in Deutschland &c.

4. Deutschland Dir mein Vaterland, weih' ich Herz und Mund und Hand! Deutsche Lieder sie erheben mir mein deutsches Herz allein. Nur in Deutschland &c.

L. Robert.

36. Lied der Deutschen.

Weise von Jos. Haydn: „Gott erhalte Franz, den Kaiser." 1797.

1. Deutschland, Deutschland über Alles, über Alles in der Welt, wenn es stets zu Schutz und Trutze brüderlich zusammenhält, von der Maas bis an die Memel, von der Etsch bis an den Belt, Deutschland, Deutschland über Alles, über Alles in der Welt!

2. Deutsche Frauen, deutsche Treue, deutscher Wein und deutscher Sang sollen in der Welt behalten ihren alten, schönen Klang, und zu edler That begeistern unser ganzes Leben lang. Deutsche Frauen, deutsche Treue, deutscher Wein und deutscher Sang!

3. Einigkeit und Recht und Freiheit für das deutsche Vaterland! Danach laßt uns Alle streben brüderlich mit Herz und Hand! Einigkeit und Recht und Freiheit sind des Glückes Unterpfand. — Blüh im Glanze dieses Glückes, blühe, deutsches Vaterland!

Hoffmann von Fallersleben.

37. Deutschland hol' dir Elsaß wieder.

Melodie: „Preisend mit viel schönen Reden"

1. „Deutschland hol' dir Elsaß wieder, zeige dich in Kraft und Muth, streck' die welschen Feinde nieder, denn es gilt ein hohes Gut.

2. Deutsche Männer, treu und bieder, kennt ihr die Geschichte nicht? holet uns Lothringen wieder, wo man deutsch noch immer spricht.

3. Deuschland hol' dir Straßburg wieder, wo so mancher deutsche Mann, streitend sank im Kampfe nieder, und vergiß die Trennung dann."

4. Anno sechzig muthig nieder dieses Wort ein Knabe schrieb, Anno siebzig half er wiederholen 's Land, das uns so lieb.

5. Er marschirte ohne Beben in den Krieg und blut'gen Streit, dankte Gott, daß er erleben ließ ihn diese große Zeit.

6. Deutsches Reich ist neu erstanden, herrlich in der alten Pracht, los das Land von welschen Banden, deutsches Schwert hat's frei gemacht.

7. Deutsches Reich in neuer Blüthe strahlt so herrlich und so schön, Gott in deiner Vatergüte laß das deutsche Reich bestehn.

Appel.

38. Des Prinzen Traum.

Melodie: „Preisend mit viel schönen Reden."

1. Deutschland lag in schweren Banden, war gedrückt von fremdem Joch, nur in wenig deutschen Männern lebte Muth und Hoffnung noch.

2. Aller deutschen Frauen beste, Preußens Königin, war todt, denn das Herz hat ihr gebrochen ihres Landes Schmach und Noth!

3. Trauer war in Schloß und Hütte; Fürst und Völker klagten laut, denn der Königin Luise hatten alle ja vertraut!

4. An der Gruft der theuren Mutter kniet Prinz Wilhelm, bang das Herz, denn der Tod der besten Mutter brachte Sorgen ihm und Schmerz.

5. Trauernd ist er eingeschlafen, süßer Traum bringt Trost und Licht, seiner Mutter Bild erscheint ihm, und sie rufet: Klage nicht!

6. Laß das Trauern, theurer Knabe, werde du ein tapferer Mann, breche mit dem deutschen Heere deutschem Sinn und Geiste Bahn!

7. Wache auf und zage nimmer! Morgenröthe bald erscheint, welche die getrennten Stämme deutschen Landes schön vereint!

8. Frei von fremdem, welschen Drucke, frei von banger dunkler Nacht, wird das deutsche Reich gewaltig auferstehn'n in alter Pracht!

9. Einen Kuß noch auf die Lippen drückt sie ihrem Lieblingssohn, der von diesem Kuß erwachte — war er künftiger Thaten Lohn?

10. Ist die Mutter auch verschwunden, in dem Prinzen lebt ihr Geist und das Trostwort seiner Mutter auf zur That erwachen heißt.

Ziehet mit in blut'ge Schlachten, und sein Volk es folgt ihm gern, sieht es doch in seinem Prinzen neuen Glückes hellen Stern.

12. Was als Prinz er mit begonnen, König Wilhelm hat's vollbracht, siegte mit den deutschen Truppen über Frankreichs neid'sche Macht.

13. Welsches Reich ist nun gezüchtigt, Einigkeit ist uns bescheert, jeder Mann im deutschen Reiche unsern Kaiser Wilhelm ehrt.

14. Frühling ist's, des Reiches Frühling grünend uns entgegen lacht, mit dem deutschen Kaiser Wilhelm ist das deutsche Reich erwacht!

15. An dem Jubelfest des Kaisers beten wir mit Herz und Mund, schütze Gott den edlen Kaiser, herrsche er noch lang gesund.

Lied für Alldeutschland hie.

39. Der Altvorderen Trinksprüche.

Weise: „Stimmt an mit hellem, hohem Klang."

1. Die Alten hielten frohen Sang nebst frommem Wunsch in Ehren, sie mochten gern mit hellem Klang die Wunschesbecher leeren.

2. Ihr erstes „Grüß Gott" scholl allzeit dem deutschen Vaterlande; es grün' und blüh' in Ewigkeit im heil'gen Reichsverbande.

3. Der zweite Spruch, der andre Trunk, galt Treue, Huld und Frieden, auf gute Zeit, Sitt', Ehr' ohn' Prunk, was unserm Thun beschieden.

4. Der Braga-Becher ward geleert den heimgefahrnen Helden, von deren Landwehr wohl bewährt, noch Lieder Wunder melden.

5. Nun trinken wir der Minne Sold, was liebt und leibt und lebet, den Feinden Grimm, den Freunden hold, die Tugend hoch erhebet.

6. Im Winnfeld sühnt' einst unsere Schmach Hort Hermann's Blutvergießen; drum soll ihn noch beim Festgelag der letzte Hochklang grüßen.

Friedrich Ludwig Jahn.

40. Wo liegt Paris.

Eigene Melodie:

Die Heere blieben am Rheine steh'n: soll man hinein nach Frankreich gehen? Man dachte hin und wieder nach, allein der alte Blücher sprach: „Generalkarte her! „Nach Frankreich gehn ist nicht so schwer. „Wo steht der Feind? — Der Feind — dahier! „Den Finger drauf, den schlagen wir!“ — Wo liegt Paris? — Paris — dahier! „Den Finger drauf, das nehmen wir! Nun schlaget die Brücken über'n Rhein! Ich denke, der Champagnerwein wird wo er wächst, am besten sein.“

A. Kopisch.

41. Zum Kampfe.

Melodie: „Wenn Alle untreu werden.“

1. Die Kriegstrompeten klingen, bald ist der Streit entbrannt. Nun gilt's mit Recht zu singen von Freiheit, Vaterland! Und wär' ein Lied auch wenig, durchzuckt's doch jede Faust, wenn's millionentönig voran dem Kampfe braust.

2. Der Franzmann trägt Gelüsten nach unserm deutschen Rhein, sein Prahlen und sein Brüsten soll sein Verderben sein! Der Väter Stolz und Ehre, der Jugend Lust und Muth beflügle Kampf und Wehre, zerschlag' die Lügenbrut!

3. Schreibt's kühn auf eure Fahnen, tragt's mächtig im Gemüth, daß ihr auf Siegesbahnen für eine Freiheit glüht! Für

Deutschland, das verstanden den Ruf der Einigkeit, und heut mit Bruderbanden sich grüßet kampfbereit!

42. Beim Abschied der Landwehrmänner und Reservisten.

Melodie: „O, alte Burschen-Herrlichkeit."

1. Die Schwalbe zagt im Dorf und klagt noch spät um alle Hütten: :,: „O, schafft zurück der Häuser Glück! :,: Der Krieg will es zerrütten!
2. Der Pflüger Schaar geht in Gefahr auf blutgedüngten Wegen, :,: Fürs Vaterland mit tapf're Hand :,: Und für des Hauses Segen!"
3. Die Wachtel wacht die ganze Nacht und ruft im Thau: „Wie bitter! :,: Das Feld so grün, Cyanen blühn: :,: Wo wollt ihr hin, o Schnitter?"
4. Doch früh im Thal beim Morgenstrahl die Lerche singt: „O Krieger! :,: Aufs freie Feld (ihr habt's bestellt!): O kehrt zurück als Sieger!"

Heinrich Pröhle.

43. Kampf und Sieg.

Melodie: „Studio auf einer Reis'"

1. Diesmal hat's den rechten Schnitt, Juchheidi, alle Deutschen, alle mit! Juchheidi heido, alle Donnerwetter los, weil's der Störenfried Franzos! Schumheidi 2c.
2. Drauf gerannt! — Das waren wir! Juchheidi, durchgebrannt! — Das waret ihr! Juchheidi heido, Deutsche, nach! Da sind wir schon! Schon ist er davon, davon. Schumheidi 2c.
3. Und wie Bruder Liederlich, Juchheidi, avancirt er hinter sich, Juchheidi heido, bis er sich von Stadt zu Stadt nach Paris gelogen hat. Schumheidi 2c.
4. Immer, immerzu gemäht, Juchheidi, wo noch ein Franzose steht, Juchheidi heido, daß vom Morgen bis zur Nacht, ganze Arbeit wird gemacht! Schumheidi 2c.
5. Bruderherz, was blutest du! Juchheidi, laß es bluten immerzu: Juchheidi heido, sieh, wie unser Hauptmann ficht, wie er vor uns niederbricht! Schumheidi 2c.
6. Horch, der Feldherr: „Sieg und Sieg! Juchheidi, Gott sei Dank für solchen Krieg! Juchheidi heido, und euch Braven, Mann für Mann, Dank, soviel ich danken kann!" Schumheidi 2c.

7. Aber ich, Kam'rad, ich sag': Juchheidi, Tausend Jahr für diesen Tag! Juchheidi heido, Tod und Leben ist es werth, daß wir den Respect gelehrt.

8. Seit mein Deutschland so gesiegt, Juchheidi, weiß die Welt, wo Deutschland liegt! Juchheidi heido, heim zu dir und frei die Hand, dir ans Herz mein Vaterland! Schumheidi 2c.

J. G. Fischer.

44. Hann Jochen.

Melodie: „Steh' ich in finst'rer Mitternacht."

1. Dor up den Barg, dor up den Rand, dor drückt ik em tauletzt die Hand, Dor giwwt mi en Krankendräger 'ne Lücht, wo de Doden liggen, so drang un dicht.

2. Ik lücht herup, ik lücht hendal: oh, wat för Jammer, wat för Qual! Für dod noch raupen sei: „Wi hewwen wun'n!" dor heww ik denn ok Hann Jochen fun'n.

3. Dor liggt hei still un likenblaß, Dat drüppt. dat drüppt so roth in't Gras; noch kennt hei mi, noch grüßt hei mi — en deipen Athen — dunn is't vorbi!

4. Nu heww ik Keinen mihr up de Welt, 'nu bün ik allein up mi bestellt; min einzigste Fründ, Hann Jochen, is gahn; Ik möt nu för em mit för Dütschland slahn. —

Fritz Reuter.

45. Aus Hessenmunde.

Melodie: „O alte Burschenherrlichkeit."

1. Du Bäuerlein im Hessenland, der Name dein ist nicht genannt, allein dein schlichtes Wort ist werth, daß man's in allen Landen lehrt.

2. Das Kriegsfeu'r schlägt himmelan, da muß die Scheu'r der Stall heran, vom Erntewagen muß das Roß zum Pulverkarr'n, zum Mordgeschoß.

3. Herbei, herbei zur Musterung, was tüchtig sei zu Lauf und Sprung! der Hauptmann wählt, der Bauer schweigt und seufzt, wenn er sein Geld einstreicht.

4. Voll ist die Zahl, vorbei der Kauf, geglückt die Wahl, schon sitzt man auf; da führt ein schlichter Bauersmann ein prächtig wiehernd Roß heran!

5. „Ihr habt mein Pferd zurückgestellt, doch ist es werth, zu zieh'n in's Feld, so licht das Braun, so weiß der Stern, das ist ein Pferd für einen Herrn!"

6. Der Hauptmann: „Nein, es ist zu theu'r," das Bäuerlein: „Nehmt, es ist Eu'r; ich schenk's dem König, möcht' nur dies, daß er d'rauf einzieh' in Paris!" —

7. Glücksel'ger Held, sieh', Klein und Groß zieht mit zu Feld, hebt dich auf's Roß: wen so ganz Deutschlands Liebe trägt, der hat gesiegt, noch eh' er schlägt. Aug. Schwartzkopff.

46. Die Frau des Kriegers an der Wiege.

Melodie: „Erhebt Euch von der Erde."

1. Du liegst in weicher Wiege, von Mutter eingewiegt; wer weiß, wo jetzt dein Vater auf hartem Lager liegt! durchnäßt von Thau und Regen, durchweht vom kalten Wind, Seufzt er vielleicht herüber nach uns, nach Weib und Kind.

2. Vielleicht steht er auf Wache im Dunkel dieser Nacht, und horcht, wenn Windesrauschen verdächt'gen Laut gebracht. Vielleicht wird jetzt sein Leben vom list'gen Feind bedroht; es blitzt, es pfeift die Kugel, und Vater! — der ist todt.

3. O daß der gold'ne Frieden doch nicht so theuer wär'! auf Millionen Herzen läg's nicht so zentnerschwer; und ist vom Fluch des Krieges dir Kind auch nichts bewußt, du trinkst von seinem Gifte aus banger Mutterbrust.

4. Und doch, es gilt ein Großes, es gilt für's Vaterland, und wo die Pflicht gebietet, da waltet Gottes Hand. O Herr, gieb uns den Segen zu diesem Kampf der Pflicht; du hast es ja verheißen, Du läßt die Deinen nicht.

5. Ist's möglich, Herr! so gehe der Kelch an uns vorbei; ist's möglich, so verleihe, daß er gesegnet sei. Gieb uns den Frieden wieder durch unser tapf'res Heer, Gieb uns den Frieden wieder, Gekrönt mit Sieg und Ehr! A. Lubrecht.

47. Sehnsucht nach dem Rhein.

Eigene Melodie.

1. Dort, wo der Rhein mit seinen grünen Wellen so mancher Burg bemooste Trümmer grüßt, dort, wo die blauen Trauben saft'-

ger schwellen und kühler Most des Winzers Müh versüßt. dort möcht' ich sein, dort möcht' ich sein, bei dir, du Vater Rhein, auf deinen Bergen möcht' ich sein.

2. Ach, könnt' ich dort in leichter Gondel schaukeln, und hörte dann ein schönes Winzerlied, viel schönre Träume würden mich umgaukeln, als sie der Pleiße flaches Ufer sieht. Dort möcht' ich sein, dort möcht' ich sein, wo deine Welle rauscht, wo's Echo hinterm Felsen lauscht.

3. Dort, wo der grauen Vorzeit schöne Lügen sich freundlich drängen um die Phantasie, dort ist, ja, meine Sehnsucht kann nicht trügen, dort ist das Land der schönen Poesie, dort möcht' ich sein, dort möcht' ich sein, bei dir, du Vater Rhein, wo Sagen sich an Sagen reihn.

4. Wo Burg und Klöster sich aus Nebel heben, und jedes bringt die alten Wunder mit, den kräft'gen Ritter seh ich wieder leben, er sucht das Schwert, mit dem er oftmals stritt. Dort möcht' ich sein, dort möcht' ich sein, wo Burgen auf den Höhn wie alte Leichensteine stehn.

5. Ja, dorthin will ich meinen Schritt beflügeln, wohin mich jetzt nur meine Sehnsucht treibt, will freudig eilen zu den Rebenhügeln, wo die Begeistrung aus Pokalen schäumt! Bald bin ich dort, bald bin ich dort, und du, o Vater Rhein, stimmst froh in meine Sehnsucht ein.

Volkslied.

48. Schwertlied.

Mit Kraft. C. M. v. Weber.

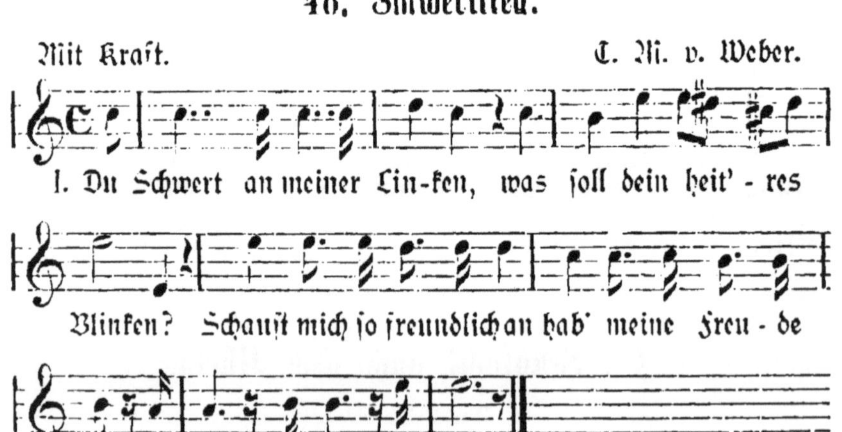

2. „Mich trägt ein wackrer Reiter, drum blink' ich auch so heiter! Bin freien Mannes Wehr! Deß freut das Schwert sich sehr!" Hurrah!

3. Ja, gutes Schwert, frei bin ich und liebe dich herzinnig, als wärst du mir getraut als eine liebe Braut. Hurrah!

4. „Dir hab' ich's ja ergeben, mein lichtes Eisenleben. Ach, wären wir getraut! Wann holst du deine Braut?" Hurrah!

5. Zur Brautnachts-Morgenröthe ruft festlich die Trompete; wenn die Kanonen schrei'n, hol' ich das Liebchen ein. Hurrah!

6. „O seliges Umfangen, ich harre mit Verlangen. Du Bräut'gam, hole mich, mein Kränzchen bleibt für dich." Hurrah!

7. Was klirrst du in der Scheide, du helle Eisenfreude, so wild, so schlachtenfroh? Mein Schwert, was klirrst du so? Hurrah!

8. „Wohl klirr' ich in der Scheide! Ich sehne mich zum Streite recht wild und schlachtenfroh; drum Reiter! klirr' ich so." Hurrah!

9. So komm denn aus der Scheide, du Reiters Augenweide! heraus, mein Schwert, heraus! führ' dich ins Vaterhaus. Hurrah!

10. „Ach! herrlich ist's im Freien, im rüst'gen Hochzeitsreihen! Wie glänzt im Sonnenstrahl so bräutlich hell der Stahl!" Hurrah!

11. Wohl auf! ihr kecken Streiter! Wohl auf! ihr deutschen Reiter! Wird euch das Herz nicht warm? Nehmt's Liebchen in den Arm! Hurrah!

12. Erst that es an der Linken nur ganz verstohlen blinken; doch an die Rechte traut Gott sichtbarlich die Braut. Hurrah!

13. Drum drückt den liebeheißen, bräutlichen Mund von Eisen an eure Lippen fest! Fluch! wer die Braut verläßt! Hurrah!

14. Nun laßt das Liebchen singen, das helle Funken springen, Der Hochzeitsmorgen graut! — Hurrah! du Eisenbraut! Hurrah!

Theodor Körner an seinem Todestage, d. 26. August 1813.

48a. Deutscher Gruß.

Bewegt. Mauck.

1. Ein deutscher Gruß ist Goldes werth, und süß ein Druck der

Hand; er knüpfet, wie Na - tur es lehrt, der deutschen Treue

2, Willkommen! sagt nicht nur der Mund, wenn es der Deutsche spricht; im Blicke thut sein Herz sich kund :,: und zeichnet sein Gesicht. :,:

3. Das offne Lächeln sonder Trug, die Stirne rein und frei, verkünden schweigend schon genug :,: die deutsche Biedertreu. :,:

4. Wie Harfenton erfreulich klingt ein deutsches „Guten Tag!" ein Du, das zu dem Herzen dringt :,: wie Nachtigallenschlag. :,:

5. Ein deutscher Gruß ist Goldes Werth, und süß ein Druck der Hand, er knüpfet, wie Natur es lehrt, :,: der deutschen Treue Bund. :,:

Bouterweck.

49. Der erste Sieg.

Melodie: „Der Gott der Eisen wachsen ließ."

1. Ein erster Sieg! Herüber schallt's und füllt die Brust mit Wonne: uns strahlte in der schönen Pfalz von Waterloo die Sonne! Wie hat's das deutsche Herz erfrischt! ein donnernd Hoch den Truppen, die unserm Feinde aufgetischt die ersten Prügelsuppen!

2. Wie warft ihr keck dem Kugelblitz die breite Brust entgegen! Glückauf, du Sproß vom alten Fritz, du kühner junger Degen! durch Waffenlärm und Pulverrauch erklingt die frohe Mähre, und Deutschland hört's, im blauen Aug' die heiße Freudenzähre!

3. Sie fuhren drein wie Wirbelwind! es zeigten unsre Braven, daß keine Eisenfresser sind die Turko's und Zuaven. Der erste Zweig zur Lorbeerkron', — doch lauter Jubel warte! wir gaben Herrn Napoleon erst die Visitenkarte.

Emil Rittershaus.

50. Felddienstzeichen.

Melodie: „So pünktlich zur Secunde."

1. Du kleines rundes Zeichen am Bande schwarz-weiß-roth, du scheinest uns zu gleichen dem schönsten Morgenrot.

2. Du blinkst so schön und golden auf jedes Kriegers Brust, und dich stets ehren sollten die Deutschen all' mit Lust.

3. Und Alle, die du schmückest, die halten hoch und werth dich Zeichen, du beglückest, und dein Besitz — er ehrt.

4. Dir kleiner schlichter Orden erschall' ein frohes Lied, in Deutschland aller Orten, wo deutsches Wesen blüht.

5. Gott schütze deine Ritter im Frieden wie im Krieg, steigt wieder Kriegsgewitter auf, führe sie all' zum Sieg.

6. Verfertigt von Kanonen, von edelem Metall, geh' einst mit hin, wo wohnen — nur Helden — nach Wallhall!

Lied für „Alldeutschland hie."

51. Die Edeltanne von Paris.

Melodie: „Hinaus in die Ferne."

1. Eine stolze Edeltanne in St. Cloud's Avenue, sah jüngst zum Kanzler kommen die Herrn in aller Früh, in goldverbrämten Kleidern, in prächtigem Ornat, — das waren die Diplomaten aus manchem deutschen Staat.

2. Der Kanzler! flugs die Feder und flugs das Pergament! zu Hülfe komm' ein Jeder, wenns je in Deutschland brennt, und naht sich Kriegsgetümmel, wir bringen's bald zur Ruh — Nun schreibt und Gott im Himmel der spricht sein Amen dazu!

3. Der Kanzler sah bedächtig und sprach noch das und dies: hört nur, ihr Herrn, wie prächtig, die Donner von Paris! Hei! Festmusik begleitet das flotte Federspiel, Deutschland, dein Schifflein gleitet landein auf sicherm Kiel!

4. Und habt ihr auch erfahren, was die Edeltanne sprach, als nach so vielen Jahren gebrach der Bann der Schmach? es strich ein Wind, ein leiser, durch ihre Wipfel sacht, da sind die grünen Reiser wie aus dem Traum erwacht!

5. „Verpflanzt aus deutschen Landen, steh' ich an welschem Ort, pfeilschnell die Jahre schwanden, — ich wuchs und blühte fort, ach! oft mein Geist ersehnte der Heimath stilles Glück, und meine Wimper thränte, dacht' ich an sie zurück!

6. Wohlan! ihr Diplomaten vernehmt zu dieser Frist, was aus den Heldenthaten für Heil euch worden ist! und achtet auf die Rede und hütet jedes Wort, da sonst in Sturmesfehde das junge Reich verdorrt!

7. Treueinig steht zusammen, und haltet wacker aus in Stürmen und in Flammen, in Wetter, Nacht und Graus, und hütet

euch wie Brüder und habt einander Acht, daß euch hinfort nicht wieder die Eifersucht entfacht!

8. Und bis zum letzten Odem beschirmt das deutsche Land; daß nie den deutschen Boden zerdörre Kriegesbrand, o achtet, daß kein Schimmer des Grolls euch wieder trennt, sonst nützt euch nun und nimmer das Bundespergament!

9. Mich aber laßt hier lauschen, wenn eine Glocke klingt, die mir wie Meeresrauschen das Lied der Einheit singt, wenn dann in hehrer Reine die Freudenfeuer glüh'n, wird wie im Lenzesscheine mein Knospenwald erblüh'n! Unbekannt.

52. Ein alte Geschichte.

Melodie Nr. 11: („Es liegt ein Land am") „Es hatten drei Gesellen 2c."

1. Einst saß in Sommertagen ein deutscher König am Rhein, er labte sich im Bade und trank den kühlen Wein, hat siegreich jüngst geschlagen im Osten blut'gen Strauß, nun ruht er mit Behagen zu neuen Kämpfen aus.

2. Doch drüben auf Frankreich's Throne kocht Einer alten Groll, der aller Listen Meister und aller Ränke voll, sein Thron will aus den Fugen, den leimt' er gern mit Blut, auch dünchte seinen Augen das Land am Rheine gut.

3. Und als er heimlich gerüstet, da griff er rasch zur Wehr, ergoß durch Lotharingen sein wildes, wüstes Heer, der Deutsche will's nicht glauben, er glaubt an Ehr' und Treu', jetzt steht er auf im Zorne, die Mähnen schüttelt der Leu.

4. Er ruft des Reiches Fürsten, die stehn für einen Mann: „der Schimpf, der dir geboten, ist Allen angethan, wir leisten Heeresfolge und rollen die Banner auf, wir sammeln uns're Völker, wir kommen all' zu Hauf!"

5. Da schickt der König Boten dem welschen Widerpart: „nicht Ueberfall und Eidbruch ist deutscher Brauch und Art, du brich'st den Krieg vom Zaune, du sollst ihn haben den Krieg, Gott richte uns're Sache und helfe dem Rechte zum Sieg!"

6. Und wie die Bäche zu Strömen, die Ströme sich sammeln zum Meer, so fluthet aus allen Gauen zusammen das deutsche Heer, Schnurstracks Paris entgegen wälzt es den Siegeslauf, pflanzt auf Montmartres Höhen des Reiches Adler auf.

7. Und als zu Kreuz gekrochen der welsche Schalk und Schelm, da schmückte der Heldenkönig mit Eichenlaub den Helm, zog neu mit seinem Schwerte des deutschen Reiches Mark, und sprach: „Habt Dank, ihr Fürsten, die Eintracht macht uns stark!"

8. Und fragt ihr mich nach Namen: wer, wo und wie und wann? so wißt, Otto der Zweite, so hieß der deutsche Mann, der welsche Schelm und Räuber, der aber hieß Lothar, neunhundert acht und siebzig schrieb man im selben Jahr.

9. Es ist eine alte Geschichte und ist kein neu Gedicht, in uns'ren Heldenmären da les't ihr den Bericht. Es ist eine alte Geschichte, doch wird sie immer noch neu, von welschem Trug und Tücke, von deutscher Kraft und Treu'. Karl Gerok.

53. Kriegers Morgenlied 1813.

Volksweise 1724.

1. Erhebt euch von der Erde, ihr Schläfer, aus der Ruh! Schon wiehern uns die Pferde den guten Morgen zu. Die lieben Waffen glänzen so hell im Morgenroth; man träumt von Siegeskränzen, man denkt auch an den Tod.

2. Du reicher Gott, in Gnaden schau her vom Himmelszelt, du selbst hast uns geladen in dieses Waffenfeld. Laß uns vor dir bestehen und gieb uns heute Sieg; die Christenbanner wehen: Dein ist, o Herr, der Krieg.

3. Ein Morgen soll noch kommen, ein Morgen, mild und klar; sein harren alle Frommen, ihn schaut der Engel Schaar. Bald scheint er sonder Hülle auf jeden deutschen Mann; o brich, du Tag der Fülle, du Freiheitstag, brich an!

4. Dann Klang von allen Thürmen und Klang aus jeder Brust! Und Ruhe nach den Stürmen und Lieb' und Lebenslust! Es schallt auf allen Wegen dann frohes Siegsgeschrei, und wir, ihr tapfern Degen, wir waren auch dabei!

Max von Schenkendorf 1813.

54. Der Hornist von Mars la Tour.

Melodie: „Steh' ich in finstrer Mitternacht."

1. Es hagelt Eisen, heiß weht der Tod und seine Rosen blüh'n alle roth, die Fahne flattert zerrissen im Dampf, der Schlachtruf schmettert in's Hufgestampf.

2. Die Tambours schlagen, der Hornruf gellt, die Preußen, noch halten sie stöhnend das Feld, sie halten das Feld, den Kirchhof klein, hier heimset der Tod seine Ernten ein.

3. Und wiederum donnert der Angriff heran, ein Todesgewitter, ein Eisen-Orkan, die Preußenfahne sich leise neigt, die Helden wanken, der Hornruf schweigt.

4. Ein alter Geselle springt hastig nach vorn, dem todten Hornisten entreißt er das Horn — und „avanciren! voran! voran!" So bläst er Alles, was er noch kann.

5. Der Hornruf jubelt, die Fahne fliegt, sie haben den Kirchhof und haben gesiegt: da schweiget der Ruf — ein Todesstreich zerschmettert Horn und Hornisten zugleich.

6. Der alte Hornist mit dem bleichen Gesicht, das „avanciren" verlernt' er nicht; in Siegesjubel, in Todesqual bleibt „avanciren!" das Preußensignal. Georg Hesekiel.

55. Die Wacht am Rhein.

Weise von Carl Wilhelm 1854.

1. Es braust ein Ruf wie Donnerhall, wie Schwertgeklirr und Wogenprall: zum Rhein, zum Rhein, zum deutschen Rhein! Wer will des Stromes Hüter sein? :,: Lieb Vaterland, magst ruhig sein; :,: :,: fest steht und treu die Wacht am Rhein. :,:

2. Durch Hunderttausend zuckt es schnell, und aller Augen blitzen hell; der Deutsche, bieder, fromm und stark, beschützt die heil'ge Landesmark. Lieb Vaterland 2c.

3. Er blickt hinauf in Himmelsaun, da Heldenväter niederschaun, und schwört mit stolzer Kampfeslust: Du Rhein bleibst deutsch wie meine Brust! Lieb Vaterland 2c.

4. Und ob mein Herz im Tode bricht, wirst du doch drum ein Wälscher nicht, reich wie an Wasser deine Fluth, ist Deutschland ja an Heldenblut! Lieb Vaterland 2c.

5. So lang ein Tropfen Blut noch glüht, noch eine Faust den Degen zieht, und noch ein Arm die Büchse spannt, betritt kein Feind hier deinen Strand! Lieb Vaterland 2c.

6. Der Schwur erschallt, die Woge rinnt, die Fahnen flattern hoch im Wind: am Rhein, am Rhein, am deutschen Rhein, wir Alle wollen Hüter sein! Lieb Vaterland 2c.

Max Schneckenburger 1840.

56. Gesang deutscher Männer.

Mauck.

1. Es heult der Sturm, es braust das Meer, her - an,

ihr Sor - gen groß und schwer, her - an bei Wetter und

Re- gen! In uns - ern A - dern jauch - zet die Lust, wir

deutschen Männer wer - fen die Brust euch keck und kühn

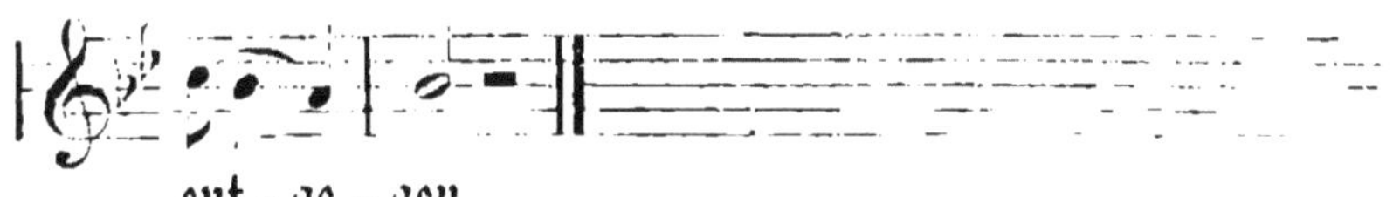

ent - ge - gen.

2. Es heult der Sturm, es braust das Meer; mag rings um uns der Feigen Heer sich scheu'n vor Gram und Sorgen: :,: uns freut Gefahr und Sturmesdrang, wir wollen beim fröhlichen Becherklang ausharren zum kommenden Morgen! :,:

3. Es heult der Sturm, es braust das Meer — so liegt's auf Deutschland hart und schwer, das Vaterland — in Ketten. :,: Es gilt — die Hand ans Herz gelegt, wem muthig ein Herz im Busen schlägt — das Vaterland zu retten. :,:

4. Es heult der Sturm, es braust das Meer, wir schwören bei Allem, was heilig und hehr, das Vaterland zu retten. :,: Ob auch der Wüthrich dreut und schnaubt, ob allen er das Herz geraubt, wir sprengen seine Ketten. :,:

5. Es heult der Sturm, es braust das Meer: so ziehen Gefahren um uns her, drob lasset heut' uns sorgen! :,: Und was wir heut' hier Kühnes geschafft, das wollen wir mit Muth und Kraft vollbringen am folgenden Morgen. :,:

6. Es heult der Sturm, es braust das Meer; es zittert das Erdreich um uns her, drum fröhlich, ihr Männer getrunken! :,: Dann Morgen auf, und das Schwert zur Hand, bis wir befreit das Vaterland, und der Feind zur Hölle gesunken. :,:

F r i e d r i c h L a n g e (gesungen am Meeresstrande 1812).

57. Das Lied vom Rhein.

Mäßig geschwind. Nägele.

1. Es klingt ein hoher Klang, ein schö - nes deut-sches

Wort in je - dem Hoch-ge-sang der deutschen Män - ner

fort: { ein al - ter Kön - ig, hoch - ge - boren, / dem je-des deut - sche Herz ge-schwo-ren. } — Wie

oft sein Name wieder-kehrt, man hat ihn nie ge-nug ge-

hört.

2. Das ist der heil'ge Rhein, ein Herrscher, reich begabt, des Name schon, wie Wein, die treue Seele labt. Es regen sich in allen Herzen viel vaterländ'sche Lust und Schmerzen, wenn man das deutsche Lied beginnt vom Rhein, dem hohen Felsenkind.

3. Sie hatten ihm geraubt der alten Würden Glanz, von seinem Königshaupt den grünen Rebenkranz. In Fesseln lag der Held geschlagen: sein Zürnen und sein stolzes Klagen, wir haben's manche Nacht belauscht, von Geisterschauern hehr umrauscht.

4. Was sang der alte Held? — Ein furchtbar dräuend Lied: „O weh dir, schnöde Welt! wo keine Freiheit blüht, von Treuen los und bar von Ehren! — Und willst du nimmer wiederkehren, mein, ach! gestorbenes Geschlecht! und mein gebrochnes deutsches Recht?

5. „O, meine hohe Zeit, mein goldner Lebenstag! als noch in Herrlichkeit mein Deutschland vor mir lag, und auf und ab am Ufer wallten die stolzen, adligen Gestalten, die Helden, weit und breit geehrt durch ihre Tugend und ihr Schwert!

6. „Es war ein frommes Blut in ferner Riesenzeit, voll kühnem Leuenmuth und mild als eine Maid. Man singt es noch in späten Tagen, wie den erschlug der arge Hagen! Was ihn zu solcher That gelenkt, in meinem Bette liegts versenkt.

7. „Du Sünder, wüthe fort! Bald ist dein Becher voll: der Nibelungen Hort ersteht wohl, wann er soll. Es wird in dir die Seele grausen, wann meine Schrecken dich umbrausen. Ich habe wohl und treu bewahrt den Schatz der alten Kraft und Art!“

8. Erfüllt ist jenes Wort: der König ist nun frei, der Nibelungen Hort ersteht und glänzet neu! Es sind die alten deutschen Ehren, die wieder ihren Schein bewähren; der Väter Zucht und Muth und Ruhm, das heil'ge deutsche Kaiserthum.

9. Wir huld'gen unserm Herrn, wir trinken seinen Wein. Die Freiheit sei der Stern! Die Losung sei der Rhein. Wir wollen ihm aufs Neue schwören; wir müssen ihm, er uns gehören. Vom Felsen kommt er frei und hehr, er fließe frei in Gottes Meer.

Max von Schenkendorf 1814.

38. Auf Deutschland auf.

Melodie: „Ich bin ein Preuße, kennt ihr meine Farben.“

1. Es klingt ein Ruf im mächt'gen Donnertone auf! Deutschland auf! vom Niemen bis zum Rhein! Jäh braust ein Sturm durch deiner Eichen Krone, schon zuckt der Strahl im grellen Wetter-

schein auf! Deutschland auf! wir hören's, wir wollen sein, wir schwören's, ein einig Volk von Brüdern, Hand in Hand mit Gott, für Kaiser und für's Vaterland!

2. Wo deutsches Blut nur in den Adern fließet, wo nur ein deutsches Lied der Zung' entklingt, wo deutscher Frauen Huld uns nur begrüßet, wo deutschen Feuerwein die Lippe trinkt: da schlagen sie zusammen all' der Begeist'rung Flammen in einen einz'gen heilig großen Brand mit Gott, für Kaiser und für's Vaterland!

3. Der Würfel fällt, — viel tausend Schwerter blitzen, und „Gott mit uns!“ erklingt das Feldgeschrei! Die höchsten Güter gilt es zu beschützen vor fremder Schergen blut'ger Tyrannei. Frisch auf, es muß gelingen, Frisch auf zum kühnen Ringen im Geist der Väter treu und unverwandt mit Gott für Kaiser und für's Vaterland!

Ungenannt.

59. Die Heldenmauer

Melodie; „O alte Burschenherrlichkeit.“

1. Es kräht hell auf der welsche Hahn und sträubt sein Kampfgefieder. Der Franzmann will auf deutschem Plan Krieg um das Rheinland wieder; er wähnt, daß im zwiespalt'gen Reich Verrath auf ihn nur warte, drum überfällt uns räubergleich der falsche Bonaparte.

2. Doch König Wilhelm stößt in's Horn: „Herbei ihr deutschen Mannen, bewehrt mit scharfem Schwert und Zorn, jagt ihn mit Schimpf von dannen!“ Bis zu den Alpen, bis zum Meer wird rings der Ruf vernommen, nachhallt es jauchzend donnerschwer: „Du Heldenfürst, wir kommen!“

3. Hei, wie die Jünglingswange flammt Ludwig dem edlen Baier: „Daß deutsche Treu mir angestammt, sollst's merken, schnöder Freier! Weg deine Hand mit Judas-Lohn, die Zwietracht ist verglommen, dort fliegt des Reiches Banner schon, König Wilhelm, wir kommen.

4. Hie Württemberg, furchtlos und treu, du stolzer Hirsch, zum Sprunge! hie Reichsschildhalter, Badens Leu, blutlechzend Prank und Zunge! hie Sachsenbanner, kühn voran, vielfältig ruhmvertraute, hochstrahlend schmückt König Johann mit Edelweiß die Raute.

5. Die Nordlands Fürsten, all' bereit, kein einz'ger ehrvergessen, die Fahnen hoch, im heil'gen Streit am Erbfeind sich zu messen. Doch mächt'ger noch als Fürstenmuth aufloh'n des Volkes Flammen: zum Vaterland mit Gut und Blut stehn alle wir zusammen!

6. Nicht Preußen und nicht Bayern mehr, nicht Schwaben, Hessen, Sachsen, ein einzig deutsch gewaltig Heer, unzählbar ist's erwachsen. Von Pflug und Hammer, Weib und Kind, hast Franzmann, sie gerissen, nun braus't in deinen Lug und Wind ihr Sturm, das sollst du wissen!

7. So zieht's, so wallt's, so dröhnt's einher siegfreudig, todtentschlossen, um's Vaterland in blanker Wehr schon ist der Ring geschlossen. Und König Wilhelms Auge schaut hell auf die kühnen Streiter: „Die Heldenmauer ist gebaut, Alldeutschlands Gott, hilf weiter!“

Wilh. Genast.

60. Die treuen Brüder.

Melodie: „Schier dreißig Jahre.“

1. Es sind zwei treue Brüder, die ziehn in den Streit hinaus: noch reden sie hin und wieder, da schmettert's den Einen danieder, der Andere sieht's mit Graus.

2. Der Bruder in seinem Blute erregt ihm bittern Schmerz; daß ihn der Tod ereilte, bevor er den Kampf noch theilte, zerreißt ihm schier das Herz.

3. Der Sterbende blickt freundlich noch einmal auf zu ihm, dann greift er, als wär er der Alte zur Büchse, die noch nicht knallte, drückt ab mit Ungestüm.

4. Und lächelt und ist todt, der Andre, als er sich wandte, sah einen Feind im Sande, die Kugel ihn bedroht.

Friedrich v. Salet.

61. Der Abschied vom König.

Melodie: „Wenn alle untreu werden.“

1. Es steht ein Regenbogen über dem deutschen Haus — der König ist gezogen mit Gott zum Kampf hinaus,

2. Er grüßte zu uns nieder, er grüßt mit Herz und Hand, und d... Herzen wieder ergriff der heil'ge Brand.

3. Der Brand, der einst in Flammen zum Sieg die Väter trug, und einmal schon zusammen die Kaiserwirthschaft schlug.

4. Und als wie Sturmes Brausen der letzte Gruß erscholl, da klang's wie Schwertersausen gewaltig, wundervoll.

5. Der König ist gezogen mit Gott zum Kampf hinaus — es steht ein Regenbogen über dem deutschen Haus.

Georg Hesekiel.

62. Die drei Gesellen.

Melodie: Es hatten drei Gesellen."

1. Es waren drei Gesellen, die stritten wieder'n Feind, und thäten stets sich stellen in jedem Kampf bereit.

2. Der Ein ein Oesterreicher, der And're ein Preuße hieß, davon sein Land mit gleicher Gewalt ein jeder pries.

3. Woher war denn der Dritte? Nicht her von Oestreichs Flur, auch nicht von Preußens Sitte, von Deutschland war er nur.

4. Und als die drei einst wieder standen im Kampf vereint, da warf in ihre Glieder Kartätschensaat der Feind.

5. Da fielen alle Dreie auf einen Schlag zugleich; der eine rief mit Schrei'n: Hoch lebe Oesterreich!

6. Der And're sich entfärbend, rief Preußen lebe hoch! der dritte ruhig sterbend, was rief der dritte doch?

7. Er rief: Deutschland soll leben! da hörten es die Zwei, wie rechts und links daneben sie sanken noch dabei.

8. Da richteten im Sinken sich Beide nach ihm hin, zur Rechten und zur Linken und lehnten sich an ihn.

9. Da rief der in der Mitten noch einmal: Deutschland hoch und Beide mit dem Dritten riefens — und lauter noch. —

10. Da ging ein Todesengel im Kampfgewühl vorbei, mit einem Palmenstengel und liegen sah er die Drei.

11. Er sah auf ihrem Munde die Spur des Wortes noch, wie sie im Todesbunde gerufen: Deutschland hoch!

12. Da schlug er seine Flügel um alle drei zugleich, und trug zum höchsten Hügel sie auf in Gottes Reich.

Friedrich Rückert.

63. Bundeszeichen.

Weise: „Gaudeamus igitur“ von Friedr. Ludw. Erk.

1. Frei und unerschütterlich wachsen uns're Eichen; mit dem Schmuck der grünen Blätter stehn sie fest in Sturm und Wetter, :,: wanken nicht noch weichen. :,:

2. Wie die Eichen himmelan trotz den Stürmen streben, wollen wir auch ihnen gleichen, frei und fest wie deutsche Eichen :,: unser Haupt erheben. :,:

3. Darum sei der Eichenbaum unser Bundeszeichen, daß in Thaten und Gedanken wir nicht schwanken oder wanken :,: niemals muthlos weichen. :,:

Hoffmann von Fallersleben 1842.

64. Freiheit.

1. Freiheit, die ich meine, die mein Herz erfüllt, komm mit deinem Scheine, süßes Engelsbild! Magst du nie dich zeigen der bedrängten Welt? führest deinen Reigen nur am Sternenzelt?

2. Auch bei grünen Bäumen in dem lust'gen Wald, unter Blüthenträumen ist dein Aufenthalt. Ach! das ist ein Leben, wenn es weht und klingt, wenn dein stilles Weben wonnig uns durchdringt.

3. Wenn die Blätter rauschen süßen Freundesgruß, wenn wir Blicke tauschen, Liebeswort und Kuß. Aber immer weiter nimmt das Herz den Lauf, auf der Himmelsleiter steigt die Sehnsucht auf.

4. Aus den stillen Kreisen kommt mein Hirtenkind, will der Welt beweisen, was es denkt und minnt. Blüht ihm doch ein Garten, reift ihm doch ein Feld, auch in jener harten, steinerbauten Welt.

5. Wo sich Gottes Flamme in ein Herz gesenkt, das am alten Stamme treu und liebend hängt; wo sich Männer finden, die für Ehr und Recht muthig sich verbinden, weilt ein frei Geschlecht.

6. Hinter dunkeln Wällen, hinter ehrnem Thor kann das Herz noch schwellen zu dem Licht empor, für die Kirchenhallen, für der Väter Gruft, für die Liebsten fallen, wenn die Freiheit ruft.

7. Das ist rechtes Glühen, frisch und rosenroth; Heldenwangen blühen schöner auf im Tod. Wolltest auf uns lenken Gottes Lieb und Lust, wolltest gern dich senken in des Deutschen Brust.

8. Freiheit, die ich meine, die mein Herz erfüllt, komm mit deinem Scheine, süßes Engelsbild; Freiheit, holdes Wesen, gläubig, kühn und zart, hast ja lang erlesen dir die deutche Art.

Max von Schenkendorf.

65. Gruß an das Vaterland.

Melodie: „Treue Liebe bis zum Grabe."

1. Gegrüßt, du Land der Treue, du deutsches Vaterland! Froh leist' ich dir aufs Neue den Eid mit Mund und Hand. Gegrüßt, du Land der Treue, so reich an Korn und Wein: o Wonne sonder Reue dein eigen stets zu sein!

2. Gegrüßt, du Land der Treue, mit Eichen frisch und grün: o gieb, daß ich mich freue, noch lang an deinem Blühn! Gegrüßt, du Land der Treue, so stark in Zeit der Noth: begehrst du mein, so scheue ich Qualen nicht und Tod.

3. Gegrüßt, du Land der Treue, du deutsches Vaterland, froh leist' ich dir aufs Neue den Eid mit Mund und Hand. Gegrüßt, du Land der Treue, das mir das Leben gab; von deinen Eichen streue ein Blatt nur auf mein Grab!

Joh. Nep. Vogl 1844.

66. Der Choral von Leuthen.

Melodie: „Schier dreißig Jahre."

1. Gesiegt hat Friedrichs kleine Schaar. Rasch über Berg und Thal :,: Von dannen zog das Kaiserheer :,: im Abendsonnenstrahl :,:

2. Die Preußen stehn auf Leuthens Feld, das heiß noch von der Schlacht; :,: Des Tages Schreckenswerke rings :,: umschleiert mild die Nacht.

3. Doch dunkel ist's hier unten nur, am Himmel Licht an Licht, :,: Die goldnen Sterne ziehn herauf :,: wie Sand am Meer so dicht.

4. Sie strahlen so besonders heut', so festlich hehr ihr Lauf, :,: Es ist, als wollten sagen sie: ihr Sieger blicket auf!

5. Und nicht umsonst, der Preuße fühlts: es war ein großer Tag. :,: Drum still im ganzen Lager ist's: nicht Jubel noch Gelag.

6. So still, so ernst die Krieger all, kein Lachen und kein Spott — :,: Auf einmal tönt es durch die Nacht: :,: Nun danket alle Gott!

7. Der Alte, dem's mit Macht entquoll, singt's fort, doch nicht allein, :,: Kam'raden um ihn her im Kreis, :,: gleich stimmen sie mit ein.

8. Die Nachbarn treten zu, es wächst lawinengleich der Chor, :,: Und voller, immer voller steigt: der Lobgesang empor.

9. Aus allen Zelten strömt's, es reiht sich singend Schaar an Schaar :,: Einfallen jetzt die Jäger all: fällt ein auch der Husar.

10. Auch Musika will feiern nicht zu einer Harmonie: lenkt Horn, Hoboe und Clarinett die heilige Melodie.

11. Und stärker noch und lauter noch, es schwillt der Strom zum Meer: am Ende, wie aus einem Mund :,: singt rings das ganze Heer.

12. Im Echo donnernd wiederhallt's das aufgeweckte Thal. :,: wie hundert Orgeln braust heran :,: zum Himmel der Choral.

Hermann Besser.

67. Den treuen Todten.

Melodie: „Vom hohen Olymp."

1. Geweihte Stätte! Heimath unsrem Bunde und unsrer Ehre ragend Heiligthum! Du Säule trägst zur Nachwelt stolz die Kunde, wo unsrer Brüder ew'gen Helden ruh'n. Nimmer verwelk' euch das krönende Reis: Lorbeer und Eiche der Lebenden Preis.

2. Es schlug des Feindes Faust an Deutschlands Thore, „zum Rhein, zum Rhein!" so heult sein Schlachtgesang; wie schwang der Uebermuth die Tricolore! Da rief's auch euch zum großen Waffengang: Tausend um Tausend auf blutiger Spur folgten den Donnerton auf die Mensur!

3. Und treu der Ehre und dem Vaterlande, so botet ihr, die treue Brust dem Stahl, und auf dem Schilde mit zerhackten Rande so sagt ihr Alle, auf der Brust das Mal! Vaterlandsaltar, dir streute so roth, Blüthen um Blüthen der Schlachtentod.

4. O' reife Saat der Thränen und der Trauer, nur deine Ernte sühnt das tiefe Weh! Zertrümmert sank die alte Zwietrachtsmauer, der Einheit Adler steigt zur Wolkenhöh'! Hoch unserm Kaiser! All' Heil ihm! Er hält friedebeschirmend das Scepter der Welt.

5. Und also singen wir ein männlich Amen, zur hohen Weihe euch und euren Stein, dankbar begrüßt die Nachwelt eure Namen, ihr treuen Todten von der Wacht am Rhein! Leuchte du Säule der Ehre, ins Thal, Feste der Ehre viel tausend Mal.

Friedrich Hofmann.

68. Invalid und junger Krieger.

Melodie: „Der Gott der Eisen wachsen ließ.“

1. Großvater ade ich zieh' in den Krieg, gieb schnell mir deinen Segen, ich ziehe zum Kampf, ich ziehe zum Sieg, dem welschen Feinde entgegen. Ich ziehe hinaus wie du es gethan und wenn invalid ich auch werde, und wenn ich falle, so fall' ich als Mann, trag' willig gern Wund' und Beschwerde.

2. Mein Enkelsohn, schütz' dich der liebe Gott und halte was du versprochen, zieh muthig zum Kampf und fürcht' nicht den Tod, den Säbel stets tapfer gezogen, sei muthig und brav, das halt ich mir aus und komme zurück du mit Ehren, und bring ein eisern Kreuz mit nach Haus, Gott wird mein Beten erhören.

3. Glaub' meines, hier ist's, das gilt mir viel mehr, als alle Schätze der Erde, mir schenkt es mein König, der gütige Herr, weil ich mich manniglich wehrte. Ich habe, weil das Kreuz mich geschmückt, mit Freuden die Wunden getragen, und heute mich doppelt der Orden beglückt das kann ich mein Enkel dir sagen.

4. Gern zöge ich wieder mit euch in's Feld, den bösen Schuß zu rächen, doch heute tauge ich nichts mehr zum Held, doch Enkel empfange den Segen, vom alten Manne, der mit gemacht, die Freiheitskämpfe und Schlachten, die Glück und Frieden haben gebracht dem Vaterland, Freiheit ihm brachten.

5. So ziehe mit Gott und komme zurück als Held gefeiert von Allen, dann wird uns Allen zur Freude und Glück ein Hurrah dir herrlich erschallen und solltest du fallen für's Vaterland in heiligen blutigen Streiten, so wird dein Name immer genannt, in Ehren glaub's alle Zeiten.

6. Hinaus zog der Jüngling, stritt wacker und gut, schlug tapfer und muthig die Feinde, er wurde verwundet, sein Heldenblut sich mit gar manchen vereinte, verlor ein Bein, doch zu seinem Glück erhielt er das Kreuz von Eisen und kehrte zum Vater, der Mutter zurück und konnte es dem Großvater weisen.

7. Der empfing den Enkel mit Thränen im Aug' des Schmerzes, doch auch der Freude, und küßte den Tapfern nach deutschem Brauch, mit Kreuzen geschmückt zogen Beide, mit ihrem Stelzfuß in's Gotteshaus und lobten den Herrn alles Guten, dem Vaterland bringen ein Hoch sie aus, ob Wunden auch schmerzen und bluten.

Lied für Alldeutschland hie.

69. Deutsche Siege.

Melodie: „Erhebt euch von der Erde."

1. Habt ihr in hohen Lüften den Donnerton gehört, von Forbach aus den Klüften, von Weißenburg und Wörth? Wie Gottes Engel jagen die Boten her vom Krieg :,: drei Schlachten sind geschlagen und jede war ein Sieg. :,:

2. Preis euch, ihr treuen Baiern, stahlhart und wetterbraun, die ihr den Wüstengeiern zuerst zerschellt die Klaun! Mit Preußens Aar zusammen wie trutztet ihr dem Tod, :,: hoch über euch in Flammen des Reiches Morgenroth. :,:

3. Und ihr vom Gau der Katten, und ihr vom Neckarstrand, und die aus Waldesschatten Thüringens Höhn gesandt, ihr bracht, zum Keil gegliedert, der Prachtgeschwader Stoß! :,: Traun was sich so verbrüdert, das läßt sich nimmer los. :,:

4. Und die ihr todtverwegen, von Leichen rings umthürmt, dreimal im Eisenregen den rothen Fels erstürmt, wo blieb vor euch das Pochen auf Frankreichs Waffenruhm? :,: Sein Zauber ist gebrochen, nachbricht das Kaiserthum :,:

5. So sitzt denn auf, ihr Reiter, den Rossen gebt den Sporn und tragt die Loosung weiter: „Hie Gott und deutschen Zorn!" Schon ließ der Wolf im Garne das beste Stück vom Flies, :,: die Maas hindurch, die Marne, auf hetzt ihn bis Paris. :,:

6. Und ob die wunden Glieder mit der Verzweiflung Kraft er jäh noch einmal wieder empor zum Sprunge rafft: dich schreckt sein Dräun und Rasen nicht mehr, o Heldenfürst, :,: laßt die Posaunen blasen, und Babels Veste birst. :,:

7. Der feigen Welt zum Neide dann sei den Werk vollführt, und du, nur du entscheide den Preis, der uns gebührt! Es stritt mit uns im Gliede, kein Freund als Gott allein; :,: so soll denn auch der Friede ein deutscher Friede sein. :,:

Emanuel Geibel 17. Aug. 1870.

70. Hymne.

Melodie: „Heil dir im Siegerkranz."

1. Heil dir, Germania! Herrlicher stehst du da, als je zuvor! Siegreich in Kampf und Schlacht, groß durch des Geistes Macht! Singe dir Ruhm und Preis ein Jubelchor!

2. Schlinge der Krone Zier jetzt um die Stirne dir, ein einig Reich! Schirmend das neue Recht, walte ein neu Geschlecht, an Ruhm und Opferlust den Vätern gleich.

3. Edelster Freiheit Hort, schlage ihr fort und fort, Europas Herz! Machtvoll des Friedens Wehr, werde ein Volk ein Heer, führe den Krieg mit Groll, führ ihn mit Schmerz.

4. Glänzend durch große That, streu' der Gedanken Saat von Land zu Land! Segnender Weisheit Stern, leuchte du nah und fern, schlinge von Volk zu Volk ein Liebesband.

5. Heil dir, Germania! Jauchze der Tag ist da, schon längst erharrt. Fort mit den Traume Trug! Krächzender Raben Flug weiche dem Adlerschwung der Gegenwart!

Rudolf Gottschall.

71. Fahnenschwur.

Feurig. Mauck.

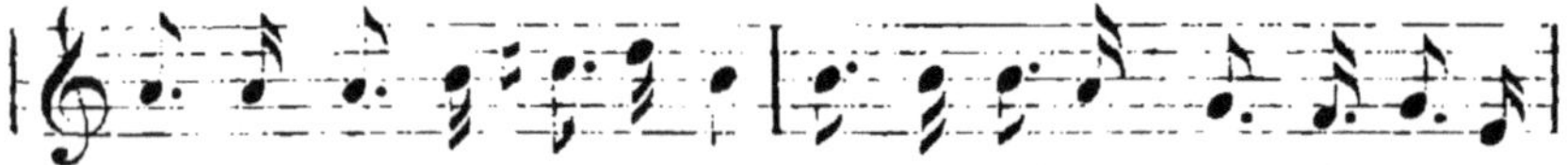

1. Hebt das Herz, hebt die Hand { Schwöret für die große Sache, schwört den heil'gen Schwur der Rache.

Schwöret auf das Vaterland, schwöret auf den Ruhm der Ahnen,

auf die deut-sche Red-lich-keit, auf die Freiheit der Ger-

ma - nen, auf das Höch - ste schwö - ret heut.

2. Hebt das Herz! Hebt die Hand! Erd' und Himmel soll ihn hören, unsern hohen Schwur der Ehren, unsern Schwur fürs Vaterland. Glorreich schwebe, stolzes Zeichen, das voran im Streite

weht! Keiner soll von hinnen weichen, wo sich dies Panier erhöht!

3. Hebt das Herz! Hebt die Hand! Wehe muthig, edle Fahne, daß sich jede Brust ermahne für das heil'ge Vaterland! Mache, stolzes Ehrenzeichen, alle Männer ehrenfest, daß sie tausendmal erbleichen, eh' nur Einer dich verläßt!

4. Hebt das Herz! Hebt die Hand! Heil uns dieser Ehrenweihe! Ewig lebe deutsche Treue; ewig blühe deutsches Land! Freiheit, deutsche Freiheit, schwebe um die Hütten, um den Thron! Lug und Trug und Schande bebe! und zur Hölle fahre Hohn!

5. Hebt das Herz! Hebt die Hand! Hebt sie zu der Welten Meister! Hebt sie zu dem Geist der Geister! Hebt sie hoch vom Erdentand! Daß wir's treu und heilig halten in Gedanken, Wort und That: Gott muß doch zuletzt verwalten, was der Mensch beschlossen hat. Ernst Moritz Arndt 1813.

72. Heil dem Vaterland.

Melodie: „Heil dir im Siegerkranz."

1. Heil dir im Eichenkranz, Fürstin des Abendlands, Heil Deutschland dir! Glorreich in Wacht und Schlacht, brachst du des Erbfeinds Macht, schwingst in verjüngter Pracht, hoch dein Panier.

2. Einig in Süd und Nord, trotzt unser Volk hinfort, Sturm und Gefahr; schirmende Flügel spannt, wieder vom Nordensland bis an der Mosel Strand, Kaiser dein Aar.

3. Blühe du deutsches Reich! Wachse der Eiche gleich, kraftvoll und hehr! Friede beglücke dich, Freiheit erquicke dich, Herrlichkeit schmücke dich vom Fels zum Meer. Em. Geibel.

73. Heil dir im Siegerkranz.

Weise von Henry Carey: „God save the king." 1743.

1. Heil dir im Siegerkranz, Herrscher des Vaterlands! Heil, Kaiser, dir! Fühl' in des Thrones Glanz die hohe Wonne ganz: Liebling des Volks zu sein. Heil, Kaiser, dir!

2. Nicht Roß, nicht Reisige sichern die steile Höh, wo Fürsten stehn; Liebe des Vaterlands, Liebe des freien Manns gründet des Herrschers Thron, wie Fels im Meer.

3. Heilige Flamme, glüh, glüh und verlösche nie für's Vaterland! Wir Alle stehen dann muthig für einen Mann, kämpfen und bluten gern für Thron und Reich!

4. Handel und Wissenschaft heben mit Muth und Kraft ihr Haupt empor, Krieger und Heldenthat finden ihr Lorbeerblatt treu aufgehoben dort an deinem Thron.

5. Sei, Kaiser Wilhelm, hier lang deines Volkes Zier, der Deutschen Stolz! Fühl' in des Thrones Glanz die hohe Wonne ganz: Liebling des Volks zu sein, Heil, Kaiser, dir!

Heinrich Harries.

74. Herzog Oels.

Freudig. Volksweise.

1. Her-zog Oels, der tapf-re Held, der führ-te seine

Schwarzen in das Feld. { Und er führt sie vor Haubitzen und Ka- / Wir thun den Feind nie-mals }

no-nen. / schonen Wir Schwar-zen wir rufen: Hurrah, hurrah! Ganz

muthig steh'n wir da!

2. :,: Ganz schwarz sind wir montirt, mit Muth sind wir ausstaffirt; :,: :,: und am Czako da tragen wir den Todtenkopf, wir haben verloren unsern Herzog. Wir Schwarzen &c. :,:

3. :,: Bei Quatrebras da fiel ein Schuß, der ging unserm Herzog durch die Brust, :,: :,: unsern Herzog, den haben wir verloren. o wäret ihr Wälschen nie geboren. Wir Schwarzen, &c. :,:

4. :,: Als wir zogen in Braunschweig ein, da fingen viele Tausend an zu wein'n, :,: :,: unsern Herzog, den haben wir verloren, o wäret ihr Wälschen nie geboren. Wir Schwarzen, ꝛc. :,:

5. :,: Wer hat dies Lied gemacht? Das haben zwei Schwarze erdacht, :,: :,: noch dazu zwei schwarze Rekruten, die sahen unsern Herzog bluten. Wir Schwarzen, ꝛc. :,:

Volkslied.

75. Zum Ausmarsch.

Weise des Dichters.

1. Hinaus in die Ferne mit lautem Hörnerklang! Die Stimmen erhebet zum männlichen Gesang! :,: Der Freiheit Hauch weht mächtig durch die Welt! Ein freies, frohes Leben uns wohlgefällt! :,:

2. Wir halten zusammen, wie treue Brüder thun, wenn Tod uns umtobet und wenn die Waffen ruhn; :,: uns Alle treibt ein reiner, freier Sinn, nach einem Ziele streben wir Alle hin! :,:

3. Der Hauptmann, er lebe! Er geht uns kühn voran! Wir folgen ihm muthig auf blut'ger Siegesbahn. :,: Er führt uns jetzt zu Kampf und Sieg hinaus; er führt uns einst, ihr Brüder, ins Vaterhaus! :,:

4. Wer wollte wohl zittern vor Tod und vor Gefahr? Vor Feigheit und Schande erbleichet unsre Schaar! :,: Und wer den Tod im heil'gen Kampfe fand, ruht auch in fremder Erde im Vaterland! :,:

Albert Methfessel.

76. Die Wacht auf den Vogesen.

Melodie: „Steh' ich in finsterer Mitternacht."
Zeile 5 und 6 wie 3 und 4 zu singen.

1. Hoch durch's Gebirg im Wasgauwald wie Sturmgebraus es wiederhallt; das tönet wie ein mächt'ger Schritt, als riß es Eich' und Tannen mit; voran, voran du deutsche Braut, der Wasgau hat dich jetzt erschaut!

2. Hoch auf dem Berg nun steht es da, das Riesenweib Germania; sie kam herauf vom kühlen Rhein: ich mag nicht länger drunten sein; hin nach dem Berg stand längst mein Sinn, hier bleibt die Wacht mein Hochgewinn!

3. Hier steh' ich, reck' die Arme aus, sei mir gegrüßt, mein Felsenhaus, seid mir gegrüßt, ihr Tannenhöh'n, dem deutschen Aug' wie wunderschön! Wie ist die Aussicht weit und breit so strahlend hier in Herrlichkeit!

4. Hier schaut mein Blick, von Stolz entbrannt, hinüber dann ins welsche Land: im tiefsten Mark hats dir gegraus't, als du gefühlet meine Faust; nun hüt' dich ferner, hüt dich fein vor meines Schwertes Blitzesschein!

5. Hier thront ich schon vor manchem Jahr, hier bleib ich jetzt und immerdar; nun wettert drunten in dem Thal, Kanonen donnert allzumal! Gekommen ist die deutsche Braut, dein Wasgau ewig angetraut."

Von einem geborenen Elsässer.

77. Gebet vor der Schlacht.

Melodie: „O sanctissima."

1. Hör' uns Allmächtiger! Hör' uns Allgütiger! Himmlischer Führer der Schlachten! Vater, dich preisen wir! Vater, wir danken dir, daß wir zur Freiheit erwachten!

2. Wie auch die Hölle braus't, Gott, deine starke Faust stürzt das Gebände der Lüge. Führ' uns Herr Zebaoth, führ' uns dreieiniger Gott, führ' uns zur Schlacht und zum Siege!

3. Führ' uns! — Fall unser Loos, auch tief in Grabes Schooß: Lob doch und Preis deinem Namen! Reich, Kraft und errlichkeit sind dein in Ewigkeit! Führ' uns, Allmächtiger! Amen.

Th. Körner.

78. Hurrah, Germania.

da! Im vol-len Brand der Juligluth wie ziehst du frisch dein

Schwert! Wie trittst du zornig frohgemuth zum Schutz vor dei-

nen Herd! Hurrah, hurrah, hurrah, hurrah, Germani-a!

2. Du dachtest nicht an Kampf und Streit: In Fried' und Freud' und Ruh, auf deinen Feldern weit und breit die Ernte schnittest du. Bei Sichelklang im Aehrenkranz die Garben fuhrst du ein: da plötzlich, horch, ein andrer Tanz! das Kriegshorn überm Rhein! Hurrah &c.

3. Da warfst die Sichel du ins Korn, den Aehrenkranz dazu; da fuhrst du auf in hellem Zorn, tief athmend auf im Nu; schlugst jauchzend in die Hände dann: Willst du's, so mag es sein! Auf, meine Kinder, alle Mann! Zum Rhein! zum Rhein! zum Rhein! Hurrah &c.

4. Da rauscht das Haff, da rauscht der Belt, da rauscht das deutsche Meer; da rückt die Oder dreist ins Feld, die Elbe greift zur Wehr. Neckar und Weser stürmen an, sogar die Fluth des Mains! Vergessen ist der alte Span: das deutsche Volk ist Eins! Hurrah &c.

5. Schwaben und Preußen Hand in Hand; der Nord und Süd ein Heer! Was ist des deutschen Vaterland — wir fragen's jetzt nicht mehr! Ein Geist, Ein Arm, Ein einz'ger Leib, Ein Wille sind wir heut'! Hurrah, Germania, stolzes Weib! hurrah die große Zeit! Hurrah &c.

6. Mag kommen nun, was kommen mag: Fest steht Germania! Dies ist All-Deutschlands Ehrentag: Nun weh dir, Gallia! Weh, daß ein Räuber dir das Schwert frech in die Hand gedrückt! Weh ihm! Und nun für Heim und Herd das deutsche Schwert gezückt! Hurrah &c.

7. Für Heim und Herd, für Weib und Kind, für jedes theure Gut, dem wir bestellt zu Hütern sind vor fremden Frevelmuth! Für deutsches Recht, für deutsches Wort, für deutsche Sitt' und

Art. — für jeden heil'gen deutschen Hort. Hurrah! zur Kriegesfahrt. Hurrah 2c.

8. Auf, Deutschland, auf, und Gott mit dir! ins Feld! der Würfel klirrt! Wohl schnürt's die Brust uns, denken wir des Bluts, das fließen wird! Dennoch das Auge kühn empor! denn siegen wirst du ja: Groß, herrlich, frei, wie nie zuvor! Hurrah, Germania! hurrah, Victoria! hurrah, Germania!

Ferdinand Freiligrath im Juli 1870.

79. Vaterlandslied.

Melodie: „Erhebt Euch von der Erde."

1. Ja Vaterland, geliebtes! umströme dich Glück und Heil, was Bestes bringen die Zeiten, es werde dir zu Theil! Nur fleh', ich, nie mißachte in neuem Strebensdrang, was deutschen Namens Ehre gewesen ein Jahrtausend lang.

2. Entfache des Geistes Leuchte zu niegesehenem Glanz, doch pflege du das Herz auch; pflege den deutschen Kranz tiefsinniger Gefühle; wahre duftig zart die Blume deutschen Gemüthes im frost'gen Hauch der Gegenwart.

3. Was Wirklichkeit dir immer für goldne Kränze flicht, mein Volk, der Ideale Bilder, stürze nicht! Stehn ihre Tempel öde, du walle noch dahin, in ihrer Sternglut bade sich ewig jung der deutsche Sinn!

4. Ja, weil es dir vertraut ward, das Banner des Ideals, so halt es hoch im Schimmer des ewigen Sonnenstrahls; hoch halte es unter den Völkern, und walle damit voran die Pfade der Gesittung, der Freiheit und des Rechtes Bahn!

5. Ruhmvoll ist deutsche Treue, hoch gilt Germanenwort; so bleibe, mein Volk, denn ewig des ewigen Rechtes Hort! Wem ist, wie dir, entbehrlich Rauch, Unrecht oder Trug? Wer ist, du größtes der Völker, so sehr wie du sich selbst genug?

6. Herzensadel bleibe des deutschen Namens Ruhm, Recht und Wahrheit bleibe sein Palladium; auf die starken Säulen, vom Wandel der Zeit umkreist, Gründe für alle Zeiten dein Weltreich dir, o deutscher Geist! Robert Hamerling.

80. Gelübde.

Volksweise: Wir hatten gebauet.

1. Ich hab' mich ergeben mit Herz und mit Hand, dir Land voll Lieb' und Leben, mein deutsches Vaterland.

2. Mein Herz ist entglommen, dir treu zugewandt; du Land der Freien, Frommen, du herrlich Hermannsland!

3. Du Land, reich an Ruhme, wo Luther erstand, für deines Volkes Rhume weih' ich mein Herz und Hand!

4. Will halten und glauben an Gott fest und frei! will Vaterland, dir bleiben auf ewig fromm und treu.

5. Ach Gott, thu erheben mein jung Herzensblut zu frischem, freud'gen Leben, zu freiem, frommem Muth!

6. Laß Kraft mich erwerben in Herz und in Hand, zu leben und zu sterben fürs heil'ge Vaterland!

Hans Ferd. Maßmann 1820.

81. Das treue deutsche Herz.

Weise von Julius Otto sen.

1. Ich kenn' ein'n hellen Edelstein von köstlich hoher Art, in einem stillen Kämmerlein, :,: da liegt er gut verwahrt. :,: Kein Demant, ist der diesem gleicht, :,: soweit der liebe Himmel reicht. :,: Die Menschenbrust ist's Kämmerlein, da legte Gott so tief hinein den schönen hellen Edelstein, das treue deutsche Herz.

2. Für Pflicht und Recht, für Wahrheit, Ehr' flammt heiß es alle Zeit, voll Kraft und Muth schlägt's hoch und hehr :,: für Tugend, Frömmigkeit. :,: Nicht schrecket es der Menschen Spott, :,: es traut allein dem lieben Gott. :,: Der ganze Himmel klar und rein, er spiegelt sich mit lichtem Schein im schönen, hellen Edelstein, im treuen deutschen Herz.

3. Wohl weiß ich noch ein gutes Wort, für das es heiß entbrannt, das ist sein höchster, heil'ger Hort: :,: das theure Vaterland! :,: Treu hängt's an ihm, verräth es nicht, :,: selbst wenn's in Todesschmerzen bricht. :,: Kein schönrer Tod auch kann es sein, als froh dem Vaterland zu weih'n den schönen, hellen Edelstein, das treue deutsche Herz!

4. Nimm, Gott, mir alles, was ich hab', — ich geb' es freudig hin; nur laß mir deine schönste Gab', :,: den freien deutschen Sinn! :,: Dann bin ich hochbeglückt und reich, :,: kein Fürst auf Erden kommt mir gleich! :,: Und soll ich einst begraben sein, so setz' in deinen Himmel ein den schönen hellen Edelstein, mein treues deutsches Herz!

Julius Otto jun.

82. Lied eines Deutschen.

Melodie: „Sind wir vereint."

1. Ich weiß ein Lied voll solcher Trauer, wer dieses Lied zu Ende singt, dem ist's, als ob vor Schmerzesschauer das Herz ihm in der Brust zerspringt, ein Lied voll schwerster Gramgedanken es macht des Sängers Wange bleich, ein Lied voll Wehe sonder Schranken, das ist das Lied vom deutschen Reich.

2. O so viel Macht und Muth und Treue und soviel Thorheit, Schimpf und Schmach, o soviel Hoffnung stets auf's Neue und soviel Unheil, daß es brach; o soviel Hinterlist und Tücke und immer wieder neu Vertrau'n, o nimmer mit so wenig Glücke war soviel Recht und Kraft gepaart.

3. Es muß in Sternen stehn geschrieben, daß Deutschland nicht soll untergehn, der Gott der Völker muß es lieben, sonst wäre es schon längst geschehn! Mein Volk, nicht rückwärts darfst du schauen, daß Gram dir nicht das Herz verzehrt; nein vorwärts und auf Gott vertrauen und auf dein Recht und auf dein Schwert.

Felix Dahn.

83. Gruß an Deutschland.

Melodie: „Als Noah aus dem Kasten war."

1. Ihr deutschen Brüder, seid gegrüßt, am Rhein und wo die Donau fließt, und wo es rauscht im Eichenhain, wir wollen deutsch und einig sein; so fest wie uns're Berge Pracht, so weit die deutsche Ebne lacht. :,: Du schönes Land, du deutsches Land, wir reichen uns die Bruderhand, wir reichen uns die Bruderhand. :,:

2. Wann deutsche Herzen sich verstehen, wird jeder Sturm vergeblich wehen; und wächst der Feind auch riesengroß, zermalmt stürzt er vom deutschen Stoß. Das deutsche Schwert ist Gottes Schwert, es siegt und schützt den eig'nen Heerd. :,: Du schönes Land 2c.

3. Im Frieden reift des Bürgers Glück, der Friede sei ein Meisterstück. Wenn Mühlen klappern, Schiffe zieh'n, die Oefen rauchen, Boote fliehen; wenn Thron und Hütte fromm und recht, dann lebt in Freiheit Herr und Knecht. :,: Du schönes Land 2c.

Volkslied.

84. Der König bei der Armee.

Marschmäßig. Volksweise.

naht zur Schlacht zur Schlacht.

2. Nochmals ein kurzes Beten, ein flücht'ges Heimwärtssehn, hell schmettern die Trompeten, der Rosse Mähnen wehn! fest auf den Feind, mit Macht, mit Macht! der König naht zur Schlacht, zur Schlacht.

3. Es gilt ein großes Wagen. — vernichtet sei der Feind, damit in bess'ren Tagen die Friedenssonne scheint. Fest auf den Feind mit Macht, mit Macht, der König naht! zur Schlacht, zur Schlacht.

85. Lied der deutschen Soldaten im Elsaß.

Melodie: „Ich hatt' einen Kameraden."

1. Im Elsaß über dem Rheine, da wohnt ein Bruder mein; wie thut's das Herz mir pressen, er hat es schier vergessen, was wir einander sein.

2. Mein armer, guter Bruder, hast du dich denn verwälscht? Geraubt von den Franzosen, trägst du die rothen Hosen, ist auch dein Herz verwälscht?

3. Horch auf! Sie ist nun gekommen, die lang ersehnte Zeit, wir haben nur ein Deutschland, ein einig starkes Vaterland, vorbei ist Zank und Streit.

4. Und dich auch haben wir wieder, komm Bruder, komm nur her! Du bist mit Blut erstritten, du bleibst in unsrer Mitte, wir trennen uns nimmermehr.

5. Wer hat das Lied gesungen? Wer hat das Lied erdacht? Ein Pommer und ein Schwabe, die gute Kameradschaft haben, in der Schlacht und auf der Wacht. Berthold Auerbach.

86. Feindesthränen.

Eigene Melodie.

1. In dem kleinen Gotteshause, das nun dient zum Lazarethe, liegt mit arg zerschoss'ner Rechten still ein Sohn der Normandie.

2. Froh, auf Frankreichs Sterne trauend, war er in den Krieg gezogen, doch jetzt schaut er finster nieder und er seufzt: Ma belle patrie!

3. Nicht die Wimper seines Auges zuckt, als nun die deutschen Aerzte von dem Arm die Hand ihm trennen, doch er seufzt: Ma belle patrie!

4. Plötzlich sieht er auf dem Tische seine Hand, die todte, liegen, da entringt sich seinem Munde schwer der Ausruf: Oh ma mère!

5. Und daß nicht die deutschen Sieger seine Thränen möchten sehen, wendet er das stolze Antlitz und verbirgt es an der Wand.

6. Doch es hört der Deutschen Einer, wie er leis die Worte murmelt: „Meine treue, alte Mutter, dich ernährte diese Hand!"

7. O Franzose, nimmer brauchst Du diese Thränen zu verbergen und am wenigsten dem Deutschen, der im Feind den Menschen ehrt. Gustav Duill.

87. Hoch Deutschland!

Melodie: „Wohlauf Kameraden" (Zeile 7 u. 8 wie 5 u. 6 zu singen.)

1. In die Lüfte nun schwing dich voll Jubel, mein Lied! nun schmettert, ihr Siegesfanfaren! denn der frevelnde Feind ist geschlagen und flieht vor den todesverachtenden Schaaren; laßt flammen die Feuer! die Fahnen laßt wehn! du Traum unsrer

Väter, nun sollst du erstehn unter Donnerhall, unter Glockenlaut: hoch Deutschland, herrliche Siegesbraut!

2. Sie wähnten, es schliefen die Hüter dein und wollten mit Lug dich umnachten; aber Norden und Süden hielt Wacht am Rhein und stürmte in's Wetter der Schlachten. Hurrah! in dem klirrenden Waffentanz ward erbeutet der blutige Hochzeitskranz! auf dem Felde der Ehre, da sind wir getraut — hoch Deutschland, herrliche Siegesbraut!

3. Mit dem ehernen Panzer umgürtet den Leib, in der Rechten die blitzende Wehre; doch es ziert dich so menschlich, du göttliches Weib, in dem leuchtenden Auge die Zähre! so schreitest du über den trennenden Strom im Triumph in den freien, den einigen Dom; und ein brüderlich Volk, es umjauchzet dich laut: hoch Deutschland, herrliche Siegesbraut! Ernst Scherenberg.

88. Lied der schwarzen Jäger.

Zorge.

2. Klein ist die Schaar; doch groß ist das Vertrauen auf den gerechten Gott! Wo seine Engel Ihre Festen bauen, sind Höllenkünste Spott.

3. Gebt kein Pardon! Könnt ihr das Schwert nicht heben, so würgt sie ohne Scheu; und hoch verkauft den letzten Tropfen Leben! Der Tod macht alle frei!

4. Mit Gott! — Einst geht, hoch über Feindesleichen, der Stern des Friedens auf; dann pflanzen wir ein weißes Siegeszeichen am freien Rheinstrom auf. Theodor Körner.

89. Unser Vaterland.

Weise von Albert Methfessel 1811, auch Hans Georg Nägeli 1817.

1. Kennt ihr das Land, so wunderschön in seiner Eichen grünem Kranz? Das Land, wo auf den sanften Höhn die Traube reift im Sonnenglanz? Das schöne Land ist uns bekannt, es ist ja unser Vaterland!

2. Kennt ihr das Land vom Truge frei, wo noch das Wort des Mannes gilt? Das gute Land, wo Lieb' und Treu' den Schmerz des Erdenlebens stillt? Das gute Land ist uns bekannt, es ist ja unser Vaterland!

3. Kennt ihr das Land, wo Sittlichkeit im Kreise froher Menschen wohnt? Das heil'ge Land, wo unentweiht der Glaube an Vergeltung thront? Das heil'ge Land ist uns bekannt, es ist ja unser Vaterland!

4. Heil dir, du Land, so hehr und groß vor allen auf dem Erdenrund! Wie schön gedeiht in deinem Schooß der edlen Freiheit schöner Bund! Drum wollen wir dir Liebe weihn und deines Ruhmes würdig sein!

Leonhard Wächter gen. Veit Weber.

90. Die deutschen Ströme.

Weise: „Sind wir vereint zur guten Stunde."

1. Laßt uns die deutschen Ströme singen im deutschen, festlichen Verein, und zwischendurch die Gläser klingen, denn sie beschenken uns mit Wein. Auf ihre Töne laßt uns lauschen, die alle jetzt herüberweh'n, :,: und bald der Welle lautes Rauschen, bald ihren leisen Gruß verstehn. :,:

2. Zuerst gedenkt des alten Rheines, der fluthend durch die Ufer schwillt, und seines goldnen Labeweines, der aus der Traube lustig quillt. Denkt seiner schön bekränzten Höhen und seiner

Burgen im Gesang, :,: die stolz auf jene Fluren sehen, die jüngst das deutsche Volk bezwang. :,:

3. Tief in des Fichtelberges Klüften, mit grauen Nebeln angethan, umweht von nördlich kalten Lüften, beginnt der Main die Heldenbahn. Er kämpft in muthigem Gefechte sich hin bis zu dem Vater Rhein, :,: und drängt, bekränzt mit Weingeflechte, in seine Ufer sich hinein. :,:

4. Im Land der Schwaben auferzogen, eilt rasch und leicht der Neckar hin, wenn auch nicht mit gewölbten Bogen gewalt'ge Brücken drüber zieh'n, doch spiegeln, gleich den schönsten Kränzen, sich Dörfer in der klaren Fluth, :,: und dunkelblau mit sanftem Glänzen der Himmel, der darüber ruht. :,:

5. Gestiegen aus verborgnen Quellen, im grünen, luftigen Gewand, um welches tausend Falten schwellen, strömt weit die Donau durch das Land. Die Städte, die sich drin erblicken, erzählen von vergangener Zeit, :,: und fragen dann mit stillem Nicken, wann wird die alte Pracht erneut? — :,:

6. Durch alle Gaun der freien Sachsen ergeht sich stolz das Riesenkind, es sieht, wie sonst, die Eichen wachsen, doch sucht es seinen Wittekind; und denkt es der gesunkenen Helden, dann zögert es im raschen Lauf, :,: und wünscht, was alte Sagen melden, herauf, aus seiner Fluth herauf. :,:

7. So nah' dem hochbeglückten Lande, wo Zwingherrnblut die Erde trank, und nach gelöstem Sclavenbande das Römerjoch zu Boden sank, vernimm, o Weser, unsre Grüße, sie sollen jubelnd zu dir ziehn, :,: voll Ernst und stiller Würde fließe, du Freiheitsstrom, zum Weltmeer hin. :,:

8. Der Weichsel Münden sind uns theuer, sie halten Wach' am Landesschild; und stürmt die Stepp' auch ungeheuer, sie rast sich an drei Vesten mild. Hier haben Ost und West gerungen, der Alle warf, brach nicht hindurch; :,: und Graudenz, Jungfrau unbezwungen, schirmt stark, wie sonst, Marienburg. :,:

9. Bei allen, die zum Meere eilen in rastlos kühnem Küstenlauf, kann der Gesang nicht lange weilen; Vorkämpfer, führt den Reigen auf! Die Warnow hat den Held gewieget, der brach des Zwingherrn Wütherei; :,: als Land und See zur Sperr' geschmieget, da strömte die Persante frei. :,:

10. Es sei der Oder jetzt gesungen der letzte schallende Gesang, einst hat ja laut um sie geklungen das deutsche Volk im Waffenklang. Als es sich still und stark erhoben in seiner ganzen Riesenmacht, :,: da half der Helfer ihm von oben, geschlagen ward die Völkerschlacht. :,:

11. So rauscht, ihr Ströme, denn zusammen in ein gewaltig Heldenlied, zum Himmel schlagt, ihr hellen Flammen, die ihr im tiefsten Herzen glüht: Eins wollen wir uns treu bewahren, doch Eins erwerben auch zugleich: :,: Du, Herr, beschütz' es vor Gefahren, und zu uns komm' dein freies Reich. :,:

Max von Schenkendorf 1814.
Vers 8 u. 9 von Friedrich Ludwig Jahn.

91. Nach Paris.

Feurig. Mauck.

Namen be - le - ben sich neu, und die al - ten Schwüre von

Lieb und von Treu und das Losungswort heißt, wie es da-mals

hieß: wohlauf für den Rhein nach Paris, nach Pa-ris.

2. Wir lassen mit Wehmuth, wir lassen mit Zorn das Schloß und die Hütte, den Wein und das Korn. Für das Vaterland, das uns die Grenzwacht vertraut, für die Mutter daheim, die Gattin, die Braut, für das schuldlose Kind, für das Haus und den Herd, für den Boden der Heimath ziehn wir das Schwert. O strahlendes Banner entroll' dich und flieg! wir folgen dir freudig zum heiligen Krieg, und das Losungswort heißt, wie es damals hieß: wohlauf, für den Rhein — nach Paris nach Paris.

3. Wir kennen den Weg! Er führt durch den Gau, wo der Rheinstrom grüßt der Vogesen Blau; durch die Stadt und das Dorf, durch die Schlucht und das Thal, das der fränkische Räuber dem Reiche stahl. Wir kennen den Weg, den mit Sieg und mit Blut gezeichnet die Väter — wir kennen ihn gut! Aus den Gräbern tauchen die Schatten herauf — sie winken und rufen zum Sturmeslauf, und das Losungswort heißt, wie es damals hieß: wohlauf für den Rhein — nach Paris, nach Paris!

Jul. Rodenberg.

92. Friedensgruß

Melodie: „Seht Ihr drei Rosse."

1. Nun grüß euch Gott ihr tapfren Krieger, daheim im lieben Vaterland; grüß, Gott, ihr ruhmgekrönten Sieger nach manchem schweren, heißen Stand.

2. Wie schauten oft mit bangem Harme die Mütter nach den Söhnen aus; nun kommt in unsre offnen Arme, kommt heim in's traute Vaterhaus!

3. Ja kommt! viel tausend Augen warten, marschiret ein in Reih' und Glied, laßt Fahnen fliegen und Standarten, spielt auf das schönste Siegeslied!

4. Dann präsentiret die Gewehre dem Kriegsherrn, welcher stolz auf euch, denn Schaar um Schaar, an Waffenehre sind alle seine Braven gleich.

5. Wie ist sein Fußvolk fest geschritten bis tief in Frankreichs Herz hinein; wie seid ihr Reiter kühn geritten der Windsbraut gleich in Feindesreih'n;

6. Wie habt ihr scharf zum Waffentanze, ihr Kanoniere, aufgespielt, auf manche felsenfeste Schanze, manch' drohend' Schlachtheer gut gezielt!

7. Euch Allen Dank! zum Lohn euch Allen ein Laub vom großen Eichenkranz! und nun laßt's euch auf's Neu' gefallen im Schooß des schönen Vaterlands.

8. O seht, verjüngt und neugenesen im Frühlingsschmuck begrüßt es euch: dieweil ihr über'm Rhein gewesen, erwuchs daheim ein deutsches Reich!

Karl Gerok.

93. Deutsches Siegeslied.

Melodie: „Preisend mit viel schönen Reden."

1. Nun laßt die Siegsfanfaren schmettern und fallet ein im Jubelchor, denn hell aus dunklen Schlachtenwettern stieg Deutschlands gold'ner Stern empor.

2. Der falsche Zauber brach in Stücke an unsres Speeres Eisenschaft; dort welscher Trug und welsche Tücke, hie deutsche Treu und deutsche Kraft.

3. Scharf habt den Adler ihr getroffen, ihr Schützen meines Alpenlands, und rasch wie eure Felsenschroffen, erstiegt ihr Wall und Mauerkranz.

4. Gefällt die Wehr', den Schuß verhalten, drang an der Preuße siegesfroh; sie haben ihm nicht Stand gehalten, dem Bajonet bei Waterloo!

5. Nein, als sie auf der Höhen Krone des deutschen Auges Blick's gewahrt, da hat des Cäsars Bataillone den Berg hinab die Flucht entschaart.

6. Jetzt nach Ulanen und Husaren, den Todtenkopf am schwarzen Helm; wie Wetter Gottes dreingefahren auf Turcos und Zuaven Schelm!

7. Das Lager brennt, die Adler fallen, das Mordgeschütz stumm liegt es da, und durch die Lüfte braust's mit Schallen Victoria! Victoria!

Felix Dahn.

94. Marschgesang.

Melodie: „O, alte Burschen-Herrlichkeit."

1. Nun weg mit Feder und Papier und Säbel her und Flinte, die deutschen Noten schreiben wir mit Stahl und rother Tinte. Die deutsche Landessprache kunnt' der Franzmann nicht begreifen, nun brüllt sie der Kanonenmund, die Kugel soll sie pfeifen.

2. Und daß das Lied ihn richtig packt, frisch auf, ihr Krieges-schaaren, so schlagt dazu den richt'gen Takt, Dragoner und Husaren! Du kennst kein deutsch, wir lehrens dich, marschire Feind, marschire! Und ihr macht den Gedankenstrich, recht derb ihr Kürassiere.

3. Wie deutsch man schreibt, das lernt ihr heut', französische Soldaten! Flug's auf die blut'ge Schrift gestreut, als Streusand die Granaten! Ulanen her im flotten Trab, herbei mit eurem Lanzen, ihr haltet mit dem langen Stab' die Ordnung bei dem Tanzen.

4. Hurrah! die Trommel wirbelt schon, Trompete bläst zum Reigen und tanzen soll Napoleon, wie wir zum Tanze geigen. Nun weg mit Feder und Papier und Säbel her und Flinte, die deutschen Noten schreiben wir mit Stahl und rother Tinte.

Emil Rittershausen.

95. Der Rhein.

1. O Deutscher Strom, ob dessen grünen Hängen mit scharfem Blick und ausgespreizten Fängen der Deutsche Aar die wachen Flügel schlägt! Rheinländer, ruft im zu, daß er im Schwunge sich hält, und sorget, daß die Deutsche Zunge weithin nach Westen seine Siege trägt!

2. O wahret ihn! — Wer singen kann, der singe! und wer ein Schwert zu schwingen hat, der schwinge es noch dazu und trinke von dem Wein der Reben, die an seinen Ufern ranken, und schwör' es laut: nicht soll die Grenze wanken, und wanken nicht der Deutsche Mann am Rhein!

3. Er wankte nicht! — Zwar sanken schöne Halme, doch drüber weg entgegenflog die Palme die junge Landwehr, die den Kolben hob . . . da dröhnt es her . . . anprallt der Panzerreiter . . . der Küraß brach . . . der Riß ward immer weiter . . , und übern Rhein die Donnerwolke stob! — —

Rudolf Kulemann.

96. Landwehrmanns Abschied.

Innig. Manck.

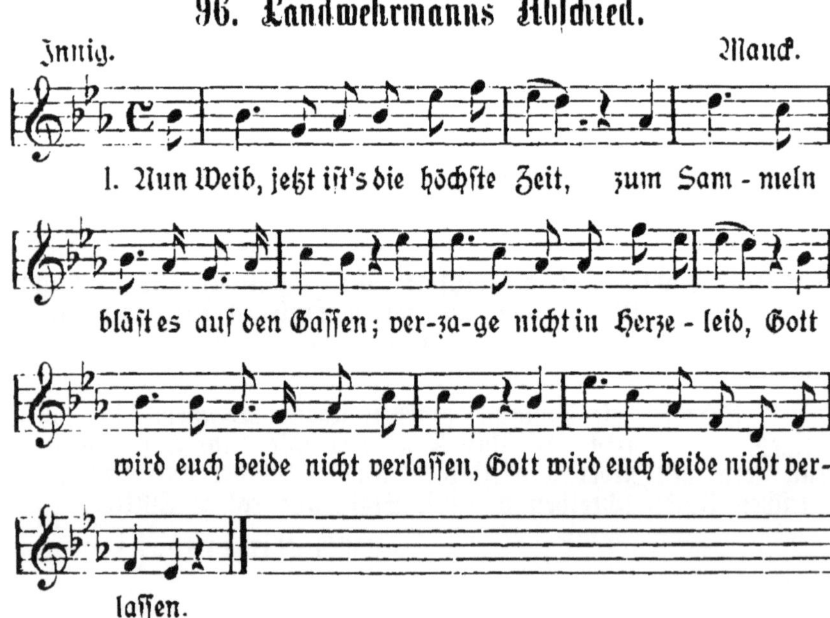

2. Mein Junge, seh' ich dich nicht mehr, so wird dir deine Mutter sagen: er blieb beim großen deutschen Heer, das sich für Haus und Herd geschlagen.

3. Und müßt' — wovor der Herr uns wahr' — jetzt unser Banner unterliegen, es wird dereinst der deutsche Aar zum großen Siege aufwärts fliegen.

4. Dann soll auch er in Waffen sein, das, Mutter, mußt du mir versprechen, um seines Vaters Grab zu weihn und Deutschlands Ehre mit zu rächen. Georg Hesekiel.

97. O Deutschland.

Melodie: „Wohlauf Kameraden, aufs Pferd."

1. O Deutschland, herrliches Vaterland, du Sonne in wilden Gefechten, Wie stehst du so mächtig im Eisengewand, das blitzende Schwert in der Rechten! Wie lodert dein Auge in zornigem Brand, o Deutschland, herrliches Vaterland!

2. Sie wollten dich höhnen in bübischem Spott, es tobten die giftigen Wogen, da bist du hinaus mit dem heiligen Gott zum rächenden Kampfe gezogen. Den Wettern des Todes hieltest du Stand, o Deutschland, herrliches Vaterland!

3, O Deutschland, du hohes, du herrliches du, dich grüßen die Völker mit Zagen, doch deine Getreuen, sie jubeln dir zu bei der Schwerter klirrendem Schlagen: Ein Auge, Ein Herz, Eine Lippe und Hand, o Deutschland, herrliches Vaterland!

Gustav Weck.

98. O Deutschland hoch in Ehren!

Kraftvoll. Manck.

1. O Deutschland, hoch in Eh-ren, o heil'-ges Land der Treu, hoch

leuchtet deines Ruhmes Glanz im Ost u. West aufs Neu. Du stehst

2. Zum Herrn erhebt die Herzen, zum Herrn erhebt die Hand! Gott schütze unser theures, geliebtes Vaterland! Es sind die alten Schwerter noch, es ist das deutsche Herz, ihr zwingt sie nimmermehr ins Joch, sie dauern aus wie Erz. Haltet aus, haltet aus 2c.

Volkslied.

99. Deutsches Kriegslied.

Melodie: „Flamme empor".

1. Preußen voran! Mitten durch feindliche Heere hau'n wir mit blitzender Wehre kühn uns die Bahn.

2. Ringsum bedroht, folgen wir ruhmreichen Ahnen, rufen und schwingen die Fahnen: Sieg oder Tod.

3. Lenker der Schlacht, steh' uns in Gnaden zur Seite, rüst uns und stärk uns zum Streite: Dein ist die Macht.

4. Schließet euch an! brechet mit klingendem Spiele ehernen Muthes zum Ziele Deutschland die Bahn!

5. Adler nun flieg! kreisend mit rauschenden Schwingen hoch über blitzende Klingen, führ' uns zum Sieg.

Karl Gädike.

100. Der deutschen Krieger Auszug.

Melodie: „In des Waldes düst'ren Gründen".

1. Preußens Söhne, Deutschlands Söhne, tapfer sind sie wie Spartaner, hochgebildet wie Athener, ritterlich wie Kastilianer!

2. Und die Mütter deutscher Krieger schauen mit beherzten Sinnen die geliebten Söhne ziehen, gleich sind sie Spartanerinnen!

3. „Mutter, Mutter!" ruft der Söhne Mund, da die Trompeten schallen, „wenn bis hierher kommt der Franzmann, sind wir all' im Kampf gefallen!

4. „Schaust den Franzmann du als Sieger hier im heimathlichen Flecken, sei gewiß, daß Grabeshügel unsere Gebeine decken!"

5. So beim letzten Kusse sprachen sie, spartanisch war die Rede, und zum herrlichsten der Kriege ging's: spartanisch war die Fehde!

Joh. Fastenrath.

101. Trinklied vor der Schlacht.

Melodie: „Flamme empor".

1. Schlacht, du brichst an! Grüßt sie in freudigem Kreise, laut nach germanischer Weise. Brüder heran!

2. Noch perlt der Wein; eh' die Posaunen erdröhnen, laßt uns das Leben versöhnen. Brüder, schenkt ein!

3. Gott Vater hört, was an des Grabes Thoren Vaterlands Söhne geschworen. Brüder ihr schwört!

4. Vaterlands Hort woll'n wir's aus glühenden Ketten todt oder sterbend erretten. — Handschlag und Wort!

5. Hört ihr sie nahn? Liebe und Freuden und Leiden! Tod! Du kannst uns nicht scheiden. Brüder, stoßt an!

6. Schlacht ruft! Hinaus! Horch, die Trompeten werben. Vorwärts, auf Leben und Sterben! Brüder, trinkt aus!

Th. Körner.

102. Kriegerlied.

Kräftig, nicht zu geschwind. Ch. G. Eidenberg.

1. Schön ist's unter freiem Him-mel,
stür-zen in das Schlachtgetümmel, wo die Kriegsdrom-

me-te schallt. Wo die Rosse wiehernd jagen, wo die Trom-

meln wirbelnd schla-gen, wo das Blut der Helden wallt, wo

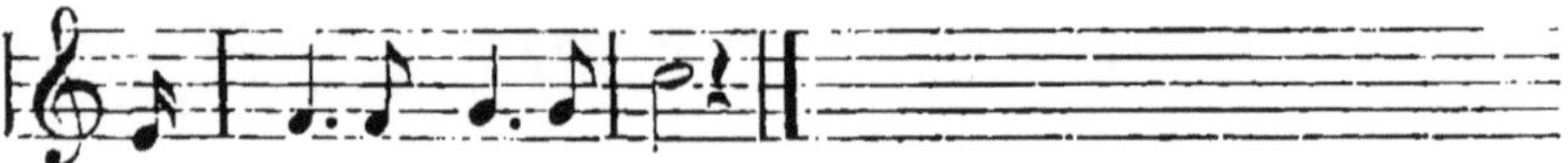

das Blut der Helden wallt.

2. Schön ist's, wenn der alte Streiter, festen Fußes, hell und heiter, unsre Brust mit Muth erfüllt: wenn aus donnerndem Geschütze, furchtbar wie des Himmels Blitze, Tod dem Feind entgegenbrüllt.

3. Schön ist's, wenn bei Ungewittern sechsfach Berg und Thal erzittern von dem grausen Widerhall. Fällt dann einer uns'rer Brüder, stürzen tausend Feinde nieder, Tausend stürzt des Einen Fall.

4. Aber nichts gleicht dem Entzücken, wenn der Feind mit scheuen Blicken weicht und flieht, bald hier, bald da. Ha, willkommen sel'ge Stunde! dann erschallt aus jedem Munde: Gott mit uns! Victoria! R. Hiemer.

103. Vaterlandslied.

Weise v. Antonie Schmiedt.

1. Sei gegrüßt uns durch jubelnde Töne, deutsches Vaterland, sei uns gegrüßt. Freudig fühlen es all' deine Söhne, wie ein heiliges Band uns umschließt. Mund und Herz müssen laut es bekunden? deutsche Treue hält eng uns verbunden, deutsche Treue, die felsenfest ist. Mein Vaterland, mein Vaterland, Heil Deutschland dir, mein starkes, liebes Vaterland.

2. Von dem Belte bis hin zu dem Rheine, wo er strömt aus dem Schweizergefild, tönt die Vaterlandssprache, die eine, die so kraftvoll der Seele entquillt. Bei dem Weine von Vaterlands Reben jubelnd hoch sich die Herzen erheben, reich mit Deutschlands Hoffnung erfüllt. Mein Vaterland rc.

3. Muthig kämpfend für Recht und für Ehre, wenn ein tückischer Feind uns umdroht, sind geeint wir zum tapferen Heere, unsre Loosung ist: Sieg oder Tod! Wir sind eins, ziehn hinaus wir zum Kriege, eins nach blutig erfochtenem Siege, wir sind eins und trauen auf Gott! Mein Vaterland rc. Ferd. Vogel.

104. Deutsche Hymne.

Melodie: „Deutschland, Deutschland über Alles".

1. Sei gesegnet, deutsche Erde, heißgeliebtes Vaterland! Ueber deinen Gauen wallte schirmend Gottes Vaterland; sie entfernt von deinen Marken, was die Wohlfahrt dir bedroht; Deutschland hoch! dem einig starken, hoch die Farben schwarz-weiß-roth!

2. Seid umschlungen, deutsche Brüder, Herzen all' aus Nord und Süd! In der Trübsal ernsten Stunden ist die Eintracht uns erblüht. Laßt uns dieses Gut bewahren, treu im Glück wie in der Noth, nie wird dann ein Feind sich wagen an die Farben schwarz-weiß-roth.

3. Heil und Glück dem deutschen Kaiser, Segen über sein Geschlecht! Möge er ein Schirmherr bleiben deutscher Sitte, deutschem Recht. Gott mit Wilhelm unserm Herrscher! Gott mit uns bis in den Tod! Gott mit dir geliebte Heimath! Hoch die Farben schwarz-weiß-roth! Volkslied.

105. An die deutschen Frauen.

Mit Würde. Mauck.

1. Seid mir gegrüßt ihr deutschen Frauen, der schö-nern

Zukunft Morgen - roth! Wem soll vertraun, auf wen soll

bauen das Vater - land in seiner Noth?

2. Ihr kennt noch frohe deutsche Weise, noch deutsche Zucht und Sittsamkeit; :,: euch blieb in eurem stillen Kreise noch Frohsinn und Zufriedenheit. :,:

3. Ihr tragt noch nicht die bunten Bänder, die man dem Staatsverdienste weiht; :,: euch sind noch eure Hausgewänder mehr werth als ein Beamtenkleid. :,:

4. Ihr seid noch nicht verlocket worden durch Titel oder andern Tand; :,: euch kann noch sein der schönste Orden: die Liebe für das Vaterland. :,:

5. Wohlan! ihr sollt im Kind erwecken den Sinn für Vaterland und Recht, :,: ihr sollt erziehn zum Feindesschrecken ein freies biederes Geschlecht. :,:

6. Euch muß vertrau'n, auf euch muß bauen das Vaterland in seiner Noth! :,: Seid mir gegrüßt, ihr deutschen Frauen, der schönern Zukunft Morgenroth! :,:

Hoffmann von Fallersleben.

106. Die Trompete von Vionville.

Melodie: Wohlauf Kameraden. (Zeile 7 u. 8 wie 5 u. 6 zu singen.)

1. Sie haben Tod und Verderben gespie'n! Wir haben es nicht gelitten. Zwei Colonnen Fußvolk, zwei Batterie'n, wir haben sie niedergeritten. Die Säbel geschwungen, die Zäume verhängt, tief die Lanzen und hoch die Fahnen; so haben wir sie zusammengesprengt, — Kürrassiere wir und Ulanen.

2. Doch ein Blutritt war es, ein Todesritt; wohl wichen sie unsern Hieben, doch von zwei Regimentern, was ritt und was stritt, unser zweiter Mann ist geblieben. Die Brust durchschossen, die Stirn zerklafft, so lagen sie bleich auf dem Rasen, in der Kraft, in der Jugend dahingerafft, — nun, Trompeter, zum Sammeln geblasen!

3. Und er nahm die Trompet', und er hauchte hinein, da, die muthig mit schmetterndem Grimme uns geführt in den herrlichen Kampf hinein, der Trompete versagte die Stimme! Nur ein klanglos Wimmern, ein Schrei voll Schmerz, entquoll dem metallenen Munde; eine Kugel hatte durchlöchert ihr Erz, um die Todten klagte die wunde.

4. Um die Tapfern, die Treuen, die Wacht am Rhein, um die Brüder die heute gefallen, — um sie Alle, es ging uns durch Mark und Bein, erhub sie gebrochenes Lallen. Und nun kam die Nacht, und wir eilten hindann; rundum die Wachtfeuer lohten; die Rosse schnoben, der Regen rann — und wir dachten der Todten, der Todten! Ferd. Freiligrath.

107. So kam's.

Melodie: „Erhebt Euch von der Erde."

1. Sie haben uns geboten der argen Worte viel, wir haben aufgenommen das grausig-ernste Spiel. Sie sind ins Feld gezogen, wir fehlten nicht beim Tanz; der Strauß, für sie gepflücket, ward unser Ehrenkranz.

2. Kein Stein mehr müßte liegen auf einem andern Stein, so sagten's, eh' die Veste genommen würde sein. Und doch, 's ist anders worden: Die Steine unversehrt, so ist die Burg gefallen. ein Lohn der Mühen werth.

3. Die hunderttausend Schnitter, die zogen in das Feld, sie hatten doch die Saaten nicht gar zu gut bestellt. Sie sind zerstreut, geschlagen, der ganzen Welt zum Hohn. — Das ist das kleine Ende der großen Nation. J. Wothe.

108. Der deutsche Rhein.

Melodie von Carl Reinecke.

1. Sie sollen ihn nicht haben, den freien deutschen Rhein, ob sie wie gier'ge Raben sich heiser danach schrein. So lang er ruhig wallend sein grünes Kleid noch trägt, so lang ein Ruder schallend in seine Wogen schlägt!

2. Sie sollen ihn nicht haben, den freien deutschen Rhein! So lang sich Herzen laben an seinem Feuerwein. So lang an seinem Strome noch fest die Felsen stehn, so lang sich hohe Dome in seinem Spiegel sehn!

3. Sie sollen ihn nicht haben, den freien deutschen Rhein, so lang dort kühne Knaben um schlanke Dirnen frein! So lang die Flosse hebet ein Fisch auf seinem Grund, so lang ein Lied noch lebet in seiner Sänger Mund.

4. Sie sollen ihn nicht haben, den freien deutschen Rhein, bis seine Fluth begraben, des letzten Manns Gebein! Sie sollen ihn nicht haben, den freien deutschen Rhein, ob sie wie gier'ge Raben sich heiser danach schrein.

Nicolaus Becker 1840.

109. Zuruf aus Vaterland.

Nicht zu langsam. Nägeli.

1. Stehe fest, ste-he fest, o Vater - land ste - he fest, ste-he

fest, o Vaterland! Deutsches Herz und deutsche Hand, halte

fest am Rechten! Wo's die al - te Freiheit gilt, sei dir selber

2. :,: Bleibe treu, o Vaterland! :,: Fern vom welschen Flittertand! treu den alten Sitten! Bleibe einfach, ernst und gut, nimmer tritt in Wankelmuth, Franzen nach und Britten! Bleibe treu 2c.

3. :,: Bleibe wach, o Vaterland! :,: Wenn der Geist zum Geist sich fand, bring' ihn zum Gedeihen! Wo aus ernster tiefer Brust Weisheit strömt und Sangeslust, führe du den Reihen! Bleibe wach 2c.

4. :,: Bleibe stark, o Vaterland! :,: Eig'ner Satzung freies Band, halte dich zusammen! Daß, droht dir der Feinde Schwert, jeder wie im eig'nen Heerd, brennt in Zornesflammen. Bleibe stark 2c.

K. Göttling.

110. Deutsches Weihelied.

Weise von Albert Methfessel 1818.

1. Stimmt an mit hellem, hohem Klang, stimmt an das Lied der Lieder, :,: des Vaterlandes Hochgesang! Das Waldthal hall' es wieder! :,:

2. Der alten Barden Vaterland, dem Vaterland der Treue, :,: dir, niemals ausgesungnes Land, dir weihn wir uns auf's Neue. :,:

3. Zur Ahnentugend wir uns weihn, zum Schutze deiner Hütten, :,: wir lieben deutsches Fröhlichsein und alte deutsche Sitten. :,:

4. Die Barden sollen Lieb' und Wein, doch öfter Tugend preisen, :,: und sollen biedre Männer sein in Thaten und in Weisen! :,:

3. Ihr Kraftgesang soll himmelan mit Ungestüm sich reißen, :,: und jeder echte deutsche Mann soll Freund und Bruder heißen! :,:

Matthias Claudius 1773.

111. Vaterland lebe.

Eigene Melodie.

1. Stoßt an! Vaterland lebe! Hurrah hoch! Seid der Väter heil'gem Brauche treu, doch denkt der Nachwelt auch dabei. Vaterland hoch!

2. Stoßt an! Schwarz-weiß-roth lebe! Hurrah hoch! Der die Sterne lenket am Himmelszelt, der ist's, der uns're Fahne hält. Vaterland hoch!

3. Stoßt an! Landesfürst lebe! Hurrah hoch! Er versprach zu schützen das alte Recht, drum wollen wir ihn auch lieben recht. Vaterland hoch!

4. Stoßt an! Frauenlieb' lebe! Hurrah hoch! Wer des Weibes weiblichen Sinn nicht ehrt, der hält auch Freiheit und Freund nicht werth. Vaterland hoch!

5 Stoßt an! Männerkraft lebe! Hurrah hoch! Wer nicht singen, trinken und fechten kann, den sieht der Deutsche voll Mitleid an. Vaterland hoch!

6. Stoßt an! Freies Wort lebe! Hurrah hoch! Wer die Wahrheit kennet und saget sie nicht, der bleibt fürwahr ein ärmlicher Wicht. Vaterland hoch!

7. Stoßt an! Kühne That lebe! Hurrah hoch! Wer die Folgen ängstlich zuvor erwägt, der beugt sich, wo die Gewalt sich regt. Vaterland hoch!

8. Stoßt an! Bruderwohl lebe! Hurrah hoch! Bis die Welt vergehet am jüngsten Tag. Seid treu, ihr Deutschen, und singet uns nach: Vaterland hoch!

Nach August von Binzer.

112. Drauf und durch.

Melodie: „Deutschland, Deutschland."

1. Tapferkeit und Gottvertrauen schmückten stets das deutsche Heer, nirgends je ein Todesgrauen und kein Herz an Tugend leer. Also greifen wir zum Schwerte, — Gott ist unsere feste Burg! Unsre Loosung die bewährte: durch und drauf und drauf und durch.

2. Trommeln wirbeln in den Straßen, Alles jubelt: Auf zu Hauf! Hört ihr die Trompeten blasen, frisch zum kühnen Siegeslauf! Und dazwischen werben Hörner, — Gott ist unsre feste Burg! Ruft mit Blücher, ruft mit Körner: durch und drauf und drauf und durch.

3. In die Feinde, daß es wettert, wie ein Sturm und Hagelschlag, ihre Macht sei jäh zerschmettert, wie bei Leipzigs Schlachtentag! Mag der Tod Verderben speien, — Gott ist unsre feste Burg! Er wird uns den Sieg verleihen, durch und drauf und drauf und durch.

Müller von der Werra.

113. Mein Vaterland.

Weise von Jos. Haydn: „Gott erhalte Franz den Kaiser." 1797.

1. Treue Liebe bis zum Grabe schwör' ich dir mit Herz und Hand; was ich bin und was ich habe, dank' ich dir, mein Vaterland! Nicht in Worten nur und Liedern ist mein Herz zum Dank bereit; mit der That will ich's erwidern dir in Noth, in Kampf und Streit.

2. In der Freude, wie im Leide ruf' ich's Freund' und Feinden zu: Ewig sind vereint wir beide, und mein Trost, mein Glück bist du! Treue Liebe bis zum Grabe schwör' ich dir mit Herz und Hand; was ich bin und was ich habe, dank' ich dir, mein Vaterland!

Hoffmann von Fallersleben 1839.

114. Trompeter blas! An den Rhein!

Melodie von C. Rohde.

1. Trompeter blas! An den Rhein, an den Rhein! Hört ihr seine Wogen grollen? Sie schießen dahin wie Gewitterschein, sie zürnen wie Donners Rollen, sie bäumen wie knirschende Rosse sich hoch! Wollen seh'n, wer uns zwingt in das fremde Joch! Und das Echo der Felsen schmettert drein: Blas, blas Trompeter! Zum Rhein, zum Rhein!

2. Trompeter blas! An den Rhein, an den Rhein! Zu Aachen krachen die Grüfte, es schreitet der Kaiser im Mondenschein zum Rhein durch die brausenden Lüfte, zu Rüdesheim pflanzt er das

Banner auf, vom Odenwald rasselt in rasendem Lauf durch die Nacht hernieder der Rodenstein: Blas, blas Trompeter! Zum Rhein, zum Rhein!

3. Trompeter blas! An den Rhein, an den Rhein! Und seht ihr die schwarzen Schaaren? Hoch über die Berge und Wälder herein kommen Lützows Jäger gefahren; sie jagen rheinauf, sie jagen rheinab, und der alte Blücher entsteigt dem Grab; nicht länger schlummert der Helden Gebein: Blas, blas Trompeter! Zum Rhein, zum Rhein!

4. Trompeter blas! An den Rhein, an den Rhein! Ihr Brüder, hört ihr es schmettern? Die Helden, sie sollen zufrieden sein mit uns in Sturmes Wettern! Die Fahne hoch und die Schwerter scharf! O glücklich, glücklich, wer reiten darf, wenn es tönt landaus, wenn es tönt landein: Blas, blas Trompeter! Zum Rhein, zum Rhein!

Karl Weitbrecht.

115. Ueber der Wahlstatt.

Melodie: „Da drunten in der Mühle."

1. Und als vor Sedans Mauern geschlagen war die Schlacht, da hüllt in Todesschauern das Blutfeld ein die Nacht. Der Sterne Schimmer breitet sich über das Gefild, hin durch die Wahlstatt schreitet ein hehres Frauenbild.

2. Des Hauptes goldne Flechten umrauscht ein Eichenkranz, es blinkt in ihrer Rechten ein Schwert im Sternenglanz; des Reiches Adler flammet von ihrem Wappenschild, des Mantels Purpursammet den stolzen Leib umhüllt.

3. Ihr Haupt mit mächt'gem Fluge umkreist ein Königsaar, ihr folgt in prächt'gem Zuge die alte Heldenschaar, von Rittern und von Kaisern, von Kämpen hoch zu Roß, mit blut'gen Lorbeerreisern manch' jüng'rer Kampfgenoß.

4. Und auf der Wahlstatt Mitte, auf steiler Felsenwand, hemmt sie die stolzen Schritte und schaut hinaus in's Land. Dann flammt nach allen Winden ihr Schwert wie schneid'ger Blitz, den Völkern zu verkünden: sie nähme in Besitz —

5. Auf's Neu die alten Lande mit dieses Schwertes Streich, die in der Zeit der Schande entrissen ihrem Reich; die von der Zwietracht Hader entwunden ihrer Hut, die ihre Söhne wieder erkauft mit theurem Blut.

6. Die, durch altheil'ge Bande und neue festgeschweißt, dem ein'gen Vaterlande kein Räuber mehr entreißt. — Und wo aus

deren Blicken ein Strahl die Erde traf, da schließt sich in Entzücken manch' Heldenaug zum Schlaf'.

7. Mit seliger Geberde, manch' Todeswunder spricht: Heil uns! Deutsch ist die Erde, auf der das Herz uns bricht! — Die Lichtgestalten schwanden, Nacht dunkelt fern und nah — so nahm von alten Landen Besitz Germania!:| J. Lohmeier.

116. Vaterland.

Feurig. Marsch.

1. Und hörst du das mächtige Klin - gen von der Ost - see

bis ü-ber den Rhein, das Lied mit den sausenden Schwin-

gen? Tief dringt es durch Mark u. durch Bein. Was brauchen

wir wei-ter zu fra-gen? Die klopfenden Pul-se, sie sagen:

Es ist das Lied vom deutschen Va - ter - land, es ist das

Lied vom deutschen Va-ter-land, vom deutschen Vaterland.

2. Ob Meer und alpische Halden vielmarkig zertheilen die Flur, ihr Banner viel Fürsten entfalten: ein Deutschland an Herzen ist's nur! Wohin sich der Sinn uns auch wende, Millionen sie schlingen die Hände :,: zum großen Bund dem ein'gen Vaterland! :,:

3. Von Saaten die Thäler sich regen, von Reben die Bergwand erglüht. Ein Gut ist's, das Alle wir pflegen, das ewig dem Geiste erblüht: die Freiheit in sonniger Weihe! Kein Deutschland, es sei denn das freie! :,: Hoch, hoch das freie deutsche Vaterland! :,:

4. Nur vorwärts, nur vorwärts, ihr Brüder, dem Kampf wird die Palme doch sein! In die Werkstatt des Geistes hernieder entsenkt sich vom Himmel der Schein. Ha, wie sich der Lichtstrom verbreitet! Und die Glocke der Zukunft, sie läutet :,: zum Frühlingsfest des ein'gen Vaterlands. :,:

Karl Rinne.

117. Gebet während der Schlacht.

Langsam. Hammel.

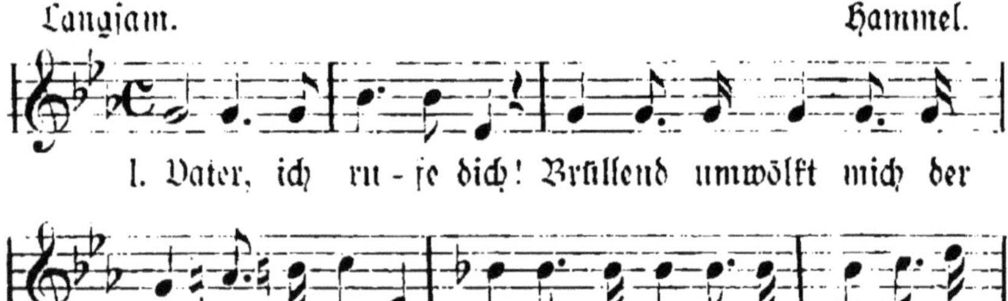

Dampf der Ge-schütze, sprühend umzucken mich rasseln-de

Blitze. Lenker der Schlachten, ich ru - fe dich, Va-ter,

du füh - re mich.

2. Vater, du führe mich! Führ' mich zum Siege, führ mich zum Tode; Herr, ich erkenne deine Gebote, Herr, wie du willst, so führe mich! Gott, ich erkenne dich!

3. Gott, ich erkenne dich! So im herbstlichen Rauschen der Blätter, als im Schlachtendonnerwetter, Urquell der Gnade, erkenne ich dich! Vater, du segne mich!

4. Vater, du segne mich! In deine Hände befehl' ich mein Leben, du kannst es nehmen, du hast es gegeben; zum Leben, zum Sterben segne mich! Vater ich preise dich!

5. Vater, ich preise dich! 's ist ja kein Kampf für die Güter der Erde! Das Heiligste schützen wir mit dem Schwerte, drum fallend und singend preis' ich dich! Gott, dir ergeb' ich mich!

6. Gott, dir ergeb' ich mich! Wenn mich die Donner des Todes begrüßen, wenn meine Adern geöffnet fließen: dir, mein Gott, dir ergeb' ich mich! Vater, ich rufe dich!

Theodor Körner 1813.

118. Soldaten-Todtenfeier.

Melodie: „Einsam bin ich nicht nicht alleine."

1. Versammelt um die alte Linde die Dorfbewohner traurig stehn, bereit mit dem Soldat, dem Kinde des Dorfs, den letzten Gang zu gehn.

2. Der kühn hinauszog zu den Schlachten in Jugendkraft und Thatenlust und den in's Dorf zurück sie brachten mit Wunden in der jungen Brust.

3. Der alte Pfarrer steht in Sinnen — er denket an den eignen Sohn, dem tief im Feindeslande drinnen noch täglich die Geschicke droh'n.

4. Da kommt ein Brief — und dumpf und leise beginnt der Glocken Grabgesang — — o, Gott, was liest der Mann, der greise, daß sich ein Wehruf ihm entrang? — —

5. Sein Sohn, der Stern in seinem Leben, ist todt — und draußen ruft die Pflicht: da soll er Herzen jetzt erheben, indeß das eigne Herz ihm bricht.

6. Er rafft empor sich, — auf das bleiche Gesicht ein hehrer Schimmer tritt, er schreitet der Soldatenleiche langsam voraus mit festem Schritt.

7. Am Grabe steh'n in heißen Schmerzen die Eltern, Brüder und die Braut, da dringt aus tief bewegtem Herzen des Pfarrers Wort so fest und laut:

8. „Wenn einst die furchtbar schwere Frage ertönet unter heil'gem Wehen: „Wie hast verbracht Du Deine Tage? Wer kann vor dieser Frag' bestehen!?

9. Doch sicher Diesem, der sein Leben, indem er folgte höchster Pflicht, für's Vaterland dahin gegeben, ja diesem gilt die Frage nicht.

10. Drum preis' sein Loos ich — und das Deine, der sanft Du schläfst im fernen Land, ich preis' es, ob ich einsam weine —" und hoch den Brief hält seine Hand —

11. Da reißt entzwei der Wolkenschleier und strahlend tritt die Sonn' hervor; die Leute stehn in stiller Feier und schauen nassen Blicks empor.

Gustav Duilt.

119. Süddeutsches Kriegerlied.

Feurig. Marschweise.

1. Vik-to-ri-a, die Fah-nen fliegen, und Deutschlands Jugend

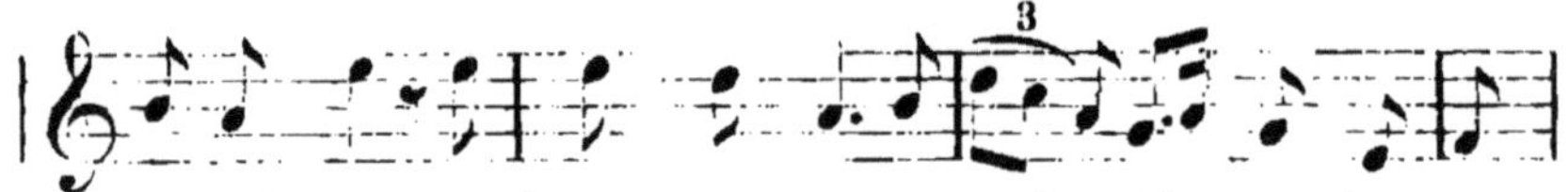

zieht auf Wacht! Auf Wacht am Rhein zu hellen Sie-gen, dort wo

die deutschen Adler flie-gen ins Morgenroth nach langer Nacht,

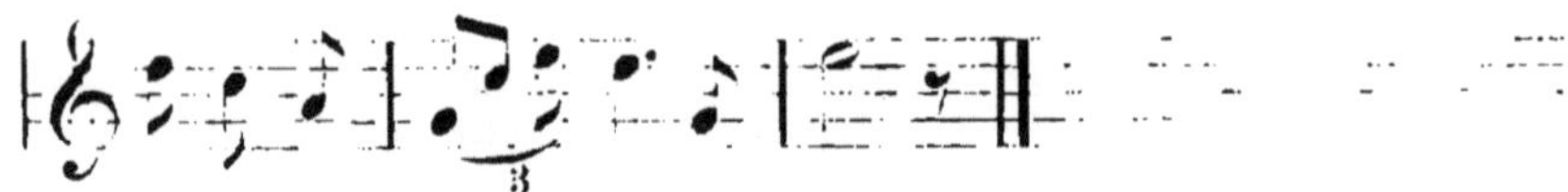

ins Morgenroth nach langer Nacht.

2. Germania schüttelt ihre Locken, herbei, mein Volk, zum heil'gen Krieg! Hört ihres Brautgesangs Frohlocken, davor des Feindes Schaaren stocken beim Jubeltanz vom deutschen Sieg!

3. Herbei, mein Volk, nun allvereinet, vom Meer zum Fels, vom Fels zum Meer! So weit die deutsche Sonne scheinet und Deutschland stolze Thränen weinet, beim Siegesruf von seinem Heer!

4. Schaut nicht zum Teutoburgerwalde, schaut nicht nach Leipzig's Feld zurück! Auf nach Paris! Geist Blücher's walte und du, o Heldenkönig, halte, in starker Hand Deutschlands Geschick!

Otto Müller.

120. Deutsches Lied.

Volksweise.

2. Von allen Sprachen in der Welt die deutsche mir am besten gefällt, ist freilich nicht von Seide; doch was das Herz zum Herzen spricht, ihr's nimmermehr an Kraft gebricht in Freude und im Leide.

3. Von allen Mädchen in der Welt das deutsche mir am besten gefällt, ist gar ein herzig Veilchen; es duftet mild, so viel's bedarf, ist nicht an Rosendornen scharf, und blüht ein artig Weilchen.

4. Von allen Frauen in der Welt die deutsche mir am besten gefällt, von innen und von außen. Sie schafft im Hause, was sie soll, stets frohen Muths und anmuthsvoll, und sucht das Glück nicht draußen.

5. Von allen Freunden in der Welt der deutsche mir am besten gefällt, von Schale wie von Kerne; die Stirne kalt, der Busen warm, wie Blitz zur Hülfe Hand und Arm, und Trost im Augensterne.

6. Von allen Sitten in der Welt die deutsche mir am besten gefällt, ist eine feine Sitte. Gesund an Leib und Geist und Herz, zu rechter Zeit den Ernst und Scherz, und Becher in der Mitte.

7 Auf füllet sie mit deutschem Wein, mit Wein von unserm deutschen Rhein, daß unser Herz sich freue! Es leb' das deutsche Vaterland, des Deutschen Bund, des Deutschen Band, das Land der Lieb' und Treue!

O. Ph. Schmidt v. Lübeck 1810.

121. Ans Vaterland.

Schweizerische Volksweise: „Hoch vom Dachstein."

1. Von den Rheines Strand, wo die Rebe blüht, bis zur Weichsel, die gen Norden zieht: von der Alpe Land, frei und felsenfest, bis zur Möve wildem Felsennest :,: liegt ein schönes Land 's ist mein Heimathland, 's ist mein liebes deutsches Vaterland! :,:

2. Wo die Eiche kühn auf gen Himmel strebt, und die Treue tief im Herzen lebt; wo der Buche Grün um uns Tempel baut, und die Lieb' aus jeder Hütte schaut: :,: ach, dies schöne Land, 's ist mein Heimathland, 's ist mein liebes deutsches Vaterland! :,:

3. Auf, du deutsches Land, wahre deutschen Muth, deutsche Treu und deutscher Liebe Gluth! Wehre welschem Tand, Trug und Heuchelschein, laß sie fern von deinen Hütten sein! :,: Fern von dir, o Land, du mein Heimathland, du mein liebes deutsches Vaterland! :,:

Carl v. Niebusch 1856.

122. Der Trompeter an der Katzbach.

Melodie: „In einem kühlen Grunde."

1. Von Wunden ganz bedecket, der Trompeter sterbend ruht, an der Katzbach hingestrecket, der Brust entströmt das Blut.

2. Brennt auch die Todeswunde, doch sterben kann er nicht, bis neue Siegeskunde zu seinen Ohren bricht.

3. Und wie er schmerzlich ringet, in Todesängsten bang', zu ihm hinüberdringet ein wohlbekannter Klang.

4. Das hebt ihn von der Erde, er streckt sich starr und wild — dort sitzt er auf dem Pferde als wie ein steinern Bild.

5. Und die Trompete schmettert — fest hält sie seine Hand — und wie ein Donner wettert Victoria in das Land.

6. Victoria! so klang es, Victoria! überall. Victoria! so drang es, hervor mit Donnerschall.

7. Doch als es ausgeklungen, — die Trompete setzt er ab, das Herz ist ihm zersprungen; vom Roß stürzt er herab.

8. Um ihn herum im Kreise, hielt's ganze Regiment, der Feldmarschall sprach leise: „das heißt ein selig End'"

Julius Mosen.

123. Vorwärts! Vorwärts!

Melodie: „Deutschland, Deutschland."

1. Vorwärts! Vorwärts! Deutschlands Söhne, muthig vorwärts ins Gefecht. Wag' es Niemand mehr und höhne uns're Freiheit, unser Recht. Für des Lebens höchste Güter, für das theure Vaterland, stehn als Kämpfer und Behüter wir mit Kopf und Herz und Hand.

2. Nicht der Staatenbund im Norden, auch nicht Preußen ist's allein, jetzt sind alle Eins geworden, und nicht trennt uns mehr der Main. Wenn wir solche Drohung litten, träf' uns ew'ge Schmach und Schand; Deutschland's Einheit sei erstritten mit den Waffen in der Hand.

3. Wie die blut'gen Würfel fallen — steht die Ehre auf dem Spiel, lebt ein Geist nun in uns Allen, und wir kennen nur ein Ziel. Treu dem Vorbild großer Ahnen, halten wir dem Feinde Stand: Treu den angestammten Fahnen wollen ziehn wir Hand in Hand.

Moritz Levinson.

124. Jung-Deutschlands Panier.

Melodie: „Erhebt euch von der Erde."

1. Was flattert so hoch im Winde und strebet himmelan? :,: Es ist Jung-Deutschlands Banner, :,: :,: die schwarz-weiß-rothe Fahn'! :,: Getaufet mit Heldenblute, geweiht in heißer Schlacht, :,: hielt sie auf welscher Erde :,: :,: gar treue deutsche Wacht. :,:

2. Drum schwört zu dieser Fahne, ihr Männer kühn und gut, :,: schützt sie mit starkem Arme, :,: :,: nehmt sie in sichre Hut. :,: Wo Ehr' und Recht, wo Freiheit, wo Sitte herrscht noch rein, :,: wo deutsch die Herzen schlagen, :,: will auch die Fahne sein. :,:

3. Was flattert so hoch im Winde und strebet himmelan? :,: Es ist Jung-Deutschlands Banner, :,: :,: die schwarz-weiß-rothe Fahn'! :,: Laßt schallen nach Väterweise, laßt brausen für und für :,: ein stolzes Lied von Deutschland, :,: :,: ein Hoch auf sein Panier. :,:

Fr. Baumann.

125. Lützow's wilde Jagd.

Feurig. C. M. v. Weber.

1. Was glänzt dort vom Walde im Sonnen-schein, hör's näher

und näh-er brau - sen: Es zieht sich he - run - ter in

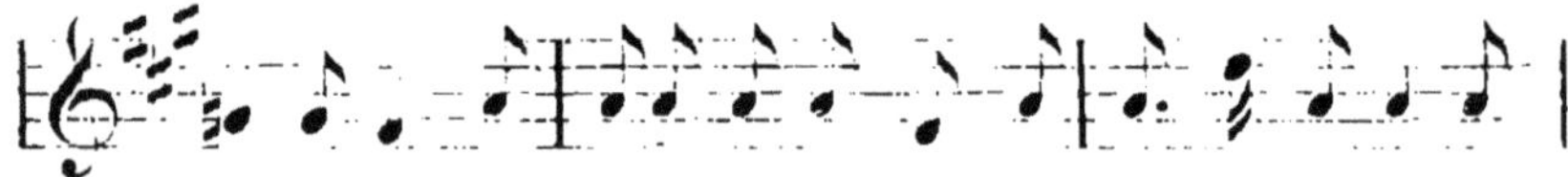

düstern Reih'n u. gellen-de Hörner er - schal - len darein, er-

füllen die Seele mit Grausen. Und wenn ihr die

2. Was zieht dort rasch durch den finstern Wald und streift von Bergen zu Bergen? Es legt sich in nächtlichen Hinterhalt, das Hurrah jauchzt und die Büchse knallt, es fallen die fränkischen Schergen. Und wenn ihr die schwarzen Jäger fragt: das ist Lützows rc.

3. Wo die Reben dort glühen, dort braust der Rhein, der Wüthrich geborgen sich meinte; da naht es schnell mit Gewitterschein, und wirft sich mit rüst'gen Armen hinein, und springt ans Ufer der Feinde. Und wenn ihr die schwarzen Schwimmer fragt: das ist Lützow's rc.

4. Was braust dort im Thale die laute Schlacht, was schlagen die Schwerter zusammen? Wildherzige Reiter schlagen die Schlacht, und der Funke der Freiheit ist glühend erwacht, und lodert in blutigen Flammen. Und wenn ihr die schwarzen Reiter fragt: das ist Lützow's rc.

5. Was scheidet dort röchelnd vom Sonnenlicht, unter winselnde Feinde gebettet? Es zuckt der Tod auf dem Angesicht, doch die wackern Herzen erzittern nicht, das Vaterland ist ja gerettet! Und wenn ihr die schwarzen Gefallnen fragt: das war Lützow's rc.

6. Die wilde Jagd und die deutsche Jagd auf Henkersblut und Tyrannen! Drum, die ihr uns liebt, nicht geweint und geklagt! Das Land ist ja frei und der Morgen tagt; wenn wir's auch nur sterbend gewannen. Und von Enkeln zu Enkeln sei's nachgesagt: das war Lützow's rc.

Th. Körner,

126. Des Deutschen Vaterland.

Weise von J. F. Reichardt, auch Cotta.

1. Was ist des Deutschen Vaterland? Ist's Preußenland? Ist's Schwabenland? Ist's, wo am Rhein die Rebe blüht? Ist's wo am Belt die Möve zieht? O nein, o nein! sein Vaterland muß größer sein!

2. Was ist des Deutschen Vaterland? Ist's Baierland? Ist's Steierland? Ist's wo des Marsen Rind sich streckt? Ist's wo der Märker Eisen reckt? O nein, o nein! sein Vaterland muß größer sein!

3. Was ist des Deutschen Vaterland? Ist's Pommerland? Westfalenland? Ist's wo der Sand der Dünen weht? Ist's wo die Donau brausend geht? O nein, o nein! sein Vaterland muß größer sein!

4. Was ist des Deutschen Vaterland? So nenne mir das deutsche Land! Ist's Land der Schweizer? Ist's Tyrol? Das Land und Volk gefiel mir wohl! O nein, o nein! sein Vaterland muß größer sein!

5. Was ist des Deutschen Vaterland? So nenne mir das große Land! Gewiß ist es das Oesterreich, an Siegen und an Ehren reich! O nein, o nein! sein Vaterland muß größer sein!

6. Was ist des Deutschen Vaterland? So nenne mir das große Land! Ist's was der Fürsten Trug zerklaubt? vom Kaiser und vom Reich geraubt? O nein, o nein! sein Vaterland muß größer sein!

7. Was ist des Deutschen Vaterland? So nenne endlich mir das Land! So weit die deutsche Zunge klingt, und Gott im Himmel Lieder singt, das soll es sein! das, wackrer Deutscher, nenne dein!

8. Das ist des Deutschen Vaterland, wo Eide schwört der Druck der Hand, wo Treue hell vom Auge blitzt und Liebe warm im Herzen sitzt. — Das soll es sein! das, wackrer Deutscher, nenne dein!

9. Das ist des Deutschen Vaterland, wo Zorn vertilgt den eitlen Tand, wo jeder Böse heißet Feind, wo jeder Gute heißet Freund. — Das soll es sein, das ganze Deutschland soll es sein!

10. Das ganze Deutschland soll es sein! O Gott! vom Himmel sieh darein! und gieb uns rechten deutschen Muth, das wir es lieben treu und gut. Das soll es sein! das ganze Deutschland soll es sein!

Ernst Moritz Arndt. 1813.

127. Lied der Deutschen in Lyon.

Melodie: „Treue Liebe bis zum Grabe."

1. Was uns eint als deutsche Brüder, wo die stolze Rhone fleußt, daß sind unsrer Heimath Lieder und die Lust am deutschen Geist.

2. Laßt sie rauschen, laßt sie schweben, wie's ihr kühnster Flug vermag, daß die Lüfte Welschlands beben unterm deutschen Flügelschlag.

3. Laß mich deine Hand ergreifen, Bruderherz auf du und du! :,: Mit denselben Liedern schweifen wir derselben Heimath zu. :,:

4. Wie im klaren Liederschalle wir des Einklangs Wunder sehn, laßt uns Einer stehn für Alle und uns All' für Einen stehn.

5. Schwört mit jedem Lied aufs Neue, daß der stolze Franke sieht, wie der deutsche Gott der Treue als Gesang durch Welschland zieht.

6. Laß mich deine Hand ergreifen, Bruderherz auf du und du! ::: Mit denselben Liedern schweifen wir derselben Heimath zu :::

7. Scheiden wir dann einst als Brüder und es winkt der Heimath Glück, bringen wir die deutschen Lieder und das deutsche Herz zurück.

8. Jauchzet auf in voller Stärke, hoch in Geist und Lied vergnügt, daß der stolze Franke merke, wie ein Deutscher heimwärts zieht.

9. Laß mich deine Hand ergreifen, Bruderherz auf du und du! ::: Mit denselben Liedern schweifen wir derselben Heimath zu :::

128. Erneuter Schwur.

Melodie: „Erhebt Euch von der Erde."

1. Wenn Alle untreu werden, so bleiben wir doch treu, daß immer noch auf Erden für euch ein Fähnlein sei; Gefährten unsrer Jugend, ihr Bilder bess'rer Zeit, die uns zu Männertugend und Liebestod geweiht.

2. Wollt nimmer von uns weichen, uns immer nahe sein, treu wie die deutschen Eichen, wie Mond- und Sonnenschein! Einst wird es wieder helle in aller Brüder Sinn, sie kehren zu der Quelle in Lieb' und Reue hin. —

3. Es haben wohl gerungen die Helden dieser Frist, und nun der Sieg errungen, übt Satan neue List! doch wie sich auch gestalten im Leben mag die Zeit, du sollst uns nicht veralten in Traum der Herrlichkeit.

4. Ihr Sterne, seid uns Zeugen, die ruhig niederschau'n, wenn alle Brüder schweigen und falschen Götzen trau'n; wir woll'n das Wort nicht brechen. Nicht Buben werden gleich, woll'n predigen und sprech n vom heil'gen deutschen Reich!

Max von Schenkendorf.

129. Das herrliche Vaterland.

Eigene Melodie.

1. Wie herrlich ist mein Vaterland, das Land der Treue, das deutsche Land; vom blauen Himmel so licht und rein sieht Gott in das deutsche Herz hinein. Ein treues Herz, ein frischer Muth, das ist des Deutschen höchstes Gut, im deutschen Land.

2. Wie kräftig ist mein Vaterland, das Land der Eichen, das starke Land, das Land wo Lieb und Treue blüht, wo deutsche Faust den Degen zieht, wo deutsche Kraft und deutscher Fleiß zu helfen und schaffen weiß, im deutschen Land. Unbekannt.

130. Mein Lieben.

Weise von Friedr. Kücken: „Ach, wenn du wärst mein eigen.“

1. Wie könnt ich dein vergessen! Ich weiß, was du mir bist, wenn auch die Welt ihr Liebstes und Bestes bald vergißt. Ich sing' es hell und ruf' es laut: mein Vaterland ist meine Braut! Wie könnt' ich dein vergessen! Ich weiß, was du mir bist.

2. Wie könnt' ich dein vergessen! Dein denk' ich allezeit! Ich bin mit dir verbunden, mit dir in Freud' und Leid. Ich will für dich im Kampfe stehn und, sollt' es sein, mit dir vergehn. Wie könnt' ich dein vergessen! Dein denk ich allezeit.

3. Wie könnt' ich dein vergessen! Ich weiß, was du mir bist, so lang ein Hauch von Liebe und Leben in mir ist. Ich suche nichts als dich allein, als deiner Liebe werth zu sein. Wie könnt' ich dein vergessen! Ich weiß, was du mir bist.

Hoffmann von Fallersleben 1841.

131. Frühlingsgruß ans Vaterland.

Melodie: „Preisend mit viel schönen Reden.“

1. Wie mir deine Freuden winken, nach der Knechtschaft, nach dem Streit! Vaterland, ich muß versinken, hier in deiner Herrlichkeit!

2. Wo die hohen Eichen sausen, himmelan das Haupt gewandt, wo die starken Ströme brausen: alles das ist deutsches Land.

3. Von dem Rheinfall hergegangen komm' ich von der Donau Quell, und in mir sind aufgegangen Liebessterne mild und hell.

4. Niedersteigen will ich, strahlen soll von mir der Freudenschein in des Neckars frohen Thalen und am silberblauen Main.

5. Weiter, weiter sollst du dringen, du, mein deutscher Freiheitsgruß, sollst vor meiner Hütte klingen an dem fernen Memelfluß;

6. Wo noch deutsche Worte gelten, wo die Herzen, stark und weich, zu dem Freiheitskampf sich stellten, ist auch heil'ges, deutsches Reich.

7. Alles ist in Grün gekleidet, Alles strahlt in jungem Licht, Anger, wo die Heerde weidet, Hügel, wo man Trauben bricht.

8. Vaterland, in tausend Jahren kam dir solcher Frühling kaum, was die hohen Väter waren, heißet nimmermehr ein Traum.

9. Aber einmal müßt ihr ringen noch in ernster Geisterschlacht, und den letzten Feind bezwingen, der im Innern drohend wacht.

10. Haß und Argwohn müßt ihr dämpfen, Geiz und Neid und böse Lust. Dann nach schweren, langen Kämpfen kannst du ruhen, deutsche Brust.

11. Jeder ist dann reich an Ehren, reich an Demuth und an Macht; so nur kann sich recht verklären unsers Kaisers heil'ge Pracht,

12. Alte Sünden müssen sterben in der gottgesandten Fluth und an einen sel'gen Erben fallen das entsühnte Gut.

13. Segen Gottes auf den Feldern, in des Weinstocks heil'ger Frucht, Manneslust in grünen Feldern, in den Hütten frohe Zucht.

14. In der Brust ein frommes Sehnen, ew'ger Freiheit Unterpfand, Liebe spricht in zarten Tönen nirgends, wie im deutschen Land.

15. Ihr in Schlössern, ihr in Städten, welche schmücken unser Land, Ackersmann, der auf den Beeten deutsche Frucht in Garben band;

16. Traute, deutsche Brüder, höret meine Worte, alt und neu: Nimmer wird ein Reich zerstöret, wenn ihr einig seid und treu.

Max von Schenkendorf 1814.

132. Des Schusterjungen Herzeleid 1870.

Melodie: „Steh' ich in finstrer Mitternacht."

1. Wie trug ich sonst in frohem Trab die Schuh' und Stiwwel uf und ab! Jetzt haw' ich nur im Kopp den Krieg und denk' an nix. als Kampf und Sieg.

2. Vor jedem Lade bleib' ich steh'n, wo Schlachtebilder sin zu seh'n und ärger' mich und wünsch' mer sehr, daß ich nur sechs Jahr älter wär'.

3. Dann gäb' ich Wichs dem Herrn Franzos anstatt de Stiwwel. — 's wär famos! Und statt zu flicke alte Schuh' flickt' ich das Zeug dir, Rothhos du!

4. Herrgott, was das e Lewe wär' — nur immer Storm und Sieg und Ehr! Mich juckt's im Arm und in der Hand, ze kloppe druff vor's Vatterland.

5. Ich hoff': Kä Ruh' hält der Franzos, in zehe Jahr gehts wieder los, dann awer bin ich aach derbei, dann awer, Schelmfranzos, ohwai!

6. Doch guck' ich mir die Bilder da vom Moltke un dem Bismarck a, vom König, „unserm Fritz" darzu, dann fällt mei Hoffnung in mei' Schuh.

7. Die schau'n so kühn, — da ferchte ich: die mache's fertig ohne mich, die wer'n den Franzmann so versohl'n, daß der bei uns nir mehr will hol'n.

Gustav Duill.

133. Vom Fels zum Meer.

Melodie: „Ich bin ein Preuße."

1. Wir heißen Deutsche kennt Ihr unsre Zeichen? Das neue Banner schwarz und weiß und roth, wie seine stolzen Farben nie erbleichen, so bleiben wir ihm treu bis in den Tod. Die Fahne vor dem Heere, die Flaggen auf dem Meere, vom Fels zum Meer weht unsrer Farben Schein, wir heißen Deutsche, wollen Deutsche sein.

2. Wir heißen Deutsche was hat uns verbunden? Nicht Unterjochung oder Staatsvertrag: in heilgem Kriege haben wir gefunden der deutschen Einheit heiß ersehnten Tag, den Feind mit deutschen Hieben zu Land hinaus getrieben, vom Fels zum Meer, vom ganzen deutschen Rhein, wir heißen Deutsche, wollen Deutsche sein.

3. Wir heißen Deutsche, sind ein Volk in Waffen und unser neues Reich ist hergestellt, ein Reich des Friedens wollen wir erschaffen und trennen soll uns keine Macht der Welt. Wir sind in Süd und Norden ein Bruderreich geworden; vom Fels zum Meer ihr Brüder schließt die Reih'n, wir heißen Deutsche, wollen Deutsche sein.

Jacob Wahl.

134. Lied der deutschen Krieger vor Paris.

Feurig.

1. Wir zo-gen aus zum blut'gen Krieg für Deutschlands Ruhm

und Eh - re und Preußens König führt zum Sieg geeint die

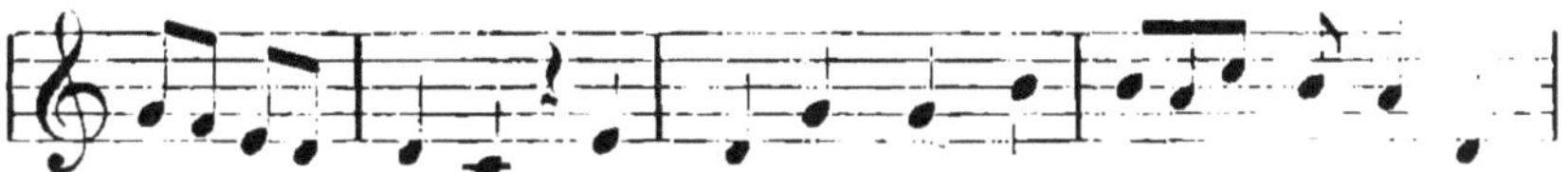

deut-schen Hee-re. Fran-zo-sen stürmt nur wild her-an, ihr

müsset doch er - lie - gen, uns füh-ret Kö-nig Wil-

helm an, wer wollt' uns da be-sie-gen.

2. Ihr habt uns frech den Krieg erklärt, dem Frieden uns entrissen — nun sollt ihr deutscher Männer Schwert auch hochzuachten wissen. Nicht an den Rhein, der uns gehört, dürft ihr euch jemals wagen, seit euch bei Weißenburg und Wörth der junge Fritz geschlagen!

3. Besiegt seit ihr, in Eile fort zurück nach Metz gegangen; drei Schlachten — und ihr waret dort umzingelt und gefangen! Wohl möget ihr in stolzem Grimm die grrand nation euch nennen bei Sedan aber ging's euch schlimm, ihr lerntet Moltke kennen.

4. Erst Metz, dann Sedan, nun Paris umschlossen und cerniret, daß nicht ein einz'ger Mann gewiß den Deutschen echappiret. Ihr mögt getrost im Luftballon durch Frankreichs Fluren schweben, doch Frieden kann euch und Pardon allein der Bismarck geben.

Ferdinand Sieber.

135. Die Leipziger Schlacht.

Bewegt. Lehmann.

1. Wo kommst du her in dem rothen Kleid u. färbst das Gras auf dem
Ich komme her aus dem Männerstreit, ich komme her von der

grünen Plan?
Eh-ren-bahn, Wir haben die blutige Schlacht geschlagen, drob

müssen die Weiber und Bräu - te klagen, Da ward ich so

roth, da ward ich so roth.

2. Sag' an, Gesell, und verkünde mir: wie heißt das Land, wo ihr schlugt die Schlacht? „Bei Leipzig trauert das Nordrevier, das manches Auge voll Thränen macht; da flogen die Kugeln wie Winterflocken, und Tausenden mußte der Athem stocken bei Leipzig der Stadt."

3. Wie heißen, die zogen ins Todesfeld und ließen fliegende Banner aus? „Es kamen Völker aus aller Welt, die zogen gegen Franzosen aus; die Russen, die Schweden, die tapferen Preußen und die nach dem glorreichen Oesterreich heißen, die zogen all' aus."

4. Wem ward der Sieg in dem harten Streit? Wer griff den Preis mit der Eisenhand? „Die Welschen hat Gott wie die Spreu zerstreut, die Welschen hat Gott verweht wie den Sand, viel Tausende decken den grünen Rasen, die übrig geblieben entflohen wie Hasen, Napoleon mit." –

5. Nimm Gottes Lohn! Habe Dank, Gesell! Das war ein Klang, der das Herz erfreut! Das klang wie himmlische Cymbeln hell, habe Dank der Mär von dem blutigen Streit! Laß Wittwen und Bräute die Todten klagen, wir singen noch fröhlich in spätesten Tagen die Leipziger Schlacht.

6. O Leipzig, freundliche Lindenstadt, dir ward ein leuchtendes Ehrenmahl! So lange rollet der Jahre Rad, so lange scheinet der Sonnenstrahl, so lange die Stöme zum Meere reisen, wird noch der späteste Enkel preisen die Leipziger Schlacht.

Ernst Moritz Arndt.

136. Einig sei mein Vaterland.

Melodie: „Prinz Eugen der edle Ritter."

1. Woge, jubelndes Gedränge, tönet feurige Gesänge, zu den Sternen eure Bahn! Jauchzet, Brüder, Götterweisen laßt die Siegesbecher kreisen hebt die Herzen himmelan.

2. Himmelan zum mächt'gen Gotte, der des Feindes wilde Rotte in ein Nichts hinunterstieß; seinem Volk die Friedenssonne und des Ruhmes Heldenwonne heute wieder scheinen hieß.

3. So erblühen deutsche Rechte einem stärkeren Geschlechte was an Treu und Glauben hält. Schwingt die Becher, deutsche Brüder ruft durch alle Lüfte wieder: Einig sei das Vaterland!

Volkslied.

137. Tagelied.

Melodie: „Hans Joachim von Ziethen."

1. Wohlauf schon will es tagen! Die Wolkenbogen glüh'n, verjüngt vom Frühlicht schlagen die Herzen frisch und kühn. Es rauscht ein mächtig Wehen durch Stadt und Flur und Tann, die welschen Hähne krähen den deutschen Morgen an.

2. So lang mit stillem Grame, mit heil'gem Grimm genannt – wie süß klingt nun dein Name, mein deutsches Vaterland! Der alte Zwist entschwunden, hell rufts vom Fels zum Meer: Wir haben uns gefunden und lassen uns nicht mehr.

3. Mag seinen Haß verschwenden der übermüth'ge Feind, er hilft uns nur vollenden, was er zu stören meint. Er schlich uns auszuspähen, er bot uns schnöden Kauf, er wähnte Trug zu säen – da ging die Treue auf.

Wilhelm Hertz.

138. An die Mütter, deren Söhne im Kampfe fürs Vaterland gestorben sind.

Eigene Melodie.

1. Zerschlagenes Mutterherz, Gott kennet deinen Schmerz und hört dein Weinen und dein Klagen; o gieb mit gläubigem Sinn dich ihm zu eigen hin, denn er will dich auf Liebesarmen tragen.

2. Das Schwert in tapfrer Hand, hat für das Vaterland dein Sohn als Held sein Blut vergossen; im Felde liegt sein Grab, dort senkten ihn hinab voll tiefer Trauer seine Kampfgenossen.

3. Dort ist sein Grab geweiht, der Herr der Herrlichkeit hat ihm den Segen selbst gegeben; und junges Grün bekränzt den Hügel, wenn es lenzt, und singend werden Lerchen drüber schweben.

4. So gönn' dem Staub den Staub, ist doch dem Tod zum Raub nicht deines Sohnes Geist verfallen; er schwang auf freier Bahn dorthin sich himmelan, wo sel'ge Geister grüßend ihn umwallen.

5. O weine still dich aus und denk ans Vaterhaus, es harrt das Kind der Kinder droben: und wenn du ausgeweint, wirst du mit ihm vereint am Throne Gottes danken nur und loben.

Julius Sturm.

II.
Volks- und Soldatenlieder.

1. Soldatenlust.

Eigene Melodie.

:,: Ach, welche Lust, Soldat zu sein, :,: man dient mit tapferm Muthe dem Fürsten, dem Staate allein, und verläßt mit leichtem Blute die Geliebte, eilt zu der Helden Reih'n: Ach, ach! welche Lust, Soldat zu sein. Volkslied.

2. 870 und 1870.

Melodie: „O alte Burschen-Herrlichkeit."

1. Achthundertsiebzig war das Jahr, als Frankreichs Karl den Kahlen Ludwig der Deutsche ließ fürwahr mit Land und Leuten zahlen.

2. Ein Siegen war's, ein Fliegen war's: dem Gier'gen nahm im Ringen er ab im Lauf nur eines Jahr's Elsaß und Lotharingen.

3. Gezüchtigt ward die Ländergier im Jahr achthundertsiebzig und just dasselbe thaten wir jetzt achtzehnhundertsiebzig.

4. Napoleon, dem Kahlen, jetzt dem nahmen wir im Ringen die deutschen Perlen hochgeschätzt, Elsaß und Lotharingen.

5. Und konnt auch ein Jahrhundert nicht die Art des Franzmanns ändern und war wie dazumal erpicht er heut' auf Raub von Ländern.

6. Wie einst die Alten schlugen ihn auch heute wir im Ringen, es bleibt den Söhnen des Armin Elsaß und Lotharingen.

Joh. Fastenrath.

3. Als die Preußen marschirten vor Prag.

Eigene Melodie.

1. Als die Preußen marschirten vor Prag, vor Prag, die schöne Stadt, sie haben ein Lager geschlagen, mit Pulver und Blei ward's betragen, Kanonen wurden drauf geführt, Schwerin hat sie commandirt.

2. Ein'n Trompeter schickten sie hinein: ob sie das Prag wollt'n geben ein oder ob sie es wollten lassen beschießen? — Ihr Bürger laßt's euch nicht verdrießen! wir wollens gewinnen mit dem Schwert; es ist ja viel Millionen werth.

3. Der Trompeter hat Ordre gebracht und hat's dem König selber gesagt: „O König, großer König auf Erden, Dein Ruhm wird Dir erfüllet werden! Sie woll'n das Prag nicht anders geben ein, es soll und muß geschossen sein.

4. Darauf rückte Prinz Heinrich heran, rückt an mit vierzigtausend Mann; und als Schwerin das nun hatte vernommen, daß der Succurs war angekommen, da schossen sie wohl tapfer drein: Bataille muß gewonnen sein.

5. Die Bürger schrien: daß Gott erbarm wie macht uns doch der Fritz so warm, wir wollen ihm das Prag gern eingeben, verschon' er uns doch nur das Leben. Der Commandant ging drauf nicht ein; es soll und muß geschossen sein.

6. Hierauf ward ein Ausfall gemacht; Schwerin der führt, der führt die Schlacht, Potz Donner, Hagel, Feu'r und Flammen, so schossen sie die Festung zusammen. Und bei so großer Angst und Noth Schwerin der ward geschossen todt.

7. Da fing der König wohl an: „Ach ach, was haben die Feinde gethan! Ja meine halbe Armee wollt ich drum geben, wenn mein Schwerin noch wär' am Leben; er war allzeit ein tapfrer Kriegsheld, stund alle Zeit bereit im Feld.

8. Ei wer hat denn das Liedlein erdacht? Wohl drei Husaren die habens gemacht bei Lowositz sind sie gewesen, in Zeitungen haben sie's gelesen. Triumpf, Triumpf, Victoria! Es lebe der große Friedrich allda. Altes Volkslied.

4. Die Teutoburger Schlacht.

1. Als die Römer frech ge-wor-den, sim se rim sim sim sim sim,
zogen sie nach Deutschlands Norden, sim se rim sim sim sim sim,

Solo. Tutti.

vor - ne mit Trompetenschall tä - rä - tä - tä-tä - te - rä,
zog der Gen'ral-feldmarschall tä - rä - tä - tä-tä - te - rä

Solo. Tutti.

Herr Quintilius Varus, wau, wau wau, wau, wau, Herr Quintilius

Va - rus schna-de-räng-täng, schnäde rängtäng, schnäderäng-

täng-deräng-täng-täng.

2. In dem Teutoburger Walde, hui da pfiff der Wind so kalte! Raben flogen durch die Luft und es war ein Moderduft, wie von Blut und Leichen.

3. Plötzlich aus des Waldes Duster brachen krampfhaft die Cherusker. Mit Gott für Fürst und Vaterland stürzten sie, vor Wuth entbrannt, auf die Legionen.

4. Weh, das war ein grosses Morden, sie durchbrachen die Cohorten. Nur die röm'sche Reiterei rettete sich in das Frei', denn sie war zu Pferde.

5. O Quintili, armer Feldherr, wusstest du, dass so die Welt wär?! Er gerieth in einen Sumpf, verlor zwei Stiefel und einen Strumpf, und blieb elend stecken.

6. Da sprach er voll Aergernussen zu Herrn Centurio Titussen: Kam'rad zeuch dein Schwert hervor und von hinten mich durchbohr, weil doch Alles futsch ist.

7. In dem alten röm'schen Heere diente auch als Volontaire Scaevola, ein Rechtscand'dat, den man schnöd gefangen hat, wie die Andern alle.

8. Diesem ist es schlecht gegangen, denn eh' man ihn aufgehangen, stach man ihn durch Zung und Herz, nagelte ihn hinterwärts auf sein Corpus juris.

9. Als das Morden war zu Ende, rieb Fürst Hermann sich die Hände und um sich noch mehr zu freu'n lud er die Cherusker ein zu 'nem großen Frühstück.

10. Hui, da gab's Westfälschen Schinken, Bier so viel sie wollten trinken. Selbst im Zechen blieb er Held; doch auch seine Frau Thusneld trank als wie ein Hausknecht.

11. Nur in Rom war man nicht heiter, sondern kaufte Trauerkleider. Gerade als beim Mittagsmahl Augustus saß im Kaisersaal, kam die Trauerbotschaft.

12. Erst blieb ihm vor jähen Schrecken ein Stück Pfau im Halse stecken. Dann gerieth er außer sich und schrie: Vare, schäme dich, redde legiones.

13. Sein deutscher Sclave „Schmidt" geheißen, dacht' dich soll das Mäusle beißen, wenn er je sie wiederkriegt! denn wer einmal todt da liegt, wird nicht mehr lebendig.

14. Wem ist dieses Lied gelungen? ein Studente hat's gesungen, in Westphalen trank er viel, drum aus Nationalgefühl hat er's angefertigt. Jos. Victor von Scheffel.

5. Des Soldaten Leid und Freud in Krieg und Frieden.

Melodie: „Wer will unter die Soldaten."

1. Als ich ein Soldat geworden hat das Mütterlein geweint, daß ich würde ihm erschossen hat es sicherlich gemeint.

2. Zu dem Hauptmann ist's gegangen, wollt mich machen wieder frei von dem Militair, der sagte, liebe Frau er bleibt dabei.

3. Haben Sie nicht Angst, wir sorgen für den Sohn, wie sich's gehört, treu dem Vaterland zu dienen jeden echten Deutschen ehrt.

4. Die Rekrutenzeit die schwere, hab' ich seufzend mitgemacht und bezog mit bangem Zagen meine erste Fahnenwacht.

5. Doch als diese Zeit vorüber und der Felddienst erst begann, machte mir der Dienst Vergnügen und ich stellte meinen Mann.

6. Ward Soldat mit Leib und Seele, schoß im Ganzen auch nicht schlecht, und beim Turnen hab ich gerne meine Glieder wohl geregt.

7. Drum weil gut ich stets mich führte ward ich bald ein Reservist, hab' die liebe treue Mutter in der Heimath froh begrüßt.

8. Hab als schmucker Reserviste eine schöne Maid gefreit und ihr oft und gern erzählet von Soldaten Freud und Leid.

9. Schaukelte auf meinen Knieen bald 'nen schönen munt'ren Knab', der den König ich zu ehren, stolz den Namen Wilhelm gab.

10. Lehrte Lieder meinem Knaben, die gelernt ich als Soldat, bald um Helm mich und um Säbel unser lieber Junge bat.

11. Als der Helm zum erstenmale zierte meinen lieben Sohn kam die Nachricht, daß vertheidigen müss' ich Vaterland und Thron.

12. Stolzes Frankreich hat verwegen unserm Volk den Krieg erklärt und in seiner schnöden Habsucht deutsches Land und Volk begehrt.

13. Scheiden mußt' ich von der Heimath, von dem lieben Mütterlein, von dem treu geliebten Weibe, von dem Kinde gut und rein.

14. Schwer und ernst war wohl das Scheiden, manche Thräne ward geweint, die mit innigen Gebeten sich so schön und fromm vereint.

15. Ernst zog ich hinaus zum Streite, stellt in Frankreich meinen Mann, hatte Manches wohl zu leiden, eh' begann die Siegesbahn.

16. Doch als kam es zu den Schlachten alle Sorge war vorbei, tapfer drauf mit frohem Muthe war das deutsche Feldgeschrei.

17. Alte Schmach galt es zu rächen, kostete es auch Opfer viel, schön und herrlich wir erreichten ein erhaben herrlich Ziel.

18. Sieg um Sieg wir stolz erfochten, schön erstand das deutsche Reich, wir dem Vaterland gewannen Elsaß-Lothringen zugleich.

19. Mancher Freund zwar mußte lassen allzufrüh sein junges Blut, Hoffnung für das eigne Leben mit ihm in dem Grabe ruht.

20. Was er ahnte doch und hoffte für das deutsche Vaterland, herrlich ist es wahr geworden, schön schmückt uns der Brüder Band.

21. Sieggekrönt wir heim dann zogen, froh begrüßt vom Vaterland, wo ich Mutter, Weib und Knabe stolz frohlockend wiederfand.

22. Alle Lorberzweige brachten, haben uns damit geschmückt, o wie hab' ich fromm gebet't die Meinen froh ans Herz gedrückt.

23. Friede, Ruhe war errungen, Glück in Vaterland und Haus und von allen den Strapazen ruhten wir im Frieden aus.

24. Und mein Wilhelm wird, so Gott will, ein Soldat, das glaubet mir; seinem Vaterland zu dienen, soll gereichen ihm zur Zier.

25. Und wenn er Soldat wird werden, weinet nicht sein Mütterlein, weiß es, daß auch er muß halten mit die Wacht am deutschen Rhein.

Lied für Alldeutschland hie!

6. Lob der Artillerie.

Melodie: „Gaudeamus igitur“.

1. Artillerie soll leben hoch! bleibt ja die stärkste Waffe doch, :,: wo sie nicht ist da bleibt es Tand, :,: da steht der Bau auf losem Sand.

2. Sie nur allein hebt erst die Schlacht, wenn donnernd sie dazwischen kracht, :,: wo brennende Granaten zieh'n :,: und Schrecken und Verwüstung sprüh'n.

3. Nehmt eine Festung ohne sie — vergebens bleibt wohl eure Müh', :,: nur wo Kanon und Mörser kracht :,: wird euch der Einzug leicht gemacht.

4. Drum wähl' ich diese Waffe mir, der andern Waffen höchste Zier; :,: denn wo nicht die Kanone hält, :,: da bleibt es immer schlecht bestellt.

A. Spohr.

7. Vorpostenpoesie von Metz.

Melodie: „In einem kühlen Grunde“.

1. Auf einsamem Posten wandle ich schweigend auf und ab, der Regen fließt in Bächlein von meinem Mantel herab.

2. Das Zeug fault mir am Leibe — der Feind kriegt einen Graus vor uns; wir sehen auch wirklich zum Davonlaufen aus.

3. Zu rauchen hab' ich nichts mehr, die Feldflasch' ist gänzlich leer; die Marketend'rin liebt mich, borgt aber gar nichts mehr.

4. Es sollen Liebesgaben gekommen sein aus der Fern'; zu mir ist keine gekommen, ich hab' weder Glück noch Stern.

5. Die Johanniter seh' ich in Purpur vorüberfahr'n; sie haben Wolljacken drunter und haben Havannacigarr'n.

6. Ich wollt eine Bratgans käme geflogen und gälte mir und neben ihr flög' ein Fäßchen gefüllt mit gutem Bier.

7. Ihr Dichter da hinter dem Ofen ihr es so schön besingt, wie die Kanonen donnern und wie die Drommete klingt, —

8. Und wie um das Lagerfeuer sich lustig der Krieger drängt, und wie man Nachts auf dem Posten an lauter Poetisches denkt.

9. Ich wollte von euch so einer stünd hier auf meinem Fleck, kein'n trocknen Faden am Leibe, mit Füßen in tiefem Dreck.

10. Wenn er Humor dann noch hätte, wie ich — Kreuzelement! ich wollt' ihn schöner besingen als er es irgend könnt.

Ungenannt.

8. Der todte Soldat.

Melodie: „In einem kühlen Grunde".

1. Auf ferner, fremder Aue, da liegt ein todter Soldat, ein ungezählter, vergessner, wie brav er gekämpft auch hat.

2. Es reiten viel Generale mit Kreuzen an ihm vorbei; denkt keiner, daß, der da lieget, auch werth eines Kreuzleins sei.

3. Es ist um manchen Gefall'nen viel Frag' und Jammer dort doch für den armen Soldaten gibt's weder Thräne noch Wort.

4. Do ferne, wo er zu Hause, da sitzt beim Abendroth ein Vater voll banger Ahnung und sagt: „Gewiß er ist todt!"

5. Da sitzt eine weinende Mutter und schluchzet laut: „Gott helf! Er hat sich angemeldet; die Uhr blieb stehen um Elf!"

6. Da starrt ein blasses Mädchen hinaus beim Dämmerlicht: „Und ist er dahin und gestorben, meinem Herzen stirbt er nicht!" —

7. Drei Augenpaare schicken, so heiß es ein Herz nur kann, für den armen, todten Soldaten ihre Thränen himmelan.

8. Und der Himmel nimmt die Thränen in einem Wölkchen auf und trägt sie zur fernen Aue hinüber in raschem Lauf.

9. Und gießt aus der Wolke die Thränen auf's Haupt des Todten als Thau, daß er unbeweint nicht liege auf ferner, fremder Au.

Johann Gabriel Seidl.

9. Die Eiche bei Waterloo.

Eigene Melodie.

1. Bei Waterloo stand eine Eiche, worunter wir des Nachts gerastet hab'n, und was hört man unter dem Gesträuche und Lärm ein lautes Kriegsgeschrei.

2. Auf einmal fiel ein dicker Nebel und der Tag verwandelt sich in Nacht, und da blitzen viele tausend Säbel, hat manchen Deutschen umgebracht.

3. Mancher Vater weint um seinen Sohn und manche Mutter um ihr geliebtes Kind, ei so schenk uns Gott den stillen Frieden, daß wir in uns're Heimath ziehn.

4. Und als wir nach vollbrachtem Kampfe nun zurück in uns're Heimath ziehn, und nach dem verschossenen Pulverdampfe hat manches deutsche Lied geseh'n.

Volkslied.

10. Bundeslied.

Weise von Wolfgang Amadeus Mozart.

1. Brüder, reicht die Hand zum Bunde! Diese schöne Freundschaftsstunde führ' uns hin zu lichten Höhn! Laßt, was irdisch ist,

entfliehen, uns'rer Freundschaft Harmonieen :,: dauern ewig fest und schön. :,:

2. Preis und Dank dem Weltenmeister, der die Herzen, der die Geister für ein ewig Wirken schuf! Licht und Recht und Tugend schaffen durch der Wahrheit heil'ge Waffen, :,: sei uns göttlicher Beruf. :,:

3. Ihr, auf diesem Stern die besten Menschen all' im Ost und Westen, wie im Süden und im Nord! Wahrheit suchen, Tugend üben, Gott und Menschen herzlich lieben, :,: das sei unser Loosungswort. :,:

Freimaurerlied 1790.

11. Artillerielied.

Melodie: „So viel Stern' am Himmel stehen."

1. Das Feuerrohr, aus Erz gegossen, regieret uns're starke Faust, auf daß mit Kunst daraus geschossen, die Kugel durch die Lüfte saust. Der Feinde Schaaren kennen sie, die Donnerkraft der Artillerie.

2. Es giebt gar schwere Positionen, zu schlagen den verschanzten Feind; da nützen nur die Feldkanonen, mit Wurfgeschossen klug vereint. Dann stürmt mit Macht die Infanterie, gedeckt von uns der Artillerie.

3. Kanonenblitz und Donnerschrecken, der Waffenbrüder Siegeslust, ja selbst bei einem Rückzug decken, wir sie mit treuer Bruderbrust. Im Glück und Unglück wanket nie die unerschrock'ne Artillerie.

4. Wir sind die stets willkomm'nen Gäste bei Kriegeswerk und Schlachtgewühl, zum Siege thuen wir das Beste; Kanonen hat man nie zuviel. Drum halt' in Ehren spät und früh die unerschrock'ne Artillerie.

5. Die Artillerie ist unverdrossen, bereit im Kampfgewühl der Schlacht, mit Kugeln und Kartätschgeschossen, zu dienen stets bei Tag und Nacht. Kameraden sie verläßt euch nie: drum lebe hoch die Artillerie.

Unbekannt.

12. Lust am Soldatenleben.

1. Der Herzog von Braunschweig hat auch noch Geld, hat auch noch schöne, junge Leute, und wenn mir mein Vater brav Geld schicken thut, so ist Soldat meine Freude.

2. Und ich bin Soldat und ich bleib Soldat und als Soldat will ich sterben, und will mir tapfer vor den Feind gar manchen Ruhm erwerben,

3. Das Kalbfell geht mir stolz voran, ich folg' ihm ohne Zagen, ich will geduldig meinen Aff' und meinen Kuhfuß tragen.

4. Der Herzog von Braunschweig hat auch noch Geld, hat auch noch schöne junge Leute, und wenn mir mein Vater brav Geld schicken thut, so ist Soldat meine Freude.

Volkslied.

13. Landsturm.

Eigene Melodie v. Gerrlach.

1. Der Landsturm, der Landsturm! Wer hat das schöne Wort erdacht? Das Wort, das donnert blitzt und kracht, daß einem s' Herz im Leibe lacht, wenn ganz ein Land im Sturm erwacht. Wer hat den Landsturm aufgebracht? Der Landsturm, der Landsturm!

2. Der Landsturm, der Landsturm! Der Bauer ist nur ein schlechter Schuft, der nach Soldatenhülfe ruft; der Bauer der sich selbst macht Luft, den Feind, den Schuft, selbst pufft und knufft, der Bauer ist kein schlechter Schuft.

3. Der Landsturm, der Landsturm! Der König giebt mir keinen Sold! Und ich bin ihm nicht minder hold. Euer Äcker, sprach er, ist euer Gold, drum wenn ihr den begehren wollt, so schlagt den Feind, das ist euer Sold.

4. Der Landsturm, der Landsturm! Der Feind ist blind und taub, der Wicht, er kennt ja Weg' und Stege nicht; er find' ja keinen Führer nicht, das Land ist mein, wie kennt' ich's nicht? Drum fürcht' ich auch vor'm Feind mich nicht.

5. Der Landsturm, der Landsturm! Der Feind, der Wicht, ist taub und blind, und sein Schlachten sind ein Wind, er weiß ja nicht, wofür sie sind, ich hab' im Rücken Weib und Kind, ich weiß, wofür die Schlachten sind.

6. Der Landsturm, der Landsturm! Die Glocke, die zur Tauf' mich trug, die Glocke, die mir zur Hochzeit schlug, die Glocke ruft mit lautem Zug; der Glocke Ruf ist niemals Trug, die Glocke ruft, das ist genug.

7. Der Landsturm, der Landsturm! Hörst du's vom Kirchthurm stürmen, Frau? Siehst du die Nachbarn wimmeln? Schau! Und

drüben stürmt es auch im Gau. Ich muß hinaus. Auf Gott vertrau! Des Feindesblut im Morgenthau. Der Landsturm, der Landsturm!

Friedrich Rückert.

14. Landwehrlied.

Melodie: „Schler dreißig Jahre &c."

1. Das Preußenland hat wie bekannt, ein stattlich schönes Heer. Mit buntem Waffenrock geputzt, mit Pickelhauben zugestutzt, So gehn'n sie stramm einher.

2, Doch giebt's zugleich im Preußenreich ein ander seltsam Heer; da geht ein Jeder nach Geschmack, in Kittel, Rock und Jack' und Frack, wie's just sich fügt, daher.

3. Die Hand bewehrt nicht Flint' und Schwert; sie führen Karst und Hack' und Spaten, Sens' und Maurerkell, und Winkelmaaß und Ahl' und Ell' ein Jeder nach Geschmack.

4. Sie treiben fern von der Kasern, sich um im ganzen Reich. als gäb' es nicht Soldatenpflicht, pariren der Reveille nicht und nicht dem Zapfenstreich.

5. Nun schaue man das Wunder an! Der König rief sie auf da sind sie allgesammt durch's Land und wie durch Zauber umgewandt, und stürmen stracks zu Hauf.

6. Und steh'n sofort an ihrem Ort gefügt in Reih' und Glied, mit buntem Waffenrock geputzt, bekränzte Hauben aufgestutzt. von neuem Geist durchglüht.

7. Nun saget mir, seht ihr sie hier so steh'n aus Einem Guß, wer ging daheim in feinem Tuch? wer schritt im Kittel hinterm Pflug? wer stand im Schmiederuß?

8. Wer hat die Feil' und wer das Beil mit derber Faust geführet? wer zog den pechgetränkten Draht? wer hat für Haus und Schul' und Staat den Gänsekiel gerührt?

9. Ein Geist, ein Tritt! ein Herz, ein Schritt! so geht's in's Feld hinaus. Und Keiner fragt, wenn Schmach und Noth dem Vaterland von Feinden droht, nach Weib und Kind und Haus.

10. Wohl auf in's Feld, in's Ehrenfeld, mit Gott für's Vaterland! Du kämpfst, du brave Landeswehr, für Deutschlands Freiheit, Recht und Ehr', drum schirmt dich Gottes Hand.

Heinr. Viehoff.

15. Der abgedankte Husar.

Melodie: „Hinaus in die Ferne."

1. Der Krieg ist nun zu Ende. Marie Therese zankt nicht mehr mit unserm König, und wir — sind abgedankt. Still trag ich auf die Kammer den Sattel und das Zeug; mein Karabiner, Säbel, ins Zeughaus bring' ich euch.

2. Und du, mein braver Schimmel, du gehst ins Dorf hinaus, im warmen Stall zu stehen, bei fettem Haferschmaus. Bald wirst du wieder ziehen, den Pflug feldaus, feldein, und vor dem Pflug dein Reiter — bescheiden hinterdrein.

3. Du schüttelst trüb' die Mähne, als wollt's dir nicht zu Sinn? als wär' dir statt der Sporen die Peitsche kein Gewinn? Als wär' dir vor dem Pfluge, trotz Futter und trotz Trank, so wohl nicht, wie im Lager bei der Trompete Klang?

4. Auch mir ist weh zu Muthe, mein guter Streitgenoß! Nach Friedens langer Weile die Sehnsucht ist nicht groß; das ist ein halbes Leben, ein Leben ohne Kampf; es schlägt das Herz am freisten im dicksten Pulverdampf.

5. Ein Trost ist mir geblieben, den raun' ich dir in's Ohr: es kommt die Zeit, da holen den Sattel wir hervor; ruft uns der König wieder, mit Jubel sind wir da, erreiten und erstreiten ihm die Victoria! Unbekannt.

16. Wanderlust.

1. Der Mai ist gekommen, die Bäume schlagen aus, da bleibe wer Lust hat mit Sorgen zu Haus; wie die Wolken dort wandern am himmlischen Zelt, so steht auch der Sinn mir in die weite, weite Welt!

2. Herr Vater, Frau Mutter, daß Gott euch behüt'! Wer weiß, wo in der Ferne mein Glück mir noch blüht? Es giebt so manche Straße, da nimmer ich marschirt, es giebt so manchen Wein, den ich nimmer noch probirt.

3. Frisch auf drum, frisch auf im hellen Sonnenstrahl, wohl über die Berge, wohl durch das tiefe Thal! Die Quellen erklingen, die Bäume rauschen all'! Mein Herz ist wie'ne Lerche und stimmet ein mit Schall.

4. Und Abends im Städtlein da kehr' ich durstig ein: „Herr Wirth, mein Herr Wirth, eine Kanne blanken Wein! Ergreife die Fiedel, du lust'ger Spielmann du, von meinem Schatz das Liedel, das sing' ich dazu."

5. Und find' ich keine Herberg', so lieg' ich zur Nacht wohl unter blauem Himmel; die Sterne halten Wacht; im Winde die Linde, die rauscht mich ein gemach, es küsset in der Frühe das Morgenroth mich wach.

6. O Wandern, o Wandern, du freie Burschenlust! Da wehet Gottes Odem so frisch in der Brust; da singet und jauchzet das Herz zum Himmelszelt: Wie bist du doch so schön, o du weite, weite Welt! Emanuel Geibel 1834.

17. Des Soldaten Abmarsch.

Marschmelodie.

1. Des Sonntags früh Morgens kam der Hauptmann und sprach: Guten Morgen Füsiliere! Jetzt ziehen wir fort!

2. Warum denn nicht morgen, warum denn gerade heut? Es ist doch heut' Sonntag für alle junge Leut!

3. Der Hauptmann sprach leise, ich hab' ja keine Schuld, denn der Herr Major, der hat keine Geduld.

4. Das Mädchen, das weinte, die Äuglein sich roth, und sagte: mein Heinrich, sie schießen dich todt!

5. Schatz, sehn wir uns nicht mehr, so wünsch' ich dir Glück, ei, so denke noch einmal an dein Heinrich zurück!

Volkslied.

18. Boarische Kriegs-Schnaderhepf'le.

Schnaderhüpf'l-Melodie.

1. Der Bismarck hat's g'spunna, der Moltke hat's g'richt, dös word für de Franzose a z' widerne G'schicht.

2. Mit eukre Chassipod'le, da schießt's nur brav d'rei! bei euk thuat's blos blitz'n, bei uns da schlagt's ei.

3. Und wenn a die Kugelspritz'n d' Kug'le grad schnei'n, mir wer'n uns nit hinstelle grad' wo sie hi' schnei'n.

4. Dö Turkos, dö Zuav'n, de Zephial, dös G'fraß! mir freu'n uns scho' lang uf die dämische Rass'.

5. Und so an Araber, an schwarz'n, wenn i fing, den nimm ich als G'schlaf'n mit hoam nach'm Krieg.

6. A' Napoleon wenn i fanget, oder sein Bub'n, fraß i g'wiß nimmer Erdäpf' und koane Ruab'n.

7. Leicht gäb' mir der Kini a wunderschön's G'schloß, und i fahret mit den Res'l in der Chaise mit vier Roß.

8. Ho mor oft'n scho denkt, i möcht a nach Paris, jetzt kost's mi koan Kreuzer, wenn i no a so frieß.

9. Da sauf i Champaninga, friß Triff'le g'rad gnua, die französisch'n Mad'le müaß'n tanz'n dazua.

10. An etla Franzos'n dö schieß i scho tot, und trifft mi a Kugel, so behüat enk halt Gott!

19. Die alte Landwehr.

Melodie: „Steh' ich in finstrer Mitternacht."

1. Die alte Landwehr rückt ins Feld, so still und ernst — die weite Welt, gleicht einem stillen Gotteshaus: die Landwehr rückt ins Feld hinaus.

2. Die alte Landwehr rückt ins Feld, ihr Haus hat sie zuvor bestellt; sie folgt der Trommel dumpfem Schlag, der Friede Gottes folgt ihr nach.

3. Die alte Landwehr rückt ins Feld, wohl dem der treu zur Fahne hält. Die Huld des Herrn ist ewig neu, das ist der Landwehr Feldgeschrei.

4. Die alte Landwehr rückt ins Feld, nicht Güter sind es dieser Welt, für die die Landwehr sich erhitzt und frevelnd Menschenblut verspritzt.

5. Die alte Landwehr rückt in's Feld, weil Gott dem Herrn es so gefällt; für deutsche Tugend, deutschen Sinn, giebt sie ihr Blut, ihr Leben hin.

6. Die alte Landwehr zieht ins Feld, getrost blickt sie zum Himmelszelt, und spricht: Herr, du bist unser Schild, Gott Zebaoth, gerecht und mild.

7. Die alte Landwehr rückt ins Feld, die Losung hat sie sich erwählt: Auf Gott vertrau' ich allezeit, von nun an bis in Ewigkeit.

Chr. Baumacker.

20. Musketierlied.

Melodie: „Wohlauf Kameraden."

1. Die Flinte zur Hand, den Affen geschnallt, die Trommel ruft in die Weite; wir ziehen jubelnd durch Flur und Wald durch Städte, Dörfer und Haide. Und gilt es jetzt den Kampf um die Welt, wir haben daheim unser Haus bestellt.

2. Weit hinter uns lieget die Garnison mit Mauern, Thürmen und Gräben, die Brust hebt sich freier, sie fühlet schon: im Felde ist lustiges Leben. Gern lassen wir Sorgen und Grämen dort und folgen treu dem Commandowort.

3. Und wenn im goldenen Sonnenschein, die blanken Waffen erblitzen, Kanonen brüllen und Feuer spein', dann sind wir treffliche Schützen; dann hebt sich froh des Kriegers Brust, denn solcher Sang ist seine Lust.

4. Wir wissen, uns knüpft ein mächtiges Band, mit unserm König zusammen; wir sollten für's theure Vaterland, im heil'gen Streit nicht entflammen?! Gilt's unsrer Freiheit, gilt's unserm Herd, dann, Vaterland, sieh deiner Söhne Werth!

5. Mit Hochgefühl hebt sich des Kriegers Brust und frei sein, Augen drein schauen. Der Mann sei sich seines Werthes bewußt, dem Feigling mag's bangen und grauen. Seine Werkstatt ist das Schlachtenfeld, dort blutet und kämpft er, dort siegt er und fällt.

Emil Crole.

21. Deutsche Mädchen.

Eigene Melodie.

1. Die Mädchen in Deutschland sind blühend und schön, zum Küssen laden sie ein, und wenn sie im wogenden Tanze sich dreh'n, so rühren sie Herzen von Stein. Doch die mir vor allen am besten gefallen, :,: ist Hannchen, lieb' Hannchen, schön Hannchen, mein Hannchen, ja Hannchen, nur Hannchen allein.

2. Die Mädchen in Deutschland sind nicht so kokett wie jene dort über den Rhein; sie tragen sich sittsam bescheiden und nett, und Kleider und Herzen sind rein. Doch die mir vor allen 2c.

3. Die Mädchen in Deutschland sind häuslich und gut, und bist du entschlossen zu frei'n, so nimm dir ein Mädchen aus deutschem Blut, du wirst es gewiß nicht bereu'n! Ach keine von allen hat mir so gefallen, wie Hannchen, lieb' Hannchen 2c.

W. Gerhard.

22. Soldatenlied.

Melodie: „Hinaus in die Ferne.“

1. Die Trommeln und Pfeifen, die schallen in's Haus, sie locken, sie rufen: Soldaten heraus!

2. Ich wollt' und ich schliefe in meinem Quartier, ich wollt' und mir träumte, mein Schätzel von dir.

3. Sonst war ich nicht traurig, war lustig wie du; heut' drückt der Tornister und morgen der Schuh.

4. Was hilft denn das Trauern? Jetzt ist es zu spät, jetzt zieh' ich zum Kriege, ich bin ein Soldat.

Hoffmann von Fallersleben.

23. Im Quartier.

Marschmelodie.

1. Ein Schifflein sah ich fahren, Kapitain und Lieutenant, darinnen waren geladen zwei brave Compagnien Soldaten, Kapitain, Lieutenant, Fähnrich, Sergeant, nimm das Mädel, nimm das Mädel bei der Hand, Kameraden, Soldaten.

2. Was sollen die Soldaten essen? Kapitain und Lieutenant. Gebratenes Fleisch und Kressen, das sollen die Soldaten essen. Kapitain, Lieutenant 2c.

3. Was sollen die Soldaten trinken? Kapitain und Lieutenant. Den besten Wein, der zu finden, den sollen die Soldaten trinken. Kapitain, Lieutenant 2c.

4. Wo sollen die Soldaten schlafen? Kapitain und Lieutenant. Bei ihren Gewehren und Waffen, da sollen die Soldaten schlafen, Kapitain, Lieutenant 2c.

5. Wo sollen die Soldaten tanzen? Kapitain und Lieutenant. Auf ihren Mauern und Schanzen, da sollen die Soldaten tanzen, Kapitain, Lieutenant 2c.

6. Wie kommen die Soldaten in den Himmel? Kapitain und Lieutenant. Auf einem weißen Schimmel, da reiten die Soldaten in den Himmel. Kapitain, Lieutenant 2c. Soldatenlied.

24. Der Jäger von Kurpfalz.

Eigene Melodie.

1. Ein Jäger aus Kurpfalz, der reitet durch den grünen Wald, er schießt das Wild alsbald gleich wie es ihm gefällt. Juhu! tarah! Gar lustig ist die Jägerei allhier auf grüner Haid', allhier im grünen Wald! Trarah tra! Juhu! trarah, trarah!

2. Bursch', sattle mir mein Pferd und leg' mir drauf mein'n Mantelsack, so reit ich wied'r umher, als Jäger aus Kurpfalz. Juhu! ꝛc.

3. Jetzt reit' ich nicht mehr heim, bis daß der Kukuk schreit, er schreit die ganze Nacht allhier auf grüner Haid'! Juhu! ꝛc.

4. Der Jäger sah zwei Leut' und sagt zu ihnen: Guten Tag! wo wollt ihr hin, ihr Leut'? „Wir wollen nach Kurpfalz!" Juhu! ꝛc.

5. Ich will euch auf der Reis' begleiten, wenn es euch gefällt. Wißt ihr wohl, wer ich bin? Der Jäger aus Kurpfalz! Juhu ꝛc.

6. Nun wär'n wir in Kurpfalz! Wer giebt uns aber Mittagsbrod? Wer schenkt die Gläser voll? Der Jäger aus Kurpfalz! Juhu! ꝛc.

7. Nun weiß ich weiter nichts, was noch geschah, denkt selber nach, stoßt an, es lebe hoch der Jäger aus Kurpfalz! Juhu ꝛc.

Volkslied.

25. Husarenlied.

Melodie: „Schier dreißig Jahre".

1. Es flammt mein Herz, es schwillt mein Muth, ich schwinge meinen Stahl :,: und hätt' ich einen Federhut, :,: so wär ich General!

2. Wie klingen die Trompeten hell des Morgens um die Vier! :,: Der Tambour schlägt sein Eselsfell, :,: die Esel schlagen wir.

3. Zur Seite blitzt uns das Gewehr, der Tod aus unsrer Hand; :,: wir reiten hin, wir reiten her, :,: wir reiten ums Vaterland

4. Und ob sich auch manch schönes Kind die Aeuglein schier zerweint: :,: Husaren sausen wie der Wind :,: vorüber in den Feind.

5. Das ist ein Leben auf der Wacht so lustig und so frei! :,: Das geht so leicht in heißer Schlacht :,: vorüber und vorbei.

6. Der Himmel wird uns aufgethan wie ein Juwelenschrein; :,: Husarensäbel klopfen dran :,: und drinnen ruft's: „Herein!"

Georg Herwegh.

26. Der Soldat.

Volkslied.

1. Es geht bei ge-dämpfter Trommel-klang, wie weit

noch die Stät-te, der Weg, o wie lang! O wär' er zur Ruh

und Al - les vor-bei, ich glau-be, es bricht mir das Herz

ent - zwei, ich glau-be, es bricht mir das Herz ent-zwei.

2. Ich hab' in der Welt nur ihn geliebt, nur ihn, dem man jetzt den Tod doch giebt. Bei klingendem Spiele wird paradirt, :,: dazu bin auch ich, auch ich commandirt. :,:

3. Nun schaut er auf zum letzenmal in Gottes Sonne freudigen Strahl, nun binden sie ihm die Augen zu; :,: dir schenke Gott die ewige Ruh! :,:

4. Es haben die Neun wohl angelegt, acht Kugeln haben vorbeigefegt, sie zitterten Alle vor Jammer und Schmerz, :,: ich, aber ich — traf ihn mitten ins Herz. :,:

Adalbert von Chamisso 1832.

27. Der Abschied.

Weise von Felix Mendelsohn-Bartholdy 1839.

1. Es ist bestimmt in Gottes Rath, daß man vom Liebsten, was man hat, muß scheiden. Wiewohl doch nichts im Lauf der Welt dem Herzen, ach, so sauer fällt, als scheiden.

2. So dir geschenkt ein Knösplein was, so thu' es in ein Wasserglas, doch wisse: Blüht morgen dir ein Röslein auf, es welkt wohl schon die Nacht darauf, das wisse!

3. Und hat dir Gott ein Lieb bescheert, und hälst du sie recht innig werth, die Deine, es wird wohl wenig Zeit um sein, da läßt sie dich so gar allein, dann weine!

4. Nun wußt du mich auch recht verstehn, wenn Menschen auseinander gehn, so sagen sie: auf Wiedersehn! auf Wiedersehn!

Ernst von Feuchtersleben 1826.

28. Ewiger Wechsel.

Weise von Friedr. Heinr. Himmel 1803.

1. Es kann ja nicht immer so bleiben hier unter dem wechselnden Mond; es blüht eine Zeit und verwelket, :,: was mit uns die Erde bewohnet. :,:

2. Es haben viel fröhliche Menschen lang vor uns gelebt und gelacht; den Ruhenden unter dem Rasen :,: sei fröhlich der Becher gebracht! :,:

3. Es werden viel fröhliche Menschen lang nach uns des Lebens sich freun, uns Ruhenden unter dem Rasen :,: den Becher der Fröhlichkeit weihn. :,:

4. Wir sitzen so traulich beisammen und haben uns Alle so lieb, erheitern einander das Leben: :,: ach, wenn es doch immer so blieb'! :,:

5. Doch weil es nicht immer so bleibet, so haltet die Freundschaft recht fest; wer weiß denn, wie bald uns zerstreuet :,: das Schicksal nach Ost und nach West! :,:

6. Und sind wir auch fern von einander, so bleiben die Herzen doch nah! und Alle, ja Alle wird's freuen, :,: wenn Einem was Gutes geschah. :,:

7. Und kommen wir wieder zusammen auf wechselnder Lebensbahn, so knüpfen ans fröhliche Ende :,: den fröhlichen Anfang wir an! :,:

August von Kotzebue 1803.

29. Lob auf den Kriegerstand.

Soldatenmelodie.

1. :,: Es lebe hoch der Kriegerstand, :,: wenn er auch so manches entbehre, kämpft er doch für's Vaterland! :,: Dem Sohne des Ruhmes und der Ehre reichet ein Jeder freundlich die Hand. :,: (Solo:) :,: Es lebe hoch! :,: (Chor:) :,: Es lebe hoch! :,: Es lebe hoch der Kriegerstand!

2. Ertönet die Trompete in die Weite, erschallet die Trommel, die uns ruft, eilen wir zum verwegenen Streite, ein Hurrah erschallt durch die Luft. Dem Sohne des Ruhmes und der Ehre reicht ein Jeder freundlich die Hand. (Solo:) Es lebe hoch rc.

3. Bringen wir dann die Feinde zum Sinken, ist vernichtet die blutige Schaar, frische Lorbeeren des Ruhmes uns winken auf der Ehre hohem Altar. Dem Sohnes des Ruhmes und der Ehre reicht ein Jeder freundlich die Hand. (Solo:) Es lebe hoch rc.

4. Wenn am Heerd uns die Freunde umschlingen, und das Vaterland dankbar uns grüßt, hoch die Herzen der Mädchen aufspringen, die der Held in die Arme sich schließt. Dem Sohne des Ruhmes und der Ehre reicht ein Jeder freundlich die Hand. (Solo:) Es lebe hoch 2c.

Soldatenlied.

30. Es liegt eine Krone im tiefen Rhein.

Nicht zu schnell. Mauck.

1. Es liegt eine Krone im tie-fen Rhein, gezau-bert von

Gold und von E - del - stein, und wer sie er - hebt aus

tie-fen Grund, den krönt man in Aachen zur sel-bi- gen

Stund'; vom Belt bis zur Do- nau die Lan - de sind

sein, dem Kai -ser der Zukunft, dem Für - sten am Rhein.

2. Es liegt eine Leier im grünen Rhein, gezaubert von Gold und von Elfenbein; und wer sie erhebt aus tiefem Grund, dem strömen die Lieder begeisternd vom Mund, der Kranz der Unsterblichkeit wartet sein, :,: des Sängers der Zukunft, des Sängers am Rhein. :,:

5. Ich weiß wo ein Häuschen am grünen Rhein, umranket von Reblaub die Fensterlein; drin waltet ein Herz so engelgleich, an Gold so arm, doch an Tugend so reich: Gehörte dies Herz an dem Rheine mir, — :,: ich gäbe die Krone, die Leier dafür. :,:

H. Dippel.

31. Seliger Tod!

Melodie: „Es zogen drei Reiter".

1. Es ritten drei Krieger aus blut'gem Gefecht, juchhe, sie hatten gefochten fürwahr nicht schlecht, juchhe. Sie ritten tiefschweigend den Weg entlang der Sonne still nach, die jetzt untersank. Ade, ade, ade.

2. Und als deren goldenes Auge da brach, ade, der Eine der Drei zu den Andern sprach, ade: „Wie schmerzt mich die Wunde an meinem Leib, nicht werde ich wiedersehn Kind noch Weib!" — Ade, ade, ade.

3. Der Andre: „Es schmerzt in der Brust mich noch mehr, o weh, der Gedanke, ich sehe die Heimath nicht mehr!" — O weh. Der Dritte, der sagte gar nichts dazu, schloß fest und ernst das Auge zu; ade, ade, ade.

4. Zerdrückt' eine Thräne in heißem Brand, ade, und starb selig den Tod fürs Vaterland. Ade. Fürs Vaterland starb ein Jeder als Held, ein Engel führt sie in bessere Welt. Juchhe, juchhe, juchhe.

Friedrich Meyer.

32. Feinsliebchen, ade!

Eigene Melodie.

1. Es ritten drei Reiter zum Thore hinaus, ade! Feinsliebchen das schaute zum Fenster hinaus, ade! Feinsliebchen, laß du dein Schauen sein! es muß fürwahr geschieden sein. Ade! ade! ade! ja, Scheiden und Meiden thut weh.

2. Und der uns scheidet, das ist das ist der Tod, ade! er scheidet so manches Röselein roth, ade! Drum reich' mir dein goldenes Ringelein und bewahre mir ewig die Treue dein! Ade! ade! ade! ja, Scheiden und Meiden thut weh. Volkslied 1775.

33. Das Wirthshaus an der Lahn.

Volksmelodie.

1. Es steht ein Wirthshaus an der Lahn, da halten alle Fuhrleut' an; Frau Wirthin sitzt am Ofen, die Fuhrleut um den Tisch herum, die Gäste sind besoffen.

2. Die Wirthin hat auch einen Mann, der spannt den Fuhrleut' selber an, er schenkt vom allerbesten Ulrichsteiner Fruchtbranntwein und setzt ihn vor den Gästen.

3. Die Wirthin hat auch einen Knecht und was der thut, das ist ihr recht, er thut sie carressiren; des Morgens wenn er früh aufsteht, kann er kein Glied nicht rühren.

4. Die Wirthin hat auch eine Magd, die sitzt im Garten und pflückt Salat; sie kann es kaum erwarten, bis daß das Glöcklein zwölfe schlug, da kommen die Soldaten.

5. Und als das Glöcklein zwölfe schlug, da hatte sie noch nicht genug; da fing sie an zu weinen mit ei, ei, ei und ach, ach, ach nun hab' ich wieder keinen.

6. Und wer hat wohl das Lied gemacht? Zwei Soldaten auf der Wacht, ein Tambour und ein Pfeifer, und wer das Lied nicht weiter kann, der fang es an zu pfeifen. Volkslied.

34. Der Wirthin Töchterlein.

Volksweise.

1. Es zogen drei Burschen wohl über den Rhein, bei einer Frau Wirthin da kehrten sie ein, bei einer Frau Wirthin da kehrten sie ein.

2. „Frau Wirthin! hat sie gut Bier und Wein? :,: Wo hat sie ihr schönes Töchterlein?" :,:

3. „Mein Bier und Wein ist frisch und klar, :,: mein Töchterlein liegt auf der Todtenbahr". :,:

4. Und als sie traten zur Kammer hinein, :,: da lag sie in einem schwarzen Schrein. :,:

5. Der erste, der schlug den Schleier zurück :,: und schaute sie an mit traurigem Blick: :,:

6. „Ach, lebtest du noch, du schöne Maid! :,: Ich würde dich lieben von dieser Zeit!" :,:

7. Der zweite der deckte den Schleier zu :,: und kehrte sich ab und weinte dazu: :,:

8. „Ach! daß du liegst auf der Todtenbahr! :,: Ich hab' dich geliebet so manches Jahr!“ :,:

9. Der dritte hub ihn wieder sogleich :,: und küßte sie auf den Mund so bleich: :,:

10. „Dich liebt' ich immer, dich lieb' ich noch heut', :,: dich werde ich lieben in Ewigkeit!“ :,:

Ludwig Uhland 1809.

35. Freut euch des Lebens.

Weise von Hans Georg Nägeli 1793.

1. Freut euch des Lebens, weil noch das Lämpchen glüht, pflücket die Rose, eh' sie verblüht. Man schafft so gern sich Sorg' und Müh, sucht Dornen auf und findet sie, und läßt das Veilchen unbemerkt, das uns am Wege blüht.

2. Freut euch 2c. Wenn schen die Schöpfung sich verhüllt, und laut der Donner um uns brüllt: so lacht am Abend nach dem Sturm die Sonne, ach! so schön.

3. Freut euch 2c. Wer Neid und Mißgunst sorgsam flieht und Genügsamkeit im Gärtchen zieht, dem schießt sie schnell zum Bäumchen auf, das goldne Früchte trägt!

4. Freut euch 2c. Wer Redlichkeit und Treue liebt und gern dem ärmern Bruder giebt, den lohnt dafür Zufriedenheit mit höherm Glück, als Gold.

5. Freut euch 2c. Und wenn der Pfad sich furchtbar engt, und Mißgeschick uns plagt und drängt, so reicht die Freundschaft schwesterlich dem Redlichen die Hand.

6. Freut euch 2c. Sie trocknet ihm die Thräne ab und streut ihm Blumen auf das Grab, sie wandelt Nacht in Dämmerung, und Dämmerung in Licht.

7. Freut euch 2c. Sie ist des Lebens schönstes Band! schlingt, Brüder, traulich Hand in Hand, so wallt man froh, so wallt man leicht ins beßre Vaterland!

Martin Usteri 1793.

36. Jägerlied.

Kräftig. Schubart.

1. Frisch auf, ihr Jä - ger, frei und flink, die Büch - se

2. Von Westen, Norden, Süd und Ost, treibt uns der Rache Strahl: vom Oderflusse, Weser, Main, vom Elbstrom und vom Vater Rhein, und aus dem Donauthal.

3. Doch Brüder sind wir allzusamm'; und das schwellt unsern Muth. Uns knüpft der Sprache selig Band, uns knüpft ein Gott ein Vaterland, ein treues, deutsches Blut.

4. Nicht zum Erobern ziehen wir, vom väterlichen Heerd; die schändlichste Tyrannenmacht bekämpfen wir in freud'ger Schlacht, das ist des Blutes werth.

5. Ihr aber, die uns treu geliebt, der Herr sei euer Schild, bezahlen wir's mit unserm Blut; denn Freiheit ist das höchste Gut, ob's tausend Leben gilt.

6. Drum muntre Jäger frei und flink, wie auch das Liebchen weint! — Gott hilft uns im gerechten Krieg! Frisch in den Kampf! — Tod oder Sieg! Frisch, Brüder, auf den Feind!

Theodor Körner.

37. Der Ulan..

Melodie: „Wohlauf Kameraden" (Zeile 7 u. 8 wie 5 u. 6 zu singen.)

1. Früh Morgens um vier, eh' die Hähne noch krähn, da sattelt sein Roß der Ulan und reitet, den Feind und das Land zu erspähn, den Waffengenossen voran. Hinjagt er durch's Blachfeld und pirscht durch den Forst, hoch flattert sein Fähnlein im Wind, und er lugt von der Höh' wie der Falk vom Horst und wählt sich die Straße geschwind.

2. In das sonnige Städtchen da sprengt er hinein, am Rathhaus hält er in Ruh': „Herr Maire, nun schenkt mir vom schäumenden Wein, und ein Frühstück gebt mir dazu! Und schafft mir die prächtigen Rinder daher, die am Thor auf der Weide ich sah, und Hafer für zwanzig Schwadronen, Herr Maire, denn die Preußen, die Preußen sind da!"

3. Hei lustige Streife! Hei köstlicher Scherz, wenn der Maire seine Bücklinge macht! Doch freudiger wächst dem Ulanen das Herz, wenn die Schlacht durch die Ebene kracht; wenn, die Zügel verhängt und die Lanz' in der Faust, das Geschwader mit stiebendem Huf auf den eisernen Rechten des Vierecks braust unter schallendem Hurrahruf.

4. Wohl spei'n die Haubitzen Verderben und Tod, wohl deckt sich mit Leichen die Bahn, und die Luft wird wie Blei und die Erde wird roth, doch vorwärts stürmt der Ulan. Und rinnt auch das Blut von den Schläfen ihm warm: durch Geknatter und Kugelgesaus, kühn setzt er hinein in den dichtesten Schwarm und holt sich den Adler heraus.

5. Und Victoria! schallt's durchs Getümmel herauf, schon wanken die feindlichen Reih'n, und das Wanken wird Flucht und die Flucht wird Lauf, der Ulan, der Ulan hinterdrein! Hinterdrein durch den Fluß, wo die Brücke verbrannt, durch das Dorf, das der Bauer verließ, mit Gott für König und Vaterland — hinterdrein, hinterdrein bis Paris.

6. :,: Dort giebt's einen Tanz noch im eisernen Feld, bis der Franzmann den Athem verliert, und Wilhelm der Sieger, der eisgraue Held, dem Feinde den Frieden diktirt. :,:

Em. Geibel.

38. Der Soldat auf der Wacht.

Eigene Melodie:

1. Für brave Kameraden hier steh' ich auf der Wacht und habe scharf geladen, bei Tage, wie bei der Nacht. Schlaft wohl. Wo Treue steht auf Posten mit Wachsamkeit und Muth, da ruht auf starken Pfosten des Heeres Lager gut. Schlaft wohl, schlaft wohl rc. schlaft wohl, ihr Kameraden, brav, schlaft wohl.

2. Wie Tags am hohen Himmel, da hält die Sonne Wacht, des Nachts im Sterngewimmel der Mond die Runde macht. Schlaft wohl. So will ich für euch sorgen, ihr Kameraden, brav, wer weiß,

wer von uns morgen nicht aufsteht mehr vom Schlaf. Schlaft wohl. Schlaft wohl, ihr Kameraden, brav, schlaft wohl.

3. Werda, es rauscht im Laube der Hauch des Abendwind's. Werda, werda, ich glaube des Liebchens Seufzer sind's. Schlaf, wohl. O schlaf, mein süßes Liebchen, du wirst im Traum mich seh'n und Nachts vor deinem Stübchen wird ein Engel Wache steh'n. Schlaf wohl, mein süßes Liebchen, schlaf. Schlaf wohl.

Soldatenlied.

39. Soldaten-Vermächtniß.

Melodie: Bemooster Bursche zieh' ich aus.

1. Getroffen, blutend sink' ich hin, die letzten Lebensgeister fliehn; rasch nehmt mir Rock und Mantel ab und legt mich kühl ins frische Grab.

2. Dem König gebt zurück mein Kleid! ich hielt es rein in Lust und Leid, doch laßt mir an mein grobes Hemd, darin ich mich dem Feind gestemmt.

3. Gesponnen hat es meine Braut, der Leib und Leben ich vertraut; ade, mein Kind! — Ich bitt', o Wind, die Thränen trockne ihr geschwind.

4. Denn trat nicht welschen Grund mein Fuß, mein Land und Volk litt harte Buß. Nun aber kocht am Hang der Wein im unverwehrten Sonnenschein.

5. Mit nehmt's mein Schwert ins Vaterland und hängt's der Mutter an die Wand; die Büchse aber nehm' und lad' ein andrer braver Kamerad.

6. Und faul' ich gleich im fremden Grund: die Sonne steht mit mir im Bund und trägt mit jedem Abendstrahl mir Grüße heim in Berg und Thal.

Christian Schad.

40. Des Kriegers Flasche.

Melodie: „Schier dreißig Jahre bist du alt."

1. Helft, Leutchen, mir vom Wagen doch, seht her mein Arm ist schwach: :,: ich trag' ihn in der Binde noch :,: he Leutchen, fein gemach!

2. Zerbrecht mir nur die Flasche nicht, sonst werd' ich wild und graus. :,: Wenn diese Flasche mir zerbricht, :,: sind alle Freuden aus.

3. „Bekümmert euch die Flasche so, was wird denn viel d'ran sein? :,: Das schlechte Glas, das bischen Stroh :,: und d'rinn ein Tröpfchen Wein.“

4. Ei, Leutchen, die ihr's nicht versteht! nehmt nur die Flasch' heraus; :,: wenn ihr sie um und um beseht, :,: mein König trank daraus.

5. Bei Leipzig, wie ihr Alle wißt, war just kein Kinderspiel! :,: Die Kugel hatt' mich stark begrüßt, :,: da lag ich im Gewühl.

6. Man trug mich fort dem Tode nah', zog mir die Kleider aus; :,: Da hielt ich meine Flasche da, :,: mein König trank daraus.

7. Der König hielt in uns'ren Reih'n, wir sahen sein Angesicht; :,: Kartätschen flogen auf uns ein, :,: er hielt und wankte nicht.

8. Er dürstete, ich sah's ihm an, nahm mir den Muth heraus :,: und bot ihm meine Flasche an, :,: und er, er trank daraus.

9. Und klopft mich auf die Schulter hier, und sprach: „Hab' Dank, mein Freund! :,: Dein Labetrunk behagte mir, :,: es war recht gut gemeint!“

10. Das freute mich denn gar zu sehr, „Kameraden!“ rief ich aus, :,: „wer zeigt noch solch' ein Fläschchen her! :,: Mein König trank daraus!“

11. Die Flasche zwingt mir Niemand ab, sie bleibt mein bester Schatz; :,: und sterb' ich, stellt sie mir auf's Grab :,: und untenhin den Satz:

12. „Er focht bei Leipzig, der hier ruht in diesem stillen Haus; :,: die Flasche war sein bestes Gut, :,: sein König trank daraus!“

Volkslied.

41. Herz voll Muth.

Melodie: „Fahret hin, fahret hin.“

1. Herz voll Muth, Blick voll Gluth, Arm im Streite brav und gut! Ruhmentflammt allesammt, wer von Hermann stammt. So in lauter Saus und Braus, Brüder schwärmen wir nach Haus, stark und frei, gut und treu, uns're Losung sei.

2. Horch, es schallt durch den Wald, durch die Eichen grau und alt, stark noch glüht unser Lied, weil uns Jugend blüht! so in lauter Saus 2c.

3. Sternenschein bricht herein, laßt uns alle Brüder sein! Vaterland, süßes Land, führ' uns Hand in Hand. So in lauter Saus und Braus ꝛc.

42. Soldatenabschied.

Melodie: „An der Saale fernem Strande."

1. Heute scheid' ich, morgen wandr' ich, keine Seele weint um mich, sind's nicht diese, sind's doch And're, die da trauern, wenn ich wand're, holder Schatz, ich denk an dich!

2. Auf dem Bachstrom hängen Weiden, in den Thälern liegt der Schnee; trautes Kind, daß ich muß scheiden, muß nun uns're Heimath meiden, tief im Herzen thut mir's weh.

3. Hunderttausend Kugeln pfeifen über meinem Haupte hin! wo ich fall' scharrt man mich nieder, ohne Klang und ohne Lieder, Niemand fraget, wer ich bin.

4. Du allein wirst um mich weinen, siehst du meinen Todtenschein. Trautes Kind, sollt' er erscheinen, thu im Stillen um mich weinen und gedenk auch immer mein.

5. Heb' zum Himmel unsern Kleinen, schluchz', „todt ist der Vater dein!" Lehr' ihn beten, gieb' ihm Segen! reich' ihm seines Vaters Degen! mag die Welt sein Vater sein!

6. Hörst? die Trommel zu scheiden, drück' ich dir die weiße Hand, still die Thränen laß mich scheiden muß nun für die Ehre streiten, streiten für das Vaterland!

7. Sollt' ich unter freiem Himmel schlafen in der Feldschlacht ein, soll aus meinem Grabe blühen, soll aus meinem Grabe blühen Blümchen süß Vergißmeinnicht. Wilhelm Müller.

43. Ergo bibamus!

Weise von Max Eberwein.

1. Hier sind wir versammelt zu löblichem Thun, drum Brüderchen: Ergo bibamus. Die Gläser sie klingen, Gespräche sie ruhn, beherziget Ergo bibamus. Das heißt noch ein altes, ein kräftiges Wort, es passet zum Ersten und passet sofort, und schallet ein Echo vom festlichen Ort, ein herrliches Ergo bibamus.

2. Ich hatte mein freundliches Liebchen gesehen, da dacht' ich mir: Ergo bibamus. Und nahte mir freundlich; da ließ sie mich stehn, ich half mir und dachte: Bibamus. Und wenn sie versöhnet euch herzet und küßt, und wenn ihr das Herzen und Küssen vermißt, so bleibet nur, bis ihr was Besseres wißt, beim tröstlichen Ergo bibamus.

3. Mich ruft das Geschick von den Freunden hinweg, ihr Redlichen! Ergo bibamus! Ich scheide von hinnen mit leichtem Gepäck, drum doppeltes Ergo bibamus. Und was auch der Filz von dem Leibe sich schmorgt, so bleibt für den Heitern doch immer gesorgt, weil immer dem Frohen der Fröhliche borgt; drum Brüderchen: Ergo bibamus.

4. Was sollen wir sagen zum heutigen Tag! Ich dächte nur: Ergo bibamus. Er ist nun einmal von besonderem Schlag; drum immer auf's Neue: Bibamus. Er führet die Freude durchs offene Thor, es glänzen die Wolken, es theilt sich der Flor, da scheint uns ein Bildchen, ein göttliches, vor; wir klingen und singen: Bibamus.

Johann Wolfgang von Goethe.

44. Der preußische Reservist.

„Melodie: Steh' ich in finstrer Mitternacht."

1. Hurrah, hurrah, nun kommt heran, der preußische Reservemann! Tambour, schlag' an, zum Sturmeslauf! Wir schlagen mit dem Kolben drauf!

2. Wo steht der Feind? Was — Batterie? Wir rücken vor und nehmen sie! Fällt das Gewehr — marsch, marsch, hurrah! Franzos, der Reservist ist da!

3. Ihm ist kein Graben je zu breit, kein Berg zu steil, kein Feld zu weit, kein Kugelregen ihm zu dicht, ihn schrecken Tod und Wunden nicht.

4. Und decken Tausend auch das Feld — die Fahne hoch — Gewehr gefällt! Mit Kolben und mit Bajonett, so machen wir die Kugeln wett!

5. Leb' wohl, Kam'rad! — Dem Abendwind, mein letzter Gruß an Weib und Kind. — Der König hoch! Tambour schlag' an! Vorwärts, Kam'rad! Hurrah, hinan!

6. Mit Gott hinan. Hurrah, hurrah! — Nun schmett're Horn, Victoria! Nun brich, mein Herz; dem Abendwind der letzte Gruß an Weib und Kind!

Ewald August König.

45. Der Feldpostillon.

Melodie; „Mit 100000 Stimmen."

1. Husch, husch, geht's über Feld und Fluren in's Feindesland geschwind. Im scharfen Trabe leg die Touren zurück ich wie der

Wind; denn sehnlichst wartet's Bataillon, auf seinen hurt'gen Postillon. Trara, trara, trara.

2. Ich bringe Briefe aus der Ferne, vom Liebchen und dem Freund; Soldaten sehen stets mich gerne, das Zelt uns oft vereint. Es freut sich jedes Bataillon, wenn wieder kommt der Postillon. Trara, trara, trara.

3. Ich berge oft in meinen Mappen viel Leid und hartes Weh', und halt ich dann mit meinem Rappen, ich manche Thränen seh'! Und dennoch wartet's Bataillon mit Freude auf den Postillon. Trara, trara, trara.

4. Mein Weg führt häufig über Leichen im sausenden Galopp, das Ziel muß pünktlich ich erreichen, drum geht es hopp, hopp, hopp! Dafür benennt das Bataillon mich dann den flinken Postillon. Trara, trara, trara.

5. Millionen Küsse muß ich tragen, für's ferne Liebchen hin; von weitem hör' ich sie schon fragen, ob Schätzchens Bot' ich bin? Ich spreche dann: der Postillon, ist Amors Knecht im Bataillon. Trara, trara, trara!

Karl Stangen.

46. Der gute Kamerad.

Weise von Friedrich Silcher 1826.

1. Ich hatt' einen Kameraden, einen bessern find'st du nit. Die Trommel schlug zum Streite, er ging an meiner Seite :,: in gleichem Schritt und Tritt. :,:

2. Eine Kugel kam geflogen, gilt's mir oder gilt es dir? Ihn hat es weggerissen, er liegt mir vor den Füßen, :,: als wär's ein Stück von mir. :,:

3. Will mir die Hand noch reichen, derweil ich eben lad'! „Kann dir die Hand nicht geben, bleib' du im ew'gen Leben :,: mein guter Kamerad!“ :,:

L. Uhland 1809.

47. Lorelei.

Weise von Friedrich Silcher 1837.

1. Ich weiß nicht, was soll es bedeuten, daß ich so traurig bin. Ein Märchen aus alten Zeiten das will mir nicht aus dem Sinn. Die Luft ist kühl und es dunkelt, und ruhig fließet der Rhein; der Gipfel dos Berges funkelt im Abendsonnenschein.

2. Die schönste Jungfrau sitzet dort oben wunderbar; ihr goldnes Geschmeide blitzet, sie kämmt ihr goldnes Haar. Sie kämmt es mit goldenem Kamme und singt ein Lied dabei: das hat eine wundersame gewalt'ge Melodei.

3. Den Schiffer in seinem Schiffe ergreift es mit wildem Weh, er sieht nicht die Felsenriffe, er schaut nur hinauf in die Höh'. Ich glaube, am Ende verschlingen die Wellen Schiffer und Kahn; und das hat mit ihrem Singen die Lorelei gethan.

Heinrich Heine 1822.

48. Die drei Röselein.

Eigene Melodie.

1. :,: Jetzt gang i ans Brünnele, trink' aber net, :,: :,: do such' i mein herztausige Schatz, find'n aber net. :,:

2. :,: Do laß i mein Aeugelein um und um gehn, :,: :,: do sieh-n-i mein herztausige Schatz bei 'me-n-andre stehn. :,:

3. :,: Und bei me-n-Andre stehe sehn, ach, das thut weh! :,: :,: Jetz b'hüt die Gott, herztausiger Schatz, di bsieh-n-i nimme meh! :,:

4. :,: Jetz kauf i mer Dinte-n-und Fed'r und Papier, :,: :,: und schreib' meim herztausige Schatz einen Abschiedsbrief. :,:

5. :,: Jetzt leg i mi nieder aufs Heu und aufs Moos; :,: :,: do falle drei Röselein mir in den Schoß. :,:

6. :,: Und diese drei Röselein sind rosenroth: :,: :,: jetzt weiß i net, lebt mein Schatz, oder ist er todt. :,:

Schwäbisches Volkslied 1824.

49. Brüderschaft.

Volksweise: „Ich stund auf grünen Bergen."

1. Im Krug zum grünen Kranze, da kehrt' ich durstig ein; da saß ein Wandrer :,: drinnen, :,: am Tisch bei kühlem Wein.

2. Ein Glas ward eingegossen, das wurde nimmer leer; sein Haupt ruht auf dem :,: Bündel, :,: als wär's ihm viel zu schwer.

3. Ich that mich zu ihm setzen, ich sah ihm ins Gesicht, das schien mir gar :,: befreundet :,: und dennoch kannt' ich's nicht.

4. Da sah auch mir ins Auge der fremde Wandersmann und füllte meinen :,: Becher :,: und sah mich wieder an.

5. Hei! wie die Becher klangen, wie brannte Hand in Hand: „Es lebe die Liebste :,: deine, :,: Herzbruder im Vaterland!"

Wilhelm Müller († 1827).

50. Das zerbrochene Ringlein.

Bekannte Melodie.

1. In einem kühlen Grunde, da geht ein Mühlenrad :,: mein Liebchen ist verschwunden, das dort gewohnet hat. :,:

2. Si hat mir Treu versprochen, gab mir ein' Ring dabei; :,: sie hat die Treu gebrochen, das Ringlein brach entzwei. :,:

3. Ich möcht' als Spielmann reisen, weit in die Welt hinaus :,: und singen meine Weise und geh'n von Haus zu Haus. :,:

4. Ich möcht als Reiter fliegen, wohl in die blut'ge Schlacht, :,: um stille Feuer liegen im Feld in dunkler Nacht. :,:

5. Hör ich ein Mühlrad gehen, ich weiß nicht, was ich will, :,: ich möcht' am liebsten sterben, da wär's auf einmal still. :,:

Joseph von Eichendorff 1812.

51. Chassepotlied.

Eigene Melodie.

1. Jubelnd sei's der Welt verkündet: :,: nicht mehr scheidet uns der Main! :,: darum rücken wir verbündet in's Franzosenland hinein. Von der Alpe bis zum Strand schallt das Lied für's Vaterland: „Immer frisch, frei, fromm und froh haut sie auf den Chassepot. Chasse—pot—pot—pot—pot—pot— auf den Chass'pot mit Hurrah!

2. Baiern, Schwaben, Sachsen, Hessen, :,: schließt euch tapfer Glied an Glied! :,: Was gescheh'n ist, ist vergessen. Und vergessen, was uns schied! Von der Alpe bis zum Strand u. s. w.

3. Ob den heil'gen Chass'pot preise :,: auch der Franzmann voller Gluth — :,: glaubt mir auch die heil'ge Dreyse und der Werder Wunder thut. Von der Alpe bis zum Strande u. s. w.

4. Immer feste auf die Weste! :,: Halt' dich tapfer, alter Krupp! :,: Bring' uns bis zum letzten Reste all' das Kruppzeug auf den Schub! Von der Alpe bis zum Strand u. s. w.

5. Daß der Teufel euch die Treffer :,: und die Chassepots verhert! :,: Fahrt zum Lande, wo der Pfeffer von Cayenne üppig wächst! Von der Alpe bis zum Strand u. s. w.

6. Jagt den Kaiser der Franzosen, :,: Brüder, :,: fort von Reich und Haus! :,: Drüben stehn die rothen Hosen — wer da Muth hat, klopft sie aus! Von der Alpe bis zum Strand u. s. w.

Unbekannt.

52. Auf einer Verbandstation.

1. Kamerad Français, hast balle in Bein, da willst wohl an verbunden sein? Hast nix Charpie, in Tasch' nix Sous, im Buddel nix, rien du tout? Malheur.

2. Da nimm und iß un peu de pain, da kost einmal, ist gut le vin, hier ist auch noch ein Stück fromage, da kriegst Du doch un peu courage! malheur!

3. „Merci monsieur!" Na, ist schon gut, weiß schon allein wie Hunger thut; Kamerad nix böse auf Kam'rad, weil Chassepot nich troffen hat. Malheur.

4. Cam'rade Prussien ist brav Soldat, et comme le diable même se bat, nous contre vous sommes des enfants, monsieur zu viel! je nix comprends! Malheur!

J. Wothe.

53. Kriegslied.

Melodie: „Es zog aus Berlin."

1. Kein schönrer Tod auf dieser Welt, als wer auf grüner Heide fällt! auf grüner Heide schlafen, wenn Schwert und Kugel trafen; das nenn ich süße Ruh', that gern die Augen zu!

2. Und zieht ihr heim ins Vaterland — wer fällt, zieht noch in schön'res Land; des Heils kann sich vermessen, kann Welt und Glück vergessen, wer unter Blumen ruht, getränkt von treuem Blut.

3. Und wer daheim ein Herz noch kennt, das treu sich und sein eigen nennt, der denke dran im Streite, daß Freiheit er bereite, zum Heil dem Vaterland, zum Heil dem Liebesband.

4. Drum, Brüder, rasch die Wehr zur Hand! den kühnen Blick zum Feind gewandt! laßt eure Banner schweben, ertrotzt vom Tod das Leben! denn nur aus Sieg und Tod blüht Freiheits-Morgenroth!

Karl Göttling.

54. Ems 1870.

Melodie: „Prinz Eugen der edle Ritter."

1. König Wilhelm saß ganz heiter jüngst zu Ems, dacht gar nicht weiter an die Händel dieser Welt. Friedlich, wie war gesunnen trank er seinen Krähnchensbrunnen, als ein König und ein Held.

2. Da trat in sein Kabinette eines Morgens Bennedette, den gesandt Napoleon. Der fing zornig an zu kollern, weil ein Prinz von Hohenzollern sollt auf Spaniens Königsthron.

3. Wilhelm sagte Benedettig! Sie ereifern sich unnöthig, brauchen sie nur den Verstand; vor mir mögen die Spaniolen sich nach Lust 'nen König holen, meint'halb aus dem Pfefferland.

4. Der Gesandte, so beschieden, war noch lange nicht zufrieden, weil er's nicht begreifen kann; und er schwänzelt und er tänzelt um den König und scharwenzelt, möchte es gern schriftlich ha'n.

5. Da sieht unser Wilhelm Rexe sich das klägliche Gewächse mit den Königsaugen an. Sagte gar nichts weiter, sundern wandte sich, sodaß bewundern jener seinen Rücken kann.

6. Als Napoleon dies vernommen, ließ er gleich die Stiefel kommen, die vordem sein Onkel trug. Diese zog der Bonaparte grausam an und auch der zarte Lulu nach den seinen frug.

7. So in grauser Kriegesrüstung rufen sie in stolzer Brüstung: Auf, Franzosen, übern Rhein! Und die Kaiserin Eugenie, war vor Allem noch diejenige, die ins Feuer blies hinein.

8. Viele tausend rothe Hosen stark nun traten die Franzosen eilig unter Chassepot, blasen in die Kriegstrompete und beim Heere à la tête brüllt der tapfere Turcos.

9. Deutschland lauschet mit Erstaunen auf die fränk'schen Kriegs-posaunen, ballt die Faust doch nicht im Sack; nein mit Fäusten mit Millionen prügelt er auf die Cujonen, auf das ganze Lumpenpack.

10. Wilhelm spricht mit Moltk' und Roone und spricht dann zu seinem Sohne: „Fritz geh' hin und haue ihm!“ Fritze, ohne lang zu feiern, nimmt sich Preußen, Schwaben, Bayern, geht nach Wörth und hauet ihm.

11. Haut ihm, daß die Lappen fliegen, daß sie All' die Kränke kriegen in das klappernde Gebein, daß sie, ohne zu verschnaufen, bis Paris und weiter laufen — und wir ziehen hinterdrein.

Kreusler.

55. Kriegers Abschied.

Volksweise.

1. Lebe wohl, es ruft die Stunde mich zum Kampfe fort von
still' die Thräne, heil' die Wunde und den letzten Kuß gieb

hier, } Siehe, bald wirst du den Sie-ger bekränzen, schmücken
mir. } mag die Thräne auch im Au-ge dir glänzen, wird sie

mit Lorbeern das theure Haupt; }
dir doch durch die Freude geraubt. }

2. Warum drückst du mich so schmerzlich an die stummbewegte Brust? Nur für dich, Geliebte, fecht' ich, und der Kampf ist meine Lust. Dort wo die Schwerter im Kampfe erklingen, sollst du ein schützender Engel mir sein, dort wo mich Tod und Verderben umringen, fahr' ich mit Gott und mein'm Liebchen hinein.

3. Horch, die Stunde hat geschlagen, komm noch einmal an mein Herz. Zitt're nicht, hör' auf zu klagen, Wiedersehn heilt jeden Schmerz. Mädchen, leb' glücklich, bald seh'n wir uns wieder, mache dem Krieger das Herze nicht schwer. Hörst du das Rufen? Schon warten die Brüder, stille die Thräne und weine nicht mehr.

Ungenannt.

56. Beim Einrücken ins Quartier.

Melodie: „Hinaus in die Ferne".

1. Lustig, ihr Leutchen, Soldaten sind da, grüßen euch singend, juchheirassasa. Sind aus dem deutschen Land, wie euch ja wohl bekannt, kommen fein lustig zu euch ins Quartier.

2. Nahrhafte Kost und ein fröhlich Gesicht geht uns weit über ein köstlich Gericht. Bringt man den Trunk herein, stimme der Wirth mit ein: Hoch lebe Deutschland, hoch leb' der Soldat!

3. Deutsche sind munter, sind immer bereit, sanft bei den Mädchen, erfahren im Streit; lieben mit heißem Blut; Kuß, Wein und Kriegesgluth, trauliches Wort und fröhliches Lied.

4. Mädchen, ich sag' euch, nehmt's Herzchen in Acht, Liebe kommt oft wie der Dieb in der Nacht. Wenn's morgen weiter geht, manche wohl einsam steht, schauet betrübt und in Thränen uns nach.

5. Denn der Soldat hat nie Ruhe noch Rast, heut' ist er hier, dort morgen zu Gast. Lieb' und Ort wechseln wir, bis uns ins Hauptquartier einst uns der knöcherne Sensemann ruft.

Unbekannt.

57. Kriegers letzter Marsch.

Melodie: „Deutschland, Deutschland."

1. Marsch! was klingen die Trompeten? Marsch! klingt das nicht Todtenmarsch? Helles blaset nicht und Flöten, ernst und still, nicht mild und barsch? Marsch, es muß gewandert werden! nicht zum Tanz und Kriegesspiel, nein, der letzte Marsch auf Erden und der nächste Marsch zum Ziel.

2. Marsch! zum Abzug ward geblasen, und des Lebens hast du satt, nimm das letzte Grün vom Rasen, nimm vom Baum das letzte Blatt, nimm vom Strauch die letzte Rose, denn es muß geschieden sein, all' vergriffen sind die Loose, keines steht für dich noch ein."

3. Sei's: Trompeten und Posaunen schallt! und donnr'e Paukenschlag; donn're Schrecken und Erstaunen; mir entbebt kein Weh' und Ach, und ich will es selber sagen: Ja, des Lebens hab' ich satt, falle still und ohne Klagen, wie vom Baum das gelbe Blatt.

4. Denn ich bin Soldat gewesen, und in manchem heißen Strauß bliesen Kugeln, auserlesen mir fast Licht und Athem aus: wilde Schaaren aller Farben drangen stürmend auf mich ein, Schrammen, Striemen, Wunden, Narben müssen deß mir Zeuge sein.

5. Nicht auf weichen seid'nen Sitzen wiegte mich das Leben durch, scharf mit Donnerschlag und Blitzen traf's mich auf der Himmelsburg. Denn wo Kämpfer standen, bot ich mich den Schützen voll, und der Schütz hat wohl verstanden, wie ins Herz er treffen soll.

6. „Welcher Schütze? welche Fabeln? wohin träumt der irre Greis, spielt in Bildern und Parabeln aus, wovon er selbst nichts weiß!" Schweigt! hier müßt ihr alle lallen, Kinder, kind'sche Träumer sein, beten, knie'n und niederfallen vor des Schützen Blitzesschein.

7. Marsch! o Freudenmarsch und munter spielt mir auf zum letzten Gang! klingt mir fröhlich noch hinunter in das stille Grab der Klang! Kam'raden, bald hienieder folgt ihr mir zu gleichem Ziel, — doch getrost, wir kämpfen wieder droben tapf'res Kriegesspiel.

Unbekannt.

58. Mei Schatz ischt e Reiter.

Eigene Melodie.

1. Mein Schatz ischt e Reiter, e Reiter mueß sein, da Pferd ischt dem König, der Reiter ischt mein. La la la 2c.

2. Mei Schatz ischt e Schreiber, e Schreiber mueß sein, er schreibt mir ja all' Tag', sein Herzla sei mein. La la la 2c.

3. Mei Schatz ischt e Gärtner, e Gärtner mueß sein, er setzt mir die schönsten Vergißmeinnicht ein. La la la 2c.

4. Mei Schatz ischt e Schneider, e Schneider mueß sein, er macht mir'n Mieder, so nett und so fein. La la la 2c.

5. Mei Schatz ischt kein Zucker, was bin i so froh, sonst hätt'en schon gesse, jetzt ha en doch no. La la la 2c.

6. Mei Schatz ischt geschmeidig, mei Schatz ischt so nett, und d'Leut sind so neidig und gönnen mir'n net. La la la. 2c.

Schwäbisches Volkslied.

59. Schützenlied.

Volksweise.

1. Mit dem Pfeil, dem Bogen durch Gebirg und Thal kommt der Schütz gezogen früh im Morgenstrahl. La la la.

2. Wie im Reich der Lüfte König ist der Weih', durch Gebirg' und Klüfte herrscht der Schütze frei.

3. Ihm gehört das Weite, was sein Pfeil erreicht, das ist seine Beute, was da fleucht und kreucht!

Fr. von Schiller.

60. Abschied.

Eigene Melodie.

1. Morgen marschiren wir, ade, ade, ade, ade. Wie lieblich sang die Nachtigall vor meines Liebchens Haus, verklungen ist nun Sang und Schall, :,: das Lieben ist nun aus. :,: :,: Ade, ade, ade, es muß geschieden sein, :,: ade, ade.

2. Morgen marschiren wir, ade, ade, ade, ade, und unser Bündel ist geschnürt und alle Liebe drein, ade, die Trommel wird gerührt, :,: es muß geschieden sein, :,: ade 2c.

3. Morgen marschiren wir, ade, ade, ade, ade. So reich' mir denn nochmal die Hand, Herzallerliebster du, und kommst du in ein fremdes Land, :,: so laß dein Bündel zu. :,: Ade ꝛc.

Hoffmann v. Fallersleben.

61. Lebewohl.

Weise von Friedrich Silcher 1827.

1. Morgen muß ich fort von hier und muß Abschied nehmen. O du allerschönste Zier, Scheiden das bringt Grämen! Da ich dich so treu geliebt über alle Maßen, soll ich dich verlassen!

2. Wenn zwei gute Freunde sind, die einander kennen, Sonn' und Mond bewegen sich, ehe sie sich trennen. Wie viel größer ist der Schmerz, wenn ein treu verliebtes Herz in die Fremde ziehet!

3. Dort auf jener grünen Au steht mein jung frisch Leben; soll ich denn mein Lebelang in der Fremde schweben? Hab' ich dir was Leids gethan, bitt' dich woll's vergessen, denn es geht zu Ende.

4. Küsset dir ein Lüftelein Wangen oder Hände, denke, daß es Seufzer sei'n, die ich zu dir sende; tausend schick' ich täglich aus, die da wehen um dein Haus, weil ich dein gedenke.

Aus des Knaben Wunderhorn 1808.

62. Reiters Morgenlied.

Schwäbische Volksweise.

1. Morgenroth! Morgenroth! leuchtest mir zum frühen Tod. :,: Bald wird die Trompete blasen, dann muß ich mein Leben lassen, ich und mancher Kamerad. :,:

2. :,: Kaum gedacht :,: ward der Lust ein End' gemacht! :,: Gestern noch auf stolzen Rossen, heute durch die Brust geschossen, morgen in das kühle Grab. :,:

3. :,: Ach, wie bald :,: schwindet Schönheit und Gestalt! :,: Prahlst du gleich mit deinen Wangen, die wie Milch und Purpur prangen, ach, die Rosen welken all'! :,:

4. :,: Darum still :,: füg' ich mich, wie Gott es will. :,: Nun, so will ich wacker streiten, und sollt' ich den Tod erleiden, stirbt ein braver Reitersmann. :,:

Wilhelm Hauff 1824.
Nach einem Volksliede.

63. Abschied.

Volksweise.

1. Muß i denn, muß i denn zum :,: Städtele naus :,: und du, mein Schatz, bleibst hier? Wenn i komm', wenn i komm', wenn i :,: wied'rum komm', :,: kehr' i ein, mein Schatz, bei dir. Kann i glei net allweil bei dir sein, han i doch mein' Freud' an dir! Wenn i komm', wenn i komm', wenn i :,: wied'rum komm', :,: kehr' i ein, mein Schatz, bei dir.

2. Wie du weinst, wie du weinst, daß i :,: wandere muß :,: wie wenn d'Lieb' jetzt wär' vorbei! Sind au draus, sind au draus der :,: Mädele viel, :,: lieber Schatz, i bleib' dir treu. Denk' du net, wenn i en Andre seh, so sei mein' Lieb' vorbei. Sind au draus, sind au draus der :,: Mädele viel, :,: lieber Schatz' i bleib' dir treu!

3. Ueber's Jahr, übers Jahr, wenn mer :,: Träubele schneid't, :,: stell' i hier mi wied'rum ein; bin i dann, bin i dann, dein :,: Schätzele noch, :,: so soll die Hochzeit sein. Uebers Jahr, da ist mein' Zeit vorbei, da g'hör i mein und dein; bin i dann, bin i dann dein :,: Schätzele noch, :,: so soll die Hochzeit sein.

1. Str. Schwäb. Volkslied,
2. u. 3. Str. von Heinrich Wagner 1830.

64. Zum Ausmarsch.

Weise: „So viel Stern' am Himmel stehen."

1. O du Deutschland, ich muß marschiren, o du Deutschland du machst mir Muth! Meinen Säbel will ich schwingen, meine Kugel, die soll klingen, gelten soll es Feindesblut.

2. Nun ade! fahr' wohl, fein's Liebchen, weine nicht die Aeuglein roth, trage dieses Leid geduldig, Leib und Leben bin ich schuldig: es gehört zum Ersten Gott.

3. Nun ade! herzliebster Vater; Mutter, nimm den Abschiedskuß! Für das Vaterland zu streiten, mahnt es mich nächst Gott zum Zweiten, daß ich von euch scheiden muß.

4. Auch ist noch ein Klang erklungen, mächtig mir durch Herz und Sinn; Recht und Freiheit heißt das Dritte, und es treibt aus eurer Mitte mich in Tod und Schlachten hin.

5. O wie lieblich die Trommeln schallen, und Trompeten blasen drein! Fahnen wehen frisch im Winde, Roß und Männer sind geschwinde, und es muß geschieden sein.

6. O du Deutschland, ich muß marschiren, o du Deutschland du machst mir Muth. Meinen Säbel will ich schwingen, meinen Kugel, die soll klingen, gelten soll's des Feindes Blut.

Ernst Moritz Arndt 1815.

65. Der unerbittliche Hauptmann.

Weise von Franz Commer.

1. O Straßburg, o Straßburg, du wunderschöne Stadt! darinnen liegt begraben so mannicher Soldat, — darinnen liegt begraben so mannicher Soldat.

2. So mancher, so schöner, auch tapferer Soldat, :,: der Vater und lieb Mutter böslich verlassen hat. :,:

3. Verlassen, verlassen, es kann nicht anders sein, :,: zu Straßburg, ach zu Straßburg, Soldaten müssen sein. :,:

4. Der Vater, die Mutter, die gingen vors Hauptmanns Haus: :,: „Ach Hauptmann, lieber Herr Hauptmann, gebt unsern Sohn heraus!"

5. „Euren Sohn kann ich nicht geben für noch so vieles Geld; :,: euer Sohn und der muß sterben im weit- und breiten Feld. :,:

6. Im weiten, im breiten, dort draußen vor dem Feind, :,: wenngleich sein schwarzbraun Mädchen so bitter um ihn weint." — :,:

7: Sie weinet, sie greinet, sie trauert gar zu sehr: :,: Ade, herzliebstes Schätzchen, ich seh' dich nimmermehr!" :,:

Volkslied 1775.

66. Abschied vom Walde.

Weise von Ludwig Erk.

1. O Thäler weit, o Höhen, o schöner, grüner Wald, du meiner Lust und Wehen andächt'ger Aufenthalt! Da draußen stets betrogen saust die geschäft'ge Welt · :,: schlag' noch einmal die Bogen um mich. du grünes Zelt! :,:

2. Wenn es beginnt zu tagen, die Erde dampft und blinkt, die Vögel lustig schlagen, daß dir dein Herz erklingt: da mag vergeh'n, verwehen das trübe Erdenleid, :,: da sollst du auferstehen in junger Herrlichkeit. :,:

3. Da steht im Wald geschrieben ein stilles, ernstes Wort, vom rechten Thun und Lieben; und was des Menschen Hort. Ich habe treu gelesen die Worte schlicht und wahr, :,: und durch mein ganzes Wesen ward's unaussprechlich klar. :,:

4. Bald werd' ich dich verlassen, fremd in der Fremde gehn, auf buntbewegten Gassen des Lebens Schauspiel sehn; und mitten in dem Leben wird deines Ernst' Gewalt :,: mich Einsamen erheben; so wird mein Herz nicht alt. :,:

Joseph v. Eichendorff 1826.

67. Der reichste Fürst.

Eigene Melodie.

1. Preisend mit viel schönen Reden :,: ihrer Länder Werth und Zahl, :,: :,: saßen viele deutsche Fürsten :,: :,: einst zu Worms im Kaisersaal. :,:

2. Herrlich, sprach der Fürst von Sachsen, :,: ist mein Land und seine Macht; :,: :,: Silber hegen seine Berge, :,: :,: wohl in manchem tiefen Schacht. :,:

3. Seht mein Land in üpp'ger Fülle :,: sprach der Kurfürst von dem Rhein, :,: :,: gold'ne Saaten in den Thälern, :,: :,: auf den Bergen edler Wein. :,:

4. Große Städte, reiche Klöster — :,: Ludwig, Herr zu Baiern, sprach, :,: — :,: schaffen, daß mein Land dem euren :,: :,: wohl nicht steht an Schätzen nach. :,:

5. Eberhard, der mit dem Barte, :,: Württembergs geliebter Herr, :,: :,: sprach: Mein Land hat kleine Städte, :,: :,: trägt nicht Berge silberschwer. :,:

6. Doch ein Kleinod hält's verborgen: — :,: daß in Wäldern noch so groß, :,: :,: ich mein Haupt kann kühnlich legen :,: :,: jedem Unterthan in Schooß. :,:

7. Und es rief der Herr von Sachsen, :,: der von Baiern, der vom Rhein: :,: :,: Graf im Bart, ihr seid der reichste, :,: :,: euer Land trägt Edelstein! :,:

Justinus Kerner 1818.

68. Haidenröslein.

Weise von Franz Schubert, auch von Heinrich Werner.

1. Sah ein Knab' ein Röslein stehn, Röslein auf der Haiden, war so jung und morgenschön, lief er schnell, es nah zu sehn: sahs mit vielen Freuden. Röslein, Röslein, Röslein roth, Röslein auf der Haiden.

2. Knabe sprach: ich breche dich, Röslein auf der Haiden! Röslein sprach: ich steche dich, daß du ewig denkst an mich, und ich wills nicht leiden. Röslein rc.

3. Und der wilde Knabe brach's Röslein auf der Haiden, Röslein wehrte sich und stach, half ihm doch kein Weh und Ach, mußt es eben leiden. Röslein rc.

Joh. Wolfg. v. Goethe 1783.

69. Mantellied.

Weise von K. Eberwein.

1. Schier dreißig Jahre bist du alt, hast manchen Sturm erlebt, hast mich wie ein Bruder beschützet, und wenn die Kanonen geblitzet: wir beide haben niemals gebebt.

2. Wir lagen manche liebe Nacht durchnäßt bis auf die Haut; du allein hast mich erwärmet, und was mein Herz gehärmet, das hab' ich dir, Mantel, vertraut.

3. Geplaudert hast du nimmermehr, du warst mir still und treu, du warst getreu in allen Stücken, darum laß ich dich nicht mehr flicken, du Alter würdest sonst neu.

4. Und mögen sie mich verspotten, du bleibst mir theuer doch, denn wo die Stücke runter hangen, sind die Kugeln durchgegangen, jede Kugel macht ein Loch.

5. Und wenn die letzte Kugel kommt ins deutsche Herz hinein, lieber Mantel, lasse dich mit mir begraben, weiter will ich von dir nicht haben; in dich hüllen sie mich ein.

6. Da liegen wir zwei Beide bis zum Appell im Grab; der Appell macht Alles lebendig, da ist es denn auch ganz nothwendig, daß ich meinen Mantel hab.'

Karl v. Holtei 1827.

70. Bundeslied.

Weise von G. F. Hanitsch 1818.

1. Sind wir vereint zur guten Stunde, wir starker deutscher Männerchor, dann dringt aus jedem frohen Munde die Seele zum Gebet hervor. Denn wir sind hier in ernsten Dingen, mit hehrem, heiligem Gefühl; drum muß die volle Brust erklingen ein volles, helles Saitenspiel.

2. Wem soll der erste Dank erschallen? Dem Gott, der groß und wunderbar aus langer Schande Nacht uns Allen in Flammen aufgegangen war; der unsrer Feinde Trotz zerblitzet, der unsre Kraft uns schön erneut, und auf den Sternen waltend sitzet von Ewigkeit zu Ewigkeit.

3. Wem soll der zweite Wunsch ertönen? Des Vaterlandes Majestät! Verderben Allen, die es höhnen; Glück dem, der mit ihm fällt und steht! Es geh, durch Tugenden bewundert, geliebt durch Redlichkeit und Recht, stolz von Jahrhundert zu Jahrhundert, an Kraft und Ehren ungeschwächt.

4. Das dritte — deutscher Männer Weihe, am hellsten soll's geklungen sein! Die Freiheit heißet deutsche Freude, die Freiheit führt den deutschen Reih'n. Für sie zu leben und zu sterben, das flammt durch jede deutsche Brust; für sie um großen Tod zu werben, ist deutsche Ehre, deutsche Lust.

5. Das vierte — hebt zur hehren Weihe die Hände und die Herzen hoch! — Es lebe alte deutsche Treue, es lebe deutscher Glaube hoch! Mit diesen wollen wir bestehen, sie sind des Bundes Schild und Hort; fürwahr, es muß die Welt vergehen, vergeht das feste Männerwort.

6. Rückt dichter in der heil'gen Runde und klingt den letzten Jubelklang! Von Herz zu Herz' von Mund zu Munde erbrause freudig der Gesang: „Das Wort, das unsern Bund geschürzet, das Heil, das uns kein Teufel raubt und kein Tyrannentrug uns kürzet, das sei gehalten und geglaubt!"

Ernst Moritz Arndt 1815.

71. Freie Kunst.

Melodie: „Preisend mit viel schönen Reden."

1. Singe, wem Gesang gegeben, in dem deutschen Dichterwald! Das ist Freude, das ist Leben, wenns von allen Zweigen schallt.

2. Nicht an wenig Dichternamen ist die Liederkunst gebannt; ausgestreuet ist der Samen über alles deutsche Land.

3. Deines vollen Herzens Triebe, gieb sie keck im Klange frei! Säuselnd wandle deine Liebe, donnernd uns dein Zorn vorbei!

4. Singst du nicht dein ganzes Leben, sing' doch in der Jugend Drang! Nur im Blüthenmond erheben Nachtigallen ihren Sang.

5. Kann man's nicht in Bücher binden, was die Stunden dir verleih'n: gieb ein fliegend Blatt den Winden, muntre Jugend hascht es ein.

6. Fahret wohl, geheime Kunden, Nekromantik, Alchymie! Formel hält uns nicht gebunden, unsre Kunst heißt Poesie.

7. Heilig achten wir die Geister, aber Namen sind uns Dunst; würdig ehren wir die Meister, aber frei ist uns die Kunst.

8. Nicht in kalten Marmorsteinen, nicht in Tempeln dumpf und todt: in den frischen Eichenhainen webt und rauscht der deutsche Gott.

Ludwig Uhland 1812.

72. Soldatenmuth.

Melodie: „Hei Jugendblut hat Uebermuth."

1. Soldatenmuth siegt überall, im Frieden und im Krieg, bei Flinten- und Kanonenschall erkämpft er sich den Sieg: sei's um ein Küßchen mit der Maid, sei's mit dem Feind um Blut, da ist er schnell zum Kampf bereit, da siegt Soldatenmuth!

2. Wenn sich der Tanz im Wirbel schwingt, und Aug' in Auge blickt, der Arm sich um die Hüfte schlingt, und Hand in Hand sich drückt, da ist die Maid in kurzer Frist dem schlanken Burschen gut: wer lange fragt, hat nie geküßt, da siegt Soldatenmuth, hurrah! da siegt Soldatenmuth!

3. Und wenn am heißen Sommertag den Marsch die Hitze drückt, und wenn das rasche Roß erlag und müd' zur Erd' sich bückt: hat der Soldat sich aufgerafft, er singet wohlgemuth, wirbt durch Gesang sich neue Kraft: so siegt Soldatenmuth, hurrah! so siegt Soldatenmuth.

4. Und wo im Thal die Banner weh'n und Heer an Heer sich schließt, und uns von der Batt'rieen Höh'n Kanonendonner grüßt: da reißt uns durch den Waffenplan des Kampfes wilde Gluth, da mit dem Schwert, Mann gegen Mann, da siegt Soldatenmuth, hurrah! da siegt Soldatenmuth!

5. Und wenn mein Stündlein kommen sollt', so bin ich frisch zur Hand: ich sterb' ja nicht für eitles Gold, ich fall' für's Vaterland. Was ich gesollt, hab' ich gethan, und hab's gelöst mit Blut: so lebt, so stirbt für seine Fahn', so siegt Soldatenmuth! hurrah! so siegt Soldatenmuth!

Wilhelm Hauff.

73. Reiters Abschied.

Melodie: „Steh' ich in finstrer Mitternacht."

1. So lebe wohl, mein trauter Schatz, ich mache einem Andern Platz! erwarte keinen Brief von mir, denn nimmer schreiben kann ich dir!

2. Die Feder mein, sie ist das Schwert, nach dessen Schrift der Feind begehrt! das ist der rechte Gänsekiel, doch von der Lieb' schreibt er nicht viel!

3. Mein Secretär, das ist der Tod, und meine Tinte Blut so roth! sein Siegel ist gar schwer und breit: ein einsam Grab auf öder Haid'!

4. Wir müssen auseinandergehn und werden nie uns wiedersehn! die Lust ist aus, nun kommt die Qual, ade, ade viel tausend Mal.

E. Schultes.

74. Soldatenliebe.

Volksweise.

1. Steh' ich in finstrer Mitternacht so einsam auf der stillen Wacht, :,: denk ich an mein fernes Lieb: ob mir's auch treu und hold verblieb? :,:

2. Als ich zur Fahne fortgemüßt, hat sie so herzlich mich geküßt, :,: mit Bändern meinen Hut geschmückt und weinend mich ans Herz gedrückt! :,:

4. Sie liebt mich noch, sie ist mir gut, drum bin ich froh und wohlgemuth, :,: mein Herz schlägt warm in kalter Nacht, wenn es ans treue Lieb gedacht. :,:

4. Jetzt bei der Lampe mildem Schein gehst du wohl in dein Kämmerlein, :,: und schickst dein Nachtgebet zum Herrn auch für den Liebsten in der Fern.

5. Doch wenn du traurig bist und weinst, mich von Gefahr umrungen meinst, — :,: sei ruhig bin in Gottes Hut; er liebt ein treu Soldatenblut. :,:

6. Die Glocke schlägt, bald naht die Rund', und löst mich ab zu dieser Stund: :,: schlaf wohl im stillen Kämmerlein und denk' in deinen Träumen mein! :,:

Wilhelm Hauff 1824.

75. Grenadierlied.

Eigene Melodie.

1. Steh' ich im Feld, mein ist die Welt! bin ich nicht Offizier bin ich doch Grenadier, steh' in dem Glied wie er, weiß nicht, wo' besser wär'. Juchhe ins Feld! mein ist die Welt!

2. Steh' ich im Feld, mein ist die Welt! hab' ich kein eigen Haus, jagt mich doch Niemand 'raus, fehlt mir die Lagerstätt', Boden, bist du mein Bett. Juchhe ins Feld! mein ist die Welt!

3. Sterb' ich im Feld, mein ist die Welt! hab' ich kein Geld im Sack, morgen ist Löhnungstag. Bis dahin jeder borgt, Niemand für das Zahlen sorgt. Juchhe ins Feld! mein ist die Welt!

4. Steh' ich im Feld, mein ist die Welt! hab ich kein Geld im Sack, hab ich doch Rauchtabak. Fehlt mir der Tabak auch, Nußlaub gibt guten Rauch. Juchhe ins Feld! mein ist die Welt!

5. Steh' ich im Feld, mein ist die Welt! kommen mir zwei oder drei, haut mich mein Säbel frei; schießt mich der Vierte todt, tröst' mich der liebe Gott. Juchhe ins Feld! mein ist die Welt!

Unbekannt.

76. Rheinlied.

Weise von Johann Peters.

1. Strömt herbei, ihr Völkerschaaren, zu des deutschen Rheines Strand! Wollt ihr echte Lust erfahren, o so reichet mir die Hand. Nur am Rheine will ich leben, nur am Rhein geboren sein, :,: wo die Berge tragen Reben, und die Reben goldnen Wein. :,:

2. Mögen tausend schöne Frauen locken auch mit aller Pracht, wo Italiens schöne Auen, wo in Düften schwelgt die Nacht, nur am Rheine will ich lieben, denn in jedes Auge Schein :,: stehet freudig es geschrieben: Nur am Rheine darfst du frein. :,:

3. Mag der Franzmann eifrig loben seines Weines Allgewalt, mag er voll Begeistrung toben, wenn der Kork der Flaschen knallt, nur am Rheine will ich trinken einen echten deutschen Trank, :,: und so lang noch Becher blinken, töne laut ihm Lob und Dank. :,:

4. Hab' ich nun gelebt in Wonne und geliebt voll Seligkeit, und getrunken manche Tonne, wandr' ich gern zur Ewigkeit. Nur am Rheine will ich sterben, grabt am Rheine mir ein Grab, :,: und des letzten Glases Scherben werft mir in die Gruft hinab. :,:

Volkslied.

77. Thüringer Soldatenlied.

Melodie von Erk.

1. Thüringer Wehrleut, ei, wie mich's freut, sind wie von Eisen, das muß ich preisen, sind wie die Riesen, han's gut bewiesen. Hurrah!

2. Thüringer Truppen sind keine Puppen, han starke Knochen, den Feind zu pochen, gleich Donnerwettern ihn zu zerschmettern. Hurrah!

3. Thüringer Krieger sind allzeit Sieger, sind liebe Leute, die Lust und Freude, um's euch zu melden, den Deutschen Helden. Hurrah!

Müller von der Werra.

78. Altes Volkslied Napoleon.

Melodie: „Es kann ja ꝛc.“

1. Und es kann ja nicht immer so bleiben, hier unter dem Wechsel des Monds, der Krieg muß den Frieden vertreiben, im Kriege bleibt keiner verschont.

2. Und da kommen die stolzen Franzosen daher und wir Deutschen wir fürchten uns nicht so sehr, wir stehen ja so fest als wie die Mauern, wir weichen keinen Fingerbreit zurück.

3. Napoleon, du Schustergeselle, du sitzest so fest auf deinem Thron, in Deutschland regierest du so strenge, in Rußland bekommst du deinen Lohn.

4. Ach hättest du nie an Rußland gedacht, und hättest mit Deutschland Frieden gemacht, so wärest du Kaiser geblieben und hättest den allerschönsten Thron.

Volkslied.

79. Lied der Freude.

2. Versenkt ins Meer der jugendlichen Wonne, genießt der Freuden hohe Zahl, bis einst am Abend uns die liebe Sonne nicht mehr entzückt mit ihrem Strahl. Feierlich schalle ꝛc.

3. So lang es Gott gefällt, ihr lieben Brüder, woll'n wir uns dieses Lebens freu'n, und wenn dereinst der Vorhang fällt hernieder, vergnügt uns zu den Vätern reih'n. Feierlich schalle ꝛc.

4. Herr Bruder, trink auf's Wohlsein deiner Schönen, die deiner Jugend Traum belebt! Laß ihr zum Preis ein flottes Hoch ertönen, das ihr's durch jede Nerve bebt! Feierlich schalle ꝛc.

5. Ist einer unsrer Brüder einst geschieden, vom blassen Tod gefordert ab, dann weinen wir und wünschen Ruh und Frieden in unsers Freundes stilles Grab! :,: Wir weinen und wünschen Ruh' hinab in unsers Freundes stilles Grab. :,:

Karl Georg Neumann 1790.

80. Auf der Alm da giebt's koa Sünd'.

(Solo mit Chor.)

1. Von der Alpe ragt ein Haus, still und öde in's Thal hinaus, drinnen wohnt, mit heiter'm Sinn, eine schöne Sennerin. Sennerin singt manches Lied, wenn durch's Thal der Nebel zieht; horch, da tönt's durch Sturm und Wind: auf der Alm da giebt's koa Sünd'. (Jodler.)

2. Als ich einst auf schroffem Pfad, mich ihrem Paradies genaht, trat sie flink zu mir heraus, bot zur Herberg' mir ihr Haus. Frug nicht lang', was ich hantier', setzt sich traulich her zu mir; sang ein Lied, so hold und mild: Auf der Alm da giebt's koa Sünd.' (Jodler.)

3. Als ich d'rauf am Morgen schied, hört' ich ferner noch ihr Lied, und zugleich mit Schmerz und Lust trug im Herz ich's unbewußt. Und seitdem, wo ich nur bin, schwebt mir vor die Sennerin, und sie ruft: Kehr' um geschwind, auf der Alm da giebt's koa Sünd'. (Jodler.)

Unbekannt.

81. Militär-Reservelied.

(Eigne Melodie.)

1. Was blinkt so lieblich in der Ferne, es ist das liebe Vaterhaus, wir grüßen es ja gar so gerne, denn uns're Dienstzeit sie ist aus! Drum Brüder stoßt die Gläser an, es lebe der Reservemann! Wer treu gedient hat seine Zeit, dem sei ein volles Glas geweiht.

2. Den ersten Posten, den wir stehen, den stehen wir vor Liebchens Thür, da brauchen wir auf nichts zu sehen und keine Runde stört uns mehr. Drum 2c.

3. Den Säbel rechts, die Feldflasch' links, Commisbrod auf's Bajonnet gesteckt; die Mütze sitzt auf einem Ohr, so zieht der Reservist durch's Thor. Drum 2c.

4. Der Pickelhaube mit der Spitze, dem Tschako sagen wir Ade, statt Schildwachen und Posten stehen, wir zu der Allerliebsten geh'n. Drum 2c.

5. Ade, du lieber, guter Hauptmann und du so strenger Herr Sergeant, wir reichen euch und dem Feldwebel zum Abschied freudig unsre Hand. Drum 2c.

6. Lebt wohl, ihr treuen Kameraden, die ihr noch länger dienen müßt, habt nur Geduld, nach einem Jahre auch euch die liebe Heimath grüßt. Drum 2c.

7. Wenn wir auch mal drei Tage hatten, und saßen in dem dunkeln Loch, so rufen wir beim Abschied heute, die Compagnie sie lebe hoch. Drum 2c.

8. Leb' wohl, du trautes, liebes Städtchen, das freundlich uns bewirthet hat, lebt wohl, ihr lieben, guten Mädchen, jetzt heimwärts richten wir den Pfad. Drum 2c.

9. Statt Uniform und schöner Waffen, schmückt jetzt uns der Reserverock, wir schleppen nicht mehr einen Affen und schwingen wieder einen Stock. Drum 2c.

10. Wir defiliren, deploiren, in einem anderen Terrain, zum Tanz wir schmucke Mädchen führen, mit ihnen wir spazieren geh'n. Drum 2c.

11. Parade gilt es abzuhalten, im Dörfchen vor der schönsten Maid, in Haus und Feld giebt es zu schalten, zum Kneipen bleibet auch noch Zeit. Drum 2c.

12. Nicht einundzwanzig, zweiundzwanzig, heißt's wie uns sonst ward commandirt, im Dörfchen stolzer Reservisten, nun selber das Commando führt. Drum 2c.

13. Wir waren stramm zu allen Zeiten und thaten immer unsre Pflicht, und giebt es in den Krieg zu ziehen, so weichen wir und wanken nicht. Drum ꝛc.

14. Der Fahne froh und gern wir folgen, wenn ruft das liebe Vaterland, dem Kaiser allzeit treu wir bleiben, auch in dem bürgerlichen Stand. Drum ꝛc.

Unbekannt.

82. Kutschkelied.

1. „Was kraucht dort in dem Busch herum? Ich glaub' es ist Napolium!" Was hat er 'rum zu krauchen dort? D'rauf Kameraden, jagt ihn fort!

2. „Dort haben sich im off'nen Feld, noch rothe Hosen aufgestellt!" Was haben sie da 'rum zu steh'n? D'rauf los, wir müssen sie beseh'n!

3. Mit den Kanonen und Mamsell'n, da knall'n sie, daß die Ohren gell'n?" Was haben sie da 'rum zu knallen? D'rauf, Kameraden, bis sie fall'n!

4. „Napolium, Napolium, mit deiner Sache geht es krumm!" Mit Gott d'rauf los, dann ist's vorbei mit seiner ganzen Kaiserei!

5. „Und die französ'sche Großmaulschaft, auf ewig wird sie abgeschafft!" Auf nach Paris! den richt'gen Lohn, dort geben wir'n der grrrande Nation!

83. Die Soldaten kommen.

(Bekannte Melodie.)

1. Wenn die Soldaten durch die Stadt marschiren, eins zwei eins zwei halb links, halb rechts — grade aus marsch — öffnen die Mädchen, Fenster und Thüren, warum? — darum! — Warum? darum!

2. Eine Flasche Wein und ein Stückchen Braten, geben die Mädchen so gerne den Soldaten. Warum? — darum. — Warum? darum!

3. Herzallerliebste, willst du mich verlassen, soll ich denn nicht einmal in Liebe dich umfassen. Warum? — darum ꝛc.

Soldatenlied.

84. Lied für Trainsoldaten.

Melodie: „Steh' ich in finstrer Mitternacht."

1. Wenn's vorwärts geht mit Kriegsgeschrei, da ist der Train wohl auch dabei, spannt hitzig an und tummelt sich, und trabt und rasselt fürchterlich. Marsch, Kanonier und Musketier, jetzt kommen wir! jetzt kommen wir!

2. Was fehlt den Herrn? Munition! Da ist der Train, er bringt sie schon. Kanonen vor, Granaten her! Sind euch die Dinger auch zu schwer; nun seht, da kommen wir im Flug, da habt ihr Kugeln, und genug!

3. Ihr steht, wenn's drüben pfeift und saust, wenn Reiterei herüberbraust, mit Bajonett und Kleingewehr, da kommt euch wahrlich Keiner her! Das bischen Schießen, Mann für Mann, das sehn die Deutschen auch noch an.

4. Im Feld steht Jeder seinen Mann, was Jeder treibt, was Jeder kann, der blanke Reiter sicht und haut, der Kanonier, der macht sich laut, wir haben auch so unsern Stand, sind ungefähr — die linke Hand.

5. Doch, hat die Rechte nur zu thun, so kann die linke auch nicht ruhn, und beide haben erst Geschick und machen fertig erst ein Stück! Und Nation und Portion, die klingen auch aus einem Ton.

6. Drum angeschirrt und vorgespannt! Nicht Kugeln nur, auch Proviant! Und vorwärts, immer vorwärts nur, heißt unser Gleis und uns're Spur; geht's aber rückwärts, mäuschenstill, wenns auch der Oberst haben will. Kruse.

85. Lied vom grauen Mantel.

Soldatenmelodie.

1. Wenn wir uns're grauen Mäntel um ein deutsches Mädchen henken, so empfind't sie keinen Schmerz, redlich, ja redlich ist das ganze deutsche Herz. Juchhe.

2. Deutschland darf nicht unterliegen, mit dem Welschland muß es siegen, wer sein Weib und Kind verläßt, steht gewiß im Kampfe fest, ja fest.

3. Und wir haben sie verlassen, wollen hüten alle Gassen wollen hüten jeden Steg, ja Steg, und verlegen jeden Weg, ja Weg.

4. Schützen wollen wir die Erde uns'rer Heimath, trotz Beschwerde, deutschen Boden, Tag und Nacht, ja Nacht, bis der Frieden herrlich lacht, ja lacht.

5. Unser Schutz, wenn auf der Wiesen, auf dem Acker Ruh genießen, ist der Mantel grob und grau, ja grau, meinem Mantel ich vertrau', ja trau.

6. Mantel grau und Mantel rauh, alle Zeit ich dir vertrau, hülle mich in dich hinein, ja, nein, träume von dem lieben Heim, ja Heim.

7. Wenn mein Mantel ist gerollt, hab' marschiren ich gesollt. Ungerollt ist nichts werth, ja werth, so ein altes Sprichwort lehrt, ja lehrt.

8. O ja, wenn wir draußen liegen, oder bei dem Kämpfen siegen, die Gefallnen hüllen wir ein, ja ein, in den grauen, rauhen Schrein, ja Schrein.

9. Grauer Mantel treu und bieder, steige ich in's Grab hernieder, treu umhüllst du meine Brust, ja Brust, deiner Treu bin ich bewußt, ja wußt.

10. Der Franzos ging auf den Leim, wir, wir leuchteten ihm heim, ziehen siegsgekrönt nach Haus, ja Haus, ließen unser Müthchen aus, ja aus.

11. Ins Quartier das deutsche rücken, freudig ein, in allen Stücken, hielten sie die Mäntel hoch, ja hoch, feiern sie im Frieden noch, ja noch.

12. Wieder sie die deutschen Mäntel, um die deutschen Mädchen henken und ein Kuß in allen Ehren, ja Ehren, deutsche Mädchen nicht verwehren, ja wehren.

13. Rauher Krieger habe Muth, manches Mädchen ist dir gut, manche Maid will dir vertrau'n, ja trau'n, denn du halfst das Reich erbau'n, ja bau'n.

14. Rauher Krieger, rauhe Mäntel, Feind dem welschen Schmaus, Gedandel hüllen sich einander ein, ja ein, wollen treu sich immer sein, ja sein.

15. Wenn wir uns're grauen Mäntel, um ein deutsches Mädchen henken, so empfind't sie keinen Schmerz, redlich ist das ganze deutsche Herz. Juchhe.

Unbekannt.

86. Der deutsche Wald.

Weise von Felix Mendelssohn-Bartholdy 1840.

1. Wer hat dich, du schöner Wald, aufgebaut so hoch da droben? Wohl den Meister will ich loben, so lang noch mein' Stimm' erschallt, lebe wohl! du schöner Wald!

2. Tief die Welt verworren schallt, oben einsam Rehe grasen, und wir ziehen fort und blasen, daß es tausendfach verhallt, lebe wohl! du deutscher Wald!

3. Banner, das so kühle wallt! Unter deinen grünen Wogen hast du treu uns auferzogen, frommer Sagen Aufenthalt! Lebe wohl! du schöner Wald!

4. Was wir still gelobt im Wald, wollen's draußen ehrlich halten, ewig bleiben treu die Alten: bis das letzte Lied verhallt, lebe wohl! schirm' dich Gott, du schöner Wald!

Joseph von Eichendorff 1837.

87. Der kleine Rekrut.

Eigene Melodie.

1. Wer will unter die Soldaten, der muß haben ein Gewehr, das muß er mit Pulver laden und mit einer Kugel schwer.

2. Einen Schnurrbart unter der Nase, einen Säbel spitz und scharf, daß er, wenn die Feinde streiten, schießen und auch fechten darf.

3. Einen Gaul zum Galoppiren und von Silber auch zwei Sporn, daß er kann den Zaum regieren, wenn er Sprünge macht im Zorn.

4. Ein Tornister auf dem Rücken, auf dem Kopfe einen Helm, sonst, wenn die Trompeten blasen, ist er nur ein armer Schelm.

Fr. Güll.

88. Marschlied.

Melodie: „Es zog aus Berlin."

1. Wie lagen wir in Tod und Nacht so bang'! Gottlob, daß wieder Ruf zur Schlacht erklang. Wir scharen uns nach träger Ruh' zu Hauf. Uns rufen Wald und Ströme zu: wacht auf!

2. Nun steht die deutsche Herrlichkeit erst fest. Erhebt euch, und die schlimme Zeit vergeßt! Und wenn das Land den Kaiserglanz verlor: so hält es uns den Bürgerkranz empor.

3. Denn unser deutsches Hochpanier ist echt, und mit dem Sieg erkämpfen wir sein Recht. Dann tönt ein voller Jubelpsalm am Ziel, für welches Körner, Schill und Palm einst fiel!

4. Die Fahne weht, im Sturme klingt das Horn. Die Büchse den Säbel schwingt im Zorn. Wir schreiten gern auf Feindes, Spur zur Schlacht. Wir sterben gern, wenn Freiheit uns erwacht!

Theodor Kreiznach.

89. Ulanenlied.

Melodie: „Es ritten drei Reiter".

1. Wir führen die Lanze mit rüstiger Hand im Streit; zum Kampfe für König und Vaterland bereit; der eisenbeschlagenen Waffe gebührt vor allen, die je noch ein Krieger geführt, der nimmer bestrittene Preis.

2. Von Pflichten der Ehre in rühmlichen Strauß erfüllt, die Ersten hinein und die Letzten heraus, wenn's gilt, so sprengt der Ulan in den Feind hinein, und kräftig durchbohrt er die mächtigen Reihn, der lüftedurchsausende Stich.

3. Wie Mauern geschlossen, zum Stoß gefällt den Speer, so reiten Ulanen durch Flur und Feld einher; es tönt die Trompete, sie brausen heran, es flattern die Fähnlein, die Lanzen voran, die nie ihren Mann noch verfehlt.

4. Auch sind die Ulanen im Plänklerschaaren zu Haus: Pistolen und Säbel — die Lanze am Arm — heraus! Umringt sie der Feind, so decken sie sich durch wirbelnde Kreise und kräftigen Stich und tummeln gelassen die Rosse.

5. Den Feind beim Verfolgen mit Ungestüm gehetzt, den blanken Speer in die Rippen ihm gesetzt; so feiern Ulanen den Siegestriumph, vernichten den Gegner mit Stiel und Stumpf und jagen zum Land ihn hinaus.

6. Drum liebt man Ulanen wohl weit und breit, hurrah! die tapfern, stattlichen Reitersleut', hurrah! im Frieden, im Krieg beim Becher und Schmaus und wählen die Mädchen den Liebling sich aus, so ist es ein schlanker Ulan.

Unbekannt.

90. Der todte Kamerad.

Melodie: „Ich hatt' einen Kameraden".

1. Wir liebten uns wie Brüder, der Tod hat uns getrennt; :,: dich riß die Kugel nieder :,: und meine Wunde brennt.

2. Wie kämpftest du so muthig, du löwenstarker Held! :,: nun liegst du bleich und blutig :,: zu Füßen mir im Feld.

3. Gott zähle dich in Gnaden zum auserwählten Heer! :,: So treue Kameraden — :,: find ich wohl nimmermehr.

Julius Sturm.

91. Gesellschaftslied.

Melodie: „Es kann ja nicht immer so bleiben."

1. Wir sitzen so fröhlich beisammen und haben einander so lieb, und wünschen im frohen Gefühle: :,: ach wenn es doch immer so blieb'! :,:

2. Es wechseln im irdischen Leben die Tage der Freude und Lust, und Tage der Sorgen und Schmerzen :,: bewegen die menschliche Brust. :,:

3. Nichts Ew'ges bestehet hienieden, drum haltet den Augenblick fest, genießet des flüchtigen Lebens, :,: so lang es die Gottheit euch läßt. :,:

4. Gedenket der früher Geschiednen, und denkt an den eigenen Tod, und da euch die Freude noch winket, :,: denkt menschlich an Anderer Noth. :,:

5. Das Leben eilt flüchtig von dannen, nur eins überlebt selbst die Zeit: das Bessere, was wir erringen, :,: ist's, was uns noch jenseits erfreut. :,:

August von Kotzebue 1802.

92. Sel'ger Tod.

Melodie: „Ich hatt' einen Kameraden".

1. Wir zogen mit einander, Hornist und Musketier, vier Arme, wenn wir stritten, zwei Füße, wenn wir schritten, ein Herz, wenn im Quartier.

2. Wir hielten fest zusammen, was immer mochte sein; sobald mein Horn sich rührte, da focht und da marschirte der Brave hinterdrein.

3. Bis auf dem Feld bei Lützen, da traf die Kugel recht, da lag in seinem Blute der treue und der gute, der tapf're Landesknecht,

4. Und sprach: „Daß Gott mir gnädig, mir kommt die letzte Noth; nun deck' mich zu mit Rasen und thu' das Lied mir blasen: Wohl starb er treuen Tod.

5. Ich nahm ihn in die Arme, die Augen schloß er sacht, — ob er, ob ich geschieden? wir lagen beid' in Frieden, und tief auf uns die Nacht.

6. Drauf deckt ich ihn mil Rasen, so wie er mir gebot, und blies mit hellen Zähren ihm übers Grab zu Ehren: „Wohl starb er treuen Tod!"

7. Als wir nun heimwärts zogen, die Fahne flog im Wind — da jauchzten Väter, Brüder, da drängte durch die Glieder ein Weib mit ihrem Kind.

8. Sie forschte rings und winkte mit Augen thränenroth, das Herz schier wollt' mir brechen, ich blies, nicht konnt' ich sprechen: „Wohl starb er treuen Tod."

Georg Scheuerlin.

93. Der Gesang.

Volksweise 1830.

1. Wo man singet, laß dich ruhig nieder, ohne Furcht, was man im Lande glaubt; wo man singet, wird kein Mensch beraubt, böse Menschen haben keine Lieder.

2. Mit Gesange weiht dem schönen Leben jede Mutter ihren Liebling ein, trägt ihn lächelnd in den Maienhain, ihm das erste Wiegenlied zu geben.

3. Mit Gesange eilet in dem Lenze rasch der Knabe von des Meisters Hand, und die Schwester flicht am Wiesenrand mit Gesang dem Gaukler Blumenkränze.

4. Mit Gesange spricht des Jünglings Liebe, was mit Worten unaussprechlich war, und der Freundin Herz wird offenbar im Gesange, den kein Dichter schriebe.

5. Männer hangen an der Jungfrau Blicken; aber wenn ein himmlischer Gesang seelenvoll der Zauberin gelang, strömt aus ihrem Strahlenkreis Entzücken.

6. Mit dem Liede, das die Weisen sannen, sitzen Greise froh vor ihrer Thür, fürchten weder Bonzen noch Vezier; vor dem Liede beben die Tyrannen.

7. Mit dem Liede greift der Mann zum Schwerte, wenn es Freiheit gilt und Fug und Recht, steht und trotzt dem eisernen Geschlecht, und begräbt sich dann im eignen Werthe.

8. Wenn der Becher mit dem Traubenblute unter Rosen unsre Stunden kürzt, und die Weisheit unsre Freuden würzt, macht ein Lied den Wein zum Göttergute.

9. Des Gesanges Seelenleitung bringet jede Last der Arbeit schneller heim, mächtig vorwärts geht der Tugend Keim; weh dem Lande, wo man nicht mehr singet.

Johann Gottlieb Seume 1804.

94. Bundeslied.

Weise einer altfranzösischen Romanze.

1. Wo Muth und Kraft in deutschen Seelen flammen, fehlt nie das blanke Schwert beim Becherklang, wir stehen fest und halten treu zusammen und rufen's laut im feurigen Gesang: Ob Fels und Eiche splittern, wir werden nicht erzittern! Den Jüngling reißt es fort mit Sturmeswehn, fürs Vaterland in Kampf und Tod zu gehn!

2. Roth, wie die Liebe, sei der Brüder Zeichen, rein, wie das Gold, der Geist, der uns durchglüht, und daß wir nie, im Tode selbst nicht weichen, sei schwarz das Band, das unsre Brust umzieht. Ob Fels und Eiche splittern 2c.

3. Wir wissen noch den treuen Stahl zu schwingen, die Stirn ist frei und stark der Arm im Streit! Wir dauern aus und wollen muthig ringen, wenn es der Ruf des Vaterlands gebeut. Ob Fels und Eiche 2c.

4. So schwört es laut bei unserm deutschen Schwerte, dem Bunde treu im Leben und im Tod! Auf, Brüder, auf! und schützt die Vatererde und ruft hinaus ins blut'ge Morgenroth: Ob Fels und Eiche 2c.

5. Und du, mein Liebchen, das in süßen Stunden den Freund beseelt mit manchem Blick und Wort, dir schlägt mein Herz noch über Grab und Wunden, denn ewig dauert treue Liebe fort! Ob Fels und Eiche 2c.

6. Trennt das Geschick des großen Bundes Glieder, so reichet euch die treue Bruderhand! Noch ein Mal schwört's, ihr meine deutschen Brüder: dem Bunde treu, und treu dem Vaterland! Ob Fels und Eiche &c.
Carl Hinkel 1815.

95. Soldatentreue.

Melodie: „Wir hatten gebauet."

1. Wohl dem, der geschworen zur Fahne den Eid, der sich zum Schmuck erkoren des Königs Waffenkleid.

2. Sei Treue verrathen, sei Ehre verbannt, doch geh'n mit den Soldaten sie beide Hand in Hand.

3. Es grüßet zur Seite sein Säbel ihm zu, und ruft ihm aus der Scheide: „So treu, wie Stahl sei Du!"

4. Die Büchse sie winket so freundlich und rein, so rein als wie blinket, soll seine Ehre sein.

5. Das tönt ihm so süße, das schwellt ihm den Arm, das macht wie Liebchens Küssen Soldatenherz so warm.

6. Drum auf! es ertönen Trompeten voll Muth; in Vaterlandes Söhnen wallt treues Heldenblut.

7. Wohl der geschworen zur Fahne den Eid, der sich zum Schmuck erkoren des Königs Waffenkleid.

8. Die Welt mag zerreißen die Schwüre wie Spreu: Ich weiß ein Wort wie Eisen es ist Soldatentreu.

Wilhelm Hauff.

96. Reiterlied.

Volksweise von Christian Jacob Zahn 1798.

1. Wohlauf! Kameraden, aufs Pferd, aufs Pferd! ins Feld, in die Freiheit gezogen; im Felde, da ist der Mann noch was werth, da wird das Herz noch gewogen; da tritt kein Andrer für ihn ein, auf sich selber steht er da ganz allein.

2. Aus der Welt die Freiheit verschwunden ist, man sieht nur Herren und Knechte; die Falschheit herrschet, die Hinterlist bei dem feigen Menschengeschlechte. Der dem Tode ins Angesicht schauen kann, der Soldat ist allein der freie Mann.

3. Des Lebens Aengsten, er wirft sie weg, hat nichts mehr zu fürchten, zu sorgen; er reitet dem Schicksal entgegen keck, trifft's

heut' nicht, trifft es doch morgen; und trifft es morgen, so lasset uns heut' noch schlürfen die Neige der köstlichen Zeit.

4. Von dem Himmel fällt ihm sein lustig Loos, braucht's nicht mit Müh' zu erstreben. Der Fröner, der sucht in der Erde Schooß, da meint er den Schatz zu erheben. Er gräbt und schaufelt, so lang er lebt, und gräbt, bis er endlich sein Grab sich gräbt.

5. Der Reiter und sein geschwindes Roß, sie sind gefürchtete Gäste. Es flimmern die Lampen im Hochzeitsschloß, ungeladen kommt er zum Feste; er wirbt nicht lange, er zeiget nicht Gold, im Sturm erringt er den Minnesold.

6. Warum weint die Dirn' und zergrämet sich schier? Laß fahren dahin, laß fahren! Er hat auf Erden kein bleibend Quartier, kann treue Lieb nicht bewahren. Das rasche Schicksal, es treibt ihn fort, seine Ruhe läßt er an keinem Ort.

7. Drum frisch, Kameraden den Rappen gezäumt, die Brust im Gefechte gelüftet! Die Jugend brauset, das Leben schäumt! Frisch auf! eh der Geist verdüftet! Und setzet ihr nicht das Leben ein, nie wird euch das Leben gewonnen sein.

Friedrich von Schiller.

97. Wanderlied.

Weise von Albert Methfessel.

1. Wohlauf! noch getrunken den funkelnden Wein! Ade nun, ihr Lieben! geschieden muß sein. :,: Ade nun, ihr Berge, du väterlich Haus! es treibt in die Ferne mich mächtig hinaus. :,: :,: Juvivallera, juvivallera, juvivalleralleralllera. :,:

2. Die Sonne, sie bleibet am Himmel nicht stehn, es treibt sie, durch Länder und Meere zu gehn, :,: die Woge nicht haftet am einsamen Strand, die Stürme, sie brausen mit Macht durch das Land. :,: Juvivallera 2c.

3. Mit eilenden Wolken der Vogel dort zieht und singt in der Ferne ein heimathlich Lied; — :,: so treibt es den Burschen durch Wälder und Feld, zu gleichen der Mutter, der wandernden Welt. :,: Juvivallera 2c.

4. Da grüßen ihn Vögel bekannt überm Meer, sie zogen von Fluren der Heimath hierher, :,: da duften die Blumen vertraulich um ihn, sie treiben vom Lande die Lüfte dahin. :,: Juvivallera 2c.

5. Die Vögel, die kennen sein väterlich Haus, die Blumen einst pflanzt er der Liebe zum Strauß, :,: und Liebe, die folgt ihm, sie

geht ihm zur Hand; so wird ihm zur Heimath das fernste Land. :,: Juvivallera 2c. Justinus Kerner 1816.

98. Mon cher papa.

Melodie: „Ich hatt' einen Kameraden."

1. Zu Wörth auf blut'gem Felde, da liegt ein blasser Mann; :,: die Kugel hat ihn getroffen, :,: aus der Wunde das Blut ihm rann.

2. Das Aug' ist ihm gebrochen, er starb den Schlachtentod. :,: doch starrt das gebrochene Auge :,: auf ein Blatt, vom Blute so roth. —

3. Das Blatt hält er umschlossen mit seiner kalten Hand, :,: Mon cher papa, dies Wörtlein :,: darauf geschrieben stand.

4. Ein Krieger hat's genommen, ein Deutscher, dem Todten gar lind; :,: dem sind die Thränen gekommen, :,: er dacht an sein eigenes Kind. Unbekannt.

99. Der Schweizer.

Weise von Friedrich Silcher (nach der Volksweise).

1. Zu Straßburg auf der Schanz', da ging mein Trauern an: das Alphorn hört ich drüben wohl anstimmen, ins Vaterland mußt' ich hinüber schwimmen, :,: das ging nicht an. :,:

2. Ein' Stund' in der Nacht, sie haben mich gebracht; sie führten mich gleich vor des Hauptmanns Haus, ach Gott! sie fischten mich im Strome auf; :,: mit mir ist's aus. :,:

3. Früh Morgens um zehn Uhr stellt man mich vor das Regiment: ich soll' da bitten um Pardon, und ich bekomm' doch gewiß meinen Lohn, :,: das weiß ich schon. :,:

4. Ihr Brüder allzumal, heut' seht ihr mich zum letzten Mal! Der Hirtenbub' ist doch nur schuld daran, das Alphorn hat mir solches angethan, :,: das klag' ich an. :,:

Fliegendes Blatt aus den Jahren 1786—1806.

100. Das Lied vom Schimmel.

Melodie: „Hans Joachim v. Ziethen."

1. Zum wilden Kampfgewimmel, zum drohenden Sturm der Schlacht, wo von der Erde gen Himmel das Donnerwetter kracht! Da haben unsre Jungen, auf Bergen wie im Thal, ihr Liedchen froh gesungen, das freut den General.

2. Der hat zum Schwert gegriffen: „Nun, Jungen, paßt mir auf!“ und hat sich Eins gepfiffen, das klang: nur immer drauf. Nur immer drauf und weiter, der König schaut uns an; jetzt zeigt euch, wackre Streiter, nur immer drauf und dran!

3. Und mitten im Gewimmel, rings Todte sonder Zahl, ha, seht, auf seinem Schimmel sitzt unser General! als wie zu Tanz und Spiele — das helle Pferd, fürwahr, es dient dem Feind zum Ziele, es mehrt die Tod'sgefahr.

4. Die Kugeln pfeifen und streichen, und Manchem dünkt's kein Spaß. Der Zastrow pfeift desgleichen, er pfeift den Kugeln 'was. Ihr Kugeln müßt doch fliegen, wie Gottes Macht euch lenkt, und sterbend wird noch siegen, wer gläubig also denkt.

5. „Schon recht; allzu verwegen soll man deshalb nicht sein. Man geh' dem Tod entgegen, doch lock' ihn nicht herein! Wozu? 's ist eine Laune! wozu ein weißes Pferd? das schwarze oder braune wär' hier von höherm Werth!“

6. „Werd' ich mit euch drum streiten? 's ist einmal so mein Brauch; sieht mich der Feind von Weiten, nun dann seht ihr mich auch. Und fragt ihr im Getümmel, wo doch der Alte steckt! Halloh! dort glänzt sein Schimmel, gleich habt ihr ihn entdeckt!“

7. So lautet Zastrows Lehre, sie gilt im Vaterland; da wo Gefahr und Ehre sich reichen ihre Hand: Im dichtesten Gewimmel muß euer Führer sein, und seht ihr seinen Schimmel. nur immer drauf, hinein!

Karl von Holtei.

101. Nur in Deutschland.

Weise des Dichters.

1. Zwischen Frankreich und dem Böhmerwald da wachsen unsre Reben. Grüß' mein Lieb' am grünen Rhein, grüß' mir meinen kühlen Wein! :,: Nur in Deutschland da will ich ewig leben. :,:

2. Fern in fremden Landen war ich auch, bald bin ich heim gegangen. Heiße Luft und Durst dabei, Qual und Sorgen mancherlei! — :,: Nur nach Deutschland da thät' mein Herz verlangen. :,:

3. Ist ein Land, es heißt Italia, blühn Orangen und Citronen. Singe! sprach die Römerin, und ich sang zum Norden hin: :,: nur in Deutschland da muß mein Schätzlein wohnen. :,:

4. Als ich sah die Alpen wieder glühn, hell in der Morgensonne: grüß' mein Liebchen, goldner Schein, grüß' mir meinen grünen Rhein! :,: Nur in Deutschland da wohnet Freud' und Wonne. :,:

Hoffmann von Fallersleben 1824.

III.

Landes-, Helden-, Gedenktag- und Vereinslieder.

1. Einig.

1870.

Melodie: „Hier sind wir versammelt."

1. Eine Mutter hatte der Söhne viel, es waren tapfere Schaaren, und dennoch kamen sie nie zum Ziel, weil sie nicht einig waren. Ob unüberwindlich im treuen Verein, so waren sie machtlos für sich allein, drum stand sie gesenkten Hauptes da, die hehre Mutter! Germania!

2. Und träumte von längst entschwund'ner Zeit, wie war das anders geworden — da war sie geachtet weit und breit und gefürchtet in Süd und Norden, da war ihr Land ein mächtiges Reich, dem kam auf der Welt kein zweites gleich — wie stand sie damals so mächtig da, die hehre Mutter Germania.

3. Wohl machte sie wieder manchen Versuch, das Band der Einheit zu schlingen, doch der alte, der böse Zwiespaltsfluch ließ nimmer das Ziel erringen. So ward noch jüngst als Grenze gedacht ein Fluß zwischen Theilen der eig'nen Macht, drum stand sie auf's Neue trauernd da die hehre Mutter Germania.

4. Da plötzlich fährt sie jäh empor aus ihren düsteren Träumen: Ein schmähliger Kriegsruf traf ihr Ohr — jetzt auf! Jetzt fort mit dem Säumen! Sie kennt ihre Söhne, sie sind ihr Blut, eins macht sie des Nachbars Frevelmuth, sie erfaßt das Banner, hoch steht sie da die hehre Mutter Germania.

5. Und sie eilen herbei von Ost und West, vom Süden und vom Norden, sie drücken die Hände sich treu und fest, jetzt sind sie mächtig geworden. Der da Schmach der Mutter hat zugedacht, der hat die Söhne einig gemacht. Nun steht sie erhobenen Hauptes da die hehre Mutter Germania.

6. Sie stürmen vorwärts treu vereint in des Landes bedrohte Marken, nun wehe dir du tückischer Feind! Es kommen die Rächer die starken. Du bautest auf der Brüder Zwist, dir wird zum Verderben eigene List: in geschlossenen Reihen steh'n sie da die Söhne der hehren Germania.

7. Nun kann sie geachtet weit und breit mit stolz auf die Söhne sehen, nun muß ja in alter Herrlichkeit das Reich auch wiedererstehen, nun wird Deutschland wieder ein herrliches Reich,

dem kommt in der Welt kein zweites gleich; drum steht sie verjüngt und herrlich da, die hehre Mutter Germania.

Gustav Duill.

2. Gruß an Baden.

Feurig. Briesewitz.

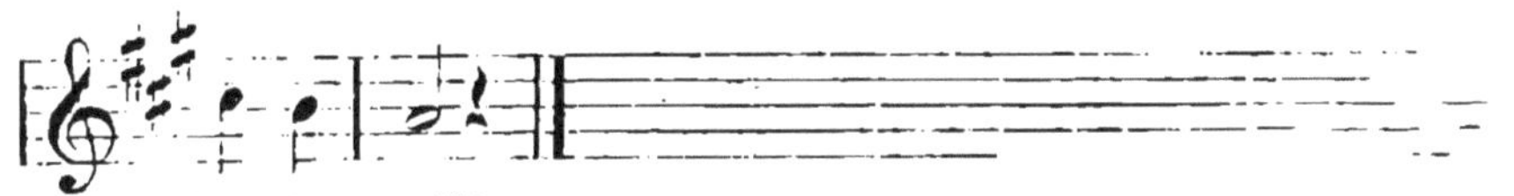

2. Im Lande wohnet Frieden, im Lande wohnet Glück, es steht in deutscher Treue wohl keinem Land zurück.

3. Ihr wißt wohl, daß ich meine das schöne Badenland, wo gehen Volk und Herrscher so treulich Hand in Hand.

4. Drum Glück und Friede weilen hier schön und ungestört, hoch wird der edle Herzog von seinem Volk geehrt.

5. Stets treu der lieben Heimath, dem Fürstenhaus zugleich hält ehrlich der Badenser zum einig deutschen Reich.

6. Hat muthig miterrungen im großen deutschen Krieg, zu Badens, Deutschlands Ehre manch' herrlich schönen Sieg.

7. Der Großherzog von Baden ist, bleibt in jedem Fall dem deutschen Kaiser Wilhelm sein treuester Vasall.

8. Der Treu des lieben Herzogs das Volk es schließt sich an, es steh'n zum deutschen Kaiser Badenser Mann für Mann.

9. Gott segne Badens Fürsten, sein Haus, das bad'sche Land, wo wahrer schöner Frieden gar herrl'chen Boden fand.

10. Nehmt unsern Gruß Badenser, nehmt unsre Bruderhand, stimmt ein, wir wollen rufen: Gott schütz das deutsche Land!

Lied für „Alldeutschland hie!"

3. Bayrische Volkshymne.

Melodie: „Heil dir im Siegerkranz."

1. Heil unserm König, Heil! Lang Leben sei sein Theil, erhalt' ihn Gott! Gerecht und fromm und mild, ist er dein Ebenbild, Gott gib' ihm Glück!

2. Fest ist des Königs Thron, die Wahrheit seine Kron' und Recht sein Schwert. Von Vaterlieb erfüllt, regiert er groß und mild. Heil sei ihm, Heil!

3. O, heil'ge Flamme, glüh', glüh' und erlösche nie für's Vaterland! Wir Alle stehen dann, voll Kraft für einen Mann, für's Vaterland.

4. Sei König Ludwig, hier lang noch des Volkes Zier, der Menschheit Stolz! Der hohe Ruhm ist dein, der Deinen Lust zu sein. Heil Herrscher dir! Volkslied.

4. Gruß an Bayern.

Melodie: „Gott erhalte Franz den Kaiser."

1. Bayernland, du Land der Treue und des Wesens deutsch und wahr, unsre allerbesten Grüße bringen wir dir liebend dar, schön sind deine Landesfarben, ihnen alle Zeit vertrau! mögen deine Fahnen flattern schön und herrlich, „weiß und blau!"

2. Bayernvolk, du Volk des Muthes und der Kraft, Gott schütz' dein Land, froh und herrlich jeder Deutsche reicht dir seine Bruderhand, schaut dir in das treue Auge, das ist echt germanisch blau, nimm die deutsche Bruderrechte, froh auf Reich und Kaiser schau!

3. Deine Tapferkeit wird preisen alle Zeit das deutsche Lied, deutsche Sitte, deutsches Wesen in dem Baiernlande blüht, froh und muthig alle Zeiten Volk auf deine Stärke bau, lasse schön und herrlich wehen deine Fahnen weiß und blau.

4. Friedrich Wilhelm, unser Kronprinz, euch als tapf're Krieger ehrt, hat geführt euch stolz zum Siege in der blut'gen Schlacht bei Wörth, Bayernvolk, du all' Zeit freudig seiner Führung liebend trau', folg' ihm gern mit deiner Fahne, flattern lass' sie weiß und blau!

5. Deutscher Muth und deutsche Treue wohnt wo frommer Bayer haust, deutsches Reich hilft treulich hüten jede echte Bayernfaust, drum gesammtes Volk der Deutschen stolz auf deine Bayern schau, halte hoch zu allen Zeiten seine Fahne weiß und blau.

6. Bayern-Wittelsbacher Treue ist und bleibet weltbekannt, schütze Gott, so laßt uns rufen, Bayerns Fürsten, Bayerns Land! Auf das Volk der treuen Bayern Deutschland hoffe du und bau, lasse froh und lustig wehen, Bayerns Fahne weiß und blau!

Lied für „Alldeutschland hie."

5. Zum Empfang der Sieger aus Bayern.

Melodie: „Heil dir im Siegerkranz."

1. Heil euch im Siegerkranz, Schirmer des Vaterlands, glorreiche Schaar! Hoch von des Bergsees Rand bis an des Rheines Strand nahmt ihr die Wehr zur Hand, kühn treu und wahr.

2. Die er sich hold vermeint, ihr zuerst schlugt den Feind grimmig aufs Haupt: Weißenburg, Wörth, Sedan, Chatillon, Orleans — Siegeslauf, Ruhmesbahn, Lorbeer umlaubt.

3. Preußische Heldenschaft, bayrische Bergeskraft fanden sich gleich: Ihr habt in Gluth und Schlacht ehern den Ring gemacht, ihr habt uns heimgebracht, Kaiser und Reich.

Felix Dahn.

6. Gruß an Mark Brandenburg.

Melodie: „Freiheit die ich meine."

1. Brandenburg du Wiege von der preuß'schen Macht, aus Alldeutschlands Gauen sei dir froh gebracht Gruß und Kuß im Liede. Ob wir nah, ob fern, preisend wir dich grüßen Preußens Glanz und Stern!

2. Als in deine Marken zog der Burggraf ein, wollte Gott dem Lande reiches Glück verleih'n. Segen, Frieden brachte Nürnbergs Burggraf schnell, Ordnung, Fleiß, Vertrauen wurden Wohlstands Quell.

3. So durch reges Leben wurde groß und stark, bald geehrt, geachtet Brandenburger Mark. Aus der kleinen Wiege Zollerns Adler flog, bald ein großer Kurfürst stolz das Land durchzog.

4. Und die Königskrone schmückte schon den Sohn, groß und schön und herrlich zierte er den Thron, so aus kleiner Wiege Brandenburger Mark Preußen wurde mächtig, wurde groß und stark.

5. War von Gott berufen deutschen Kaiserthron herrlich auszuschmücken mit dem größten Sohn! Deutsche Männer heben drum zum Gruß die Hand, deutsche Mark sollst leben: Brandenburger Land.

Lied für „Alldeutschland hie."

7. Gruß an Braunschweig.

Melodie: „Wo Muth und Kraft."

1. Dir Braunschweig hell und laut soll froh erklingen ein deutscher Gruß vom ganzen Vaterland; dir sollen unsre schönsten Lieder klingen, sie seien dir als Dankesgruß gesandt; zum Preise deiner Helden, die als die besten gelten im deutschen Reich mit vollem Fug und Recht, Gott segne edles Braunschweig'sches Geschlecht!

2. Gar mancher Herzog führte seine Schaaren, die tapfern, schwarzen in die blut'ge Schlacht; nicht fürchtend Tod und jegliche Gefahren, hat treu das Reich vertheidigt und bewacht; vertheidigt mit dem Leben, das er dahin gegeben. Erloschnes Fürstenhaus, drum flechten wir Cypressen, Lorbeer dankbar weihend dir.

3. Gekämpft, gedenk des schönen Wappenzeichens, mit Löwenmuth hat allzeit Braunschweigs Schaar, sie brachte ohne Unterschied und Gleichen das beste Blut auf Vaterlands Altar. Fürs Vaterland vergossen ist's Heldenblut geflossen; drum tausend Dank vom ganzen Vaterland aus allen Gau'n nach Braunschweig sei gesandt!

Lied für „Alldeutschland hie."

8. An die Deutsch-Amerikaner.

Melodie: „Auf ihr Brüder laßt uns wallen."

1. Laßt Euch Deutsche über'm Meere grüßen von dem Vaterland, reiches Glück Euch Gott bescheere, nehmt die deutsche Bruder-

hand, nach Amerika Euch drüben senden wir den Bruderkuß, deutsche theure Heimatherde schickt Euch ihren besten Gruß.

2. Haltet fest an deutschem Wesen, deutschen Sitten gut und rein; nimmer möget Ihr vergessen, Euch dem Deutschthum ganz zu weih'n, treu und froh die deutsche Fahne haltet in Amerika, in dem Geist dem Mutterlande bleibet treu und bleibet nah'.

3. Freudig und mit wack'rem Muthe tratet Ihr für Deutschland ein, Dank für alles Liebe, Gute Euch erschallt vom deutschen Rhein, von der Donau, von der Weser, von den Alpen, von dem Belt! Alle, alle Eure Freundschaft Gott im Himmel Euch vergelt'!

4. Als die Kriegstrompeten schallten, eiltet wacker Ihr zurück, wolltet mit erkämpfen helfen deutsche Freiheit, deutsches Glück, als war Noth im Vaterlande, habt Ihr Gaben reich gesandt, sorgtet über'm Meere drüben redlich treu für's Vaterland.

5. O bewahrt uns Eure Liebe, Deutsche in Amerika, wir auch sind Euch treu geblieben bleiben Euch im Geiste nah'! pflegen mit Euch eine Sprache, pflegt mit uns den deutschen Sang, haltet treu zu deutschem Wesen Euer ganzes Leben lang!

6. Treu auch wir Euch allzeit bleiben, danken für die Liebe all', die Ihr habet uns erwiesen, Euch ein froher Gruß erschall'! Glücklich seid im schönen Lande, bleibet deutsch und bleibt gesund. Hurrah! ruft, um Euch zu ehren, jeder wahre deutsche Mund.

Lied für „Alldeutschland hie!"

9. An die Deutschen im Ausland.

Melodie: „Es braust ein Ruf wie Donnerhall."

1. Es schallt ein Ruf über Meer und Land im Geiste wir die Bruderhand Euch reichen Brüder in der Fern' die Alle haben wir so gern, erschall' Euch laut der Brüdergruß und nehmet hin den Bruderkuß.

2. Gott grüß Euch all', die ihr zogt aus ins fremde Land, verließt das Haus, wo ihr geboren seid, das Land, wo Eurer Kindheit Wiege stand, das Land, wo ihr die Welt erblickt, Euch viele tausend Grüße schickt.

3. Grüß Gott euch Männer fromm und stark, von deutschem Blut und deutschem Mark, von deutscher Sitte deutscher Art, die Ihr so gut und echt bewahrt, Gott segne Euch im fremden Land, Glück auf, so ruft der heim'sche Strand.

4. Grüß Gott, Ihr lieben deutschen Frau'n, erzieht mit Lieb' und Gottvertrau'n nach deutscher Sitte, deutscher Art, die Kinder — ihnen all' bewahrt, die deutsche Sprach', ein deutsches Herz, das mit uns fühlt in Freud und Schmerz.

5. Vergeßt das Vaterland Ihr nicht, bewahret gut, bewahret schlicht das deutsche Wesen, bleibt ihm treu, Euch deutsche Tugend stets erfreu. Im Mutterland wir stimmen ein, lebt hoch und möget glücklich sein.

Lied für „Alldeutschland hie!"

10. An die Franzosen im Elsaß.

Melodie: „Sie sollen ihn nicht haben."

1. Wie kommt's, daß ihr euch wundert, ob meiner Fröhlichkeit? da ich mich gar nicht wundre, daß ihr so traurig seid!

2. Im schönen Elsaßlande wart ihr bisher die Herrn; wir armen deutschen Tröpfe, wir jammerten von fern.

3. Bisher wart ihr die Herren und herrschtet sonder Müh', denn alles sang und tanzte nach eurer Melodie.

4. Vom Fett des Land's gemästet, hobt ihr das Haupt so keck; wir Letzten deutscher Treue, wir schämten uns im Eck!

5. Wenn Unsereins was sagte, von Herzen, treu und warm, so zuckte man die Achseln, es fehlt la forme, la forme!

6. Wenn Unsereins was wagte, das bracht' ihm wenig Glück; der arme deutsche Michel, ihm fehlt le chic, le chic! —

7. Das Blatt hat sich gewendet, und eure Zeit ist aus! Wir Deutschen sind nun wieder die Herrn in unserm Haus!

Karl Hackenschmidt.

11. An Elsaß-Lothringen.

Melodie: „Morgenroth, Morgeroth."

1. Erwinland, Erwinland! Froher Gruß sei dir gesandt, deutsch bist du, bist deutsch gewesen, an dem Mutterherz genesen, sollst du echt german'sches Land.

2. Lothringen, Lothringen! Lasse grüßend dich besingen, deutsche Sitte, deutsches Wesen, hast auch du noch nicht vergessen, Lothringen, Burgunderland.

3. Tausend Grüß', tausend Grüß'! Schicken wir, an's Herz uns schließ', neues Deutschland voll Vertrauen, schau' mit deinen schönen blauen Augen, in das Bruderaug'.

4. Schütz' dich Gott, schütz' dich Gott! Halte fern dir jede Noth, Elsaßland und Lotharingen dich wir preisen, dir wir singen, neues, altes, deutsches Land.

Lied für „Alldeutschland hie."

12. Das befreite Elsaß.

Melodie: „Schier dreißig Jahre".

1. Mein Elsaß deutsch! Mein Elsaß frei! Mir ist, als träumt ich noch. :,: Ist's Wahrheit? Ist der Strick entzwei? Zersprengt das fremde Joch?

2. Liegt wieder in der Mutter Arm, der längst verlor'ne Sohn? :,: Schallt wieder frei, so frisch und warm, :,: der Muttersprache Ton?

3. Hat sich der deutsche Löwenmuth dem langen Schlaf entrafft? :,: Ruht wieder die geraubte Brut :,: im Schatten seiner Kraft? —

4. Du Münsterthurm, so hoch und schön, du Strom der uns umzieht, :,: ihr Eichen auf des Wasgau's Höhn, :,: auf, werdet Klang und Lied!

5. O Helden-Vorwelt, Dichterchor! Steig' aus der Gräber Ruh! :,: Hol' frisch dein Saitenspiel hervor, :,: Isoldens Sänger du!

6. O brich mir nicht vor sel'ger Lust, mein Herz, mein deutsches Herz! :,: Nun steige aus befreiter Brust, :,: mein Danklied himmelwärts.

Karl Hackenschmidt.

13. An die deutschen Franken.

Melodie: „Brüder reicht die Hand zum Bunde."

1. Deutsche Franken, treue Brüder, euch erschallen unsre Lieder aus dem Süden, aus dem Nord, wo die deutschen Franken thronen, dort wird deutsche Treue wohnen, deutscher Franke hält sein Wort.

2. Deutsche Männer seid ihr Franken, treu für Deutschland streitend sanken, eure Söhne stets dahin! Willig haben sie vergossen, stets ihr Blut und unverdrossen, war ihr Streiten, war ihr Sinn.

3. Tausend Dank für alle Treue, deutscher Franke, dich erfreue allzeit deutsche Lieb' und Glück, deine Mädchen, deine Frauen, hell und freundlich herrlich schauen mit germanisch deutschem Blick.

4. Laßt uns deutsche Franken preisen, alle Deutsche wie sie heißen, rufen deutsche Franken hoch, herrlich blüh' im Deutschen Reiche, stets die deutsche Frankeneiche, deutsche Franken, dreimal hoch.

Lied für „Alldeutschland hie."

14. An die deutsche Flotte.

Melodie: „Sind wir vereint zur guten Stunde."

1. Dir, deutsche Seemacht, soll erklingen ein deutscher Gruß aus deutschem Land, laß dir ihn frohen Muthes bringen zur Ostsee und zum Nordseestrand, zum Meer und über Meereswogen hinaus erklingt dir ein Hurrah, es kommt aus deutschem Reich gezogen, dir bringt es Allgermania!

2. Matrosen, die die Welt durchfahren, auf deutschen Schiffen wohlgemuth, die stets bereit und willig waren, zu lassen Leben, Hab' und Gut für's Vaterland — laßt euch besingen, laßt preisen euch auf festem Land, der deutsche Name möge klingen, geehret bis zum fernsten Strand.

3. Dem Vaterlande allzeit lebet, seid treu ihm alle bis zum Tod, das Vaterland zu ehren strebet, laßt Fahnen wehen schwarz-weiß-roth! Auf eurer Schiffe Masten fliegen sie stolz im Winde hin und her, sie führen euch zu schönen Siegen und rufen: Haltet treue Wehr.

4. Der deutschen Flotte spende Segen, der Gott der Völker alle Zeit, behüte dich auf allen Wegen und mache dich dazu bereit, das deutsche Wesen, deutsche Sitten zu tragen in das fernste Land; die deutsche Flotte, Gott wir bitten, erhalte stark dem Vaterland!

Lied für „Alldeutschland hie."

15. Gothenzug.

1. Gebt Raum, ihr Völker, unserm Schritt: wir sind die letzten Gothen, wir tragen keine Schätze mit, wir tragen einen Todten. Mit Schild an Schild und Speer an Speer, wir ziehn nach Nordlands Winden, bis wir im fernsten grauen Meer die Insel Thule finden.

2. Das soll der Treue Insel sein; dort gilt noch Eid und Ehre; dort senken wir den König ein im Sarg der Eichenspeere. Wir kommen her — gebt Raum dem Schritt — aus Roma's falschen Thoren: wir tragen nur den König mit — die Krone ging verloren.

Felix Dahn.

16. Gothen Treue.

Melodie: „Steh' ich in finstrer Mitternacht."
Strophe 5 u. 6 wie 3 u. 4.

1. Erschlagen lag mit seiner Schaar der König der Gothen Winithar. Die Hunnen jauchzten auf blut'ger Wall, die Geister stiegen herab zu Thal. Der Mond schien hell, der Wind pfiff kalt, die Wölfe heulten im Föhrenwald.

2. Drei Männer zogen durch's Haidegefild, den Helm zerschroten, zerhackt den Schild, der erste über den Sattel quer trug, seines Königs zerbrochenen Speer, der zweite des Königs Kronhelm trug, den mitten durch ein Schlachtbeil schlug.

3. Der dritte barg mit treuem Arm, ein verhüllt' Geheimniß im Mantel warm, so kamen sie an die Donau tief und der Erste hielt mit dem Roß und rief: ein zerhauner Helm — ein zerspellter Speer — vom Reiche der Gothen blieb nichts mehr."

4. Und der Zweite sprach: „In den Wellen dort, versenkt den traurigen Gothenhort, dann springen wir nach von dem Uferrand — was säumst du, Vater Hildebrandt?" „Und tragt ihr des Königs Kron' und Speer — ihr treuen Gesellen — ich trage mehr."

5. Auf schlug er seinen Mantel weich: Hier trag ich der Gothen Hort und Reich, und habt ihr gerettet Speer und Kron — ich habe gerettet des Königs Sohn, mein Knabe, ich grüße dich, du König der Gothen, Jungdieterich.

Felix Dahn.

17. Gruß an Hannover.

Melodie: „Preisend mit viel."

1. Lasse dir Hannover bringen, unsern frohen Brudergruß! Friesen, Holsten, Sachsenhelden, nehmt den deutschen Bruderkuß.

2. Leiht dem neu erstand'nen Reiche, froh zum Schutze eure Hand, das durch seiner Söhne Thaten, kräftig, herrlich auferstand!

3. Tapfer habt für Reich und Kaiser, ihr gestritten, treu und gut, habt bewiesen allerwegen kaltes, tapfres Heldenblut.

4. Eure Söhne sind gefallen für das heil'ge Vaterland, mancher Held aus eurer Heimath seinen Tod in Welschland fand.

5. Grüß euch Gott für euer Streiten, schließt euch fest an's deutsche Reich, kämpft für wahre deutsche Einheit den gefallnen Brüdern gleich.

6. Nicht vergangne alte Zeiten voller Zwist sehnt euch zurück, und vertraut dem Glanz des Reiches und dem künft'gen deutschen Glück.

7. Laßt uns All' zum Reiche halten, Männer aus dem Sachsenland, reicht, wie Wittekind einst reichte, deutschem Kaiser froh die Hand!

8. Wie auch er vergessen hatte alten Zwist und alten Streit, seid für's deutsche Reich zu kämpfen all' und jeder Zeit bereit.

9. Gott zum Gruß, ihr Nordlandmänner, bieder, treu und deutsch und stark, schirmet alle Zeiten wacker, deutsches Volk und deutsche Mark.

Lied für Alldeutschland hie.

18. An die Hansastädte.

Melodie: „Deutschland, Deutschland."

1. Seid gegrüßt ihr Hansastädte, an dem deutschen Meeresstrand, eine gold'ne Freundschaftskette bindet euch an's Vaterland. Deutsches Leben, deutscher Wandel, deutsche Sitte, deutscher Sinn, deutscher Fleiß und deutscher Handel in den Hansastädten blühn.

2. Deutsche Liebe, deutsche Treue, deutsche Gastlichkeit und Recht, blüh'n in Hamburg, Lübeck, Bremen, ungestört und schön und echt. Grüße Gott dich deutscher Kaufmann, segne Gott dich für und für, seg'ne deine deutsche Arbeit, das von Herzen wünschen wir.

3. Deutschen Sinn zu schirmen, schützen, seid ihr alle Zeit bereit, deutschem Volke treulich nützen, will stets eure Biederkeit, doch nicht nur dem Land im Norden, ihr vertraut, mit Mund und Herz, haltet fest zu deutschen Brüdern, alle ihr und allerwärts.

4. Laßt euch grüßen aus dem deutschen Süden, Ost und West zugleich, deutsche Hansa, frohe Grüße schickt dir unser deutsches Reich. Auf dem Meere alle Zeiten, deine deutschen Flaggen weh'n, fest und treu wirst alle Zeiten Hansa zu dem Reiche steh'n.

5. Hurrah hoch, dem deutschen Handel, Hansastädte seid gegrüßt, deutsche Wünsche wir euch bringen, Freude stets und Glück genießt. Laßt euch laut die Leier schlagen, schalle euch ein Gruß im Lied, deutsche Hansa aller Wegen, dich der deutsche Gott behüt.

Lied für „Alldeutschland hie.“

19. Hessenlied.

2. Ihre Väter schon, die Katten, rühmte man im Römerreich, wußte, daß sie tapfer waren, ohne Falsch und niemals feig.

3. Und, wie damals, so noch heute — treu ist jedes Hessenherz, — theilt mit seinen lieben Freunden jede Freude, jeden Schmerz.

4. Hänget treu an seinem Fürsten, der sein Land so innig liebt, und, das Landeswohl zu fördern, treffliche Gesetze giebt.

5. Treulich hält der Fürst von Hessen und sein Volk zum deutschen Reich, beide standen muthig kämpfend, an des Kaisers Seit' zugleich.

6. Halfen muthig Schlachten schlagen, wie gezeigt uns Gravelotte, litten willig, gern Strapazen, willig Hunger, Durst und Noth.

7. Schütze Gott das Volk der Hessen, stehe seinem Fürsten bei! Segen ihm und seinem Wirken, Himmelsvater du verleih'.

Lied für „Alldeutschland hie."

20. An die Kurhessen und Hessen-Homburger.

Melodie: „Fern im Süd das schöne Spanien."

1. Euch, ihr kurfürstlichen Hessen, Hessenhomburger, wir gern bringen unsere besten Grüße deutsche Männer nah und fern; Volksstamm, dem wohl kaum ein zweiter kommt an tapferm Muthe gleich, der durch manche schöne Tugend ist bekannt im deutschen Reich.

2. Deinen Fleiß darf jeder preisen, der dich Volk der Hessen kennt, und mit Achtung stets in Deutschland man der Hessen Namen nennt; einfach ist in seinem Wesen jeder Hesse, ist so schlicht, kann nicht schmeicheln und nicht kriechen; doch er hält, was er verspricht.

3. Wem er Lieb' und Treu' geschworen, dem hält allzeit er sein Wort, auf das Wort von einem Hessen kannst du bauen immerfort; fest steht er und treu im Kampfe, wenn es gilt bis in den Tod, achtet, wenn's gilt loszuschlagen, Schmerzen nicht noch andre Noth.

4. Volk und Fürsten stets bewiesen haben ihren Heldenmuth, mancher tapfre, brave Hesse auf dem fremden Schlachtfeld ruht; mancher Landgraf hat vergossen gern sein Blut fürs Vaterland; auf dem Schlachtfeld fern den Seinen seinen Heldentod er fand.

5. Für das Heimathland das liebe, für das theure deutsche Reich stritten stets die Hessenkinder ohne Furcht, den Besten gleich! treu die Männer sind im Frieden, treu sind sie im eignem Haus, drum im lieben Hessenlande gehet Frieden ein und aus.

6. Mädchen, Frauen treulich sorgen für die Eltern, den Gemahl, halten fest und alle Zeiten zu dem Manne ihrer Wahl; drum laß Hessenvolk dich preisen, von dem ganzen Vaterland, reich den Deutschen in dem Süden und im Norden deine Hand.

7. Treu, wie du reichst uns die Rechte, ist dein Sinn, das wissen wir, wahre echte deutsche Treue finden immer wir bei dir, treu dem Kaiser wirst du bleiben, der die treuen Hessen ehrt, die sich in dem letzten Kriege heldenmüthig all' bewährt.

Lied für „Alldeutschland hie!"

21. Gruß an Hohenzollern.

Melodie: „Freiheit die meine.“

1. Ländchen Hohenzollern, bist so winzig klein, doch ein jeder Deutsche will dir freudig weih'n seine Lieb — und Grüße senden wir dir All', deutscher Bürger, Brüder froh vereinte Zahl.

2. Denn in deinen Bergen steht ein altes Schloß, dem das herrlich deutsche Kaiserhaus entsproß. Tausend Grüße schicken freudig wir hinauf, denn ein Stern ein heller Deutschlands ging dort auf.

3. Laß dich grüßen, preisen Hohenzollernland, Fürst von Sigmaringen, nimm zum Dank die Hand; denn du warst der erste, der verzichtet gern auf die Fürstenkrone, trauend Zollerns Stern.

4. Der im Norden glänzte auf dem Preuß'schen Thron, wurdest aus dem Fürsten, Bürger, Staatensohn; zu der deutschen Einheit wars der erste Schritt, deine Unterthanen gingen freudig mit.

5. Wurden gute Preußen überall geehrt, sei auf's Wohl des Ländchens froh ein Glas geleert; schäumen soll der Becher, hoch leb' Bruderland wo das Stammschloß Preußens, deutschen Kaisers prankt.

Lied für „Alldeutschland hie.“

22. Gruß an Mecklenburg.

Melodie: „Preisend mit viel schönen Reden.“

1. Mecklenburger Land mit Freuden preisen wir dein Volk und dich, deine Treu zum Vaterlande, stehet unerschütterlich!

2. Fürstenhäupter, Fürstensöhne, Fürstenfrauen, Fürstenmaid waren mit dem Volk zu kämpfen gegen Feinde stets bereit.

3. Fest und treu und ohne Zagen, standen tapfer sie im Feld, Mecklenburg dir ward geboren, wohl die beste Frau der Welt.

4. Denn die Königin Luise ist ein Mecklenburger Kind, keine wohl von allen Frauen war wie sie so gut gesinnt.

5. Deutschen Landes Noth sie schmerzte, bracht' ihr Sorgen, frühen Tod, ihrem Leiden, ihrem Sterben folgte schönes Morgenroth.

6. Denn durchdrungen von dem Geiste, der die Königin durchdrang, welsche Feinde zu vertreiben, endlich deutschem Volk gelang.

7. Weihen wir der edlen, hohen Ahnfrau, einen Lorbeerkranz! Ihr geliebter Sohn der Kaiser, wieder strahlt in Ruhm und Glanz.

8. Glücklich bist du Land zu preisen, das dies Heldenweib der Welt hat geschenkt, das Deutschland feiert gleich dem allerbesten Held.

9. Und im Geist der Fürstentochter wirken trefflich, fleißig, gut, deine Söhne, deine Töchter, unverdrossen, wohlgemuth.

10. Daß der Geist der Fürstentochter, lebt im Fürstenhaus und Land, hat gefühlt im letzten Kriege, herrlich unser Vaterland.

11. Mecklenburger Fürsten haben, ihre Truppen gut geführt, Feldherrntugend, Feldherrngabe haben trefflich sie geziert.

12. Ihnen folgt das Volk mit Freude, Mecklenburger Mann für Mann, freudig, herrlich ist's zu streiten, wenn ein Herzog geht voran.

13. Dank und Lob' ihr Mecklenburger, zollt das Vaterland euch All' und ein Hurrah Fürst und Leuten Mecklenburgs entgegenschall'.

Lied für „Alldeutschland hie.“

23. Heimatsgruß an Nassau.

Melodie: „Fern im Süd' das schöne Spanien.“

1. Gott zum Gruße dir im Liede, Nassau, liebes Heimathland! Deinen Fluren sei sein Friede und sein Segen zugewandt. Sonne spend' er deinen Garben, hellen Himmel auf den Thau, daß sie glänzen deine Farben über dir — Orange und Blau!

2. Gott zum Gruße deinen Wäldern, Westerwald und Taunushöh'n, deinen Triften, Au'n und Feldern, die so reich, so traut und schön; deiner Lahn und deinem Rheine, deinen Quellen heiß und lau, deinen Trauben, deinem Weine, funkelnd in Orange und Blau!

3. Gott zum Gruße deinen Söhnen, daß sie für das deutsche Recht einsteh'n, sei's im Waffendröhnen, sei's in geistigem Gefecht; daß sie würdig ihrer Ahnen, jeder Stamm aus andrem Gau, hoch und wallend deine Fahnen tragen, schau — Orange und Blau!

4. Gott zum Gruße deinen Töchtern, die wie deine Rosen hold, daß sie stets des Rechts Verfechtern widmen deutscher Treue Gold, daß zum Heile deinem Stamme jedes heim'schen Hauses Frau, in des Herd's geweihter Flamme hüte dein Orange und Blau!

5. Gott zum Gruß, im neuen Reiche, dem du gern dich eingeschmiegt, daß die Hohenzollerneiche dich als Zweig im Wipfel wiegt, innig dich mit sich verflechte, aber deinen Duft und Thau: deine Sitten, deine Rechte, schirme — dein Orange und Blau!

6. Gott zum Gruße dir im Liede, Nassau, liebes Heimathland, deinen Fluren sei sein Friede und sein Segen zugewandt! Sonne spend' er deinen Garben, hellen Himmel auf den Thau, daß sie glänzen deine Farben über dir — Orange und Blau!

Erwin Wester.

24. Gruß an Nassau.

Melodie: „Brüder reicht die Hand zum Bunde."

1. Nassau reich an Glück und Segen, reich an Wein, Wald allerwegen, sei gegrüßt mit deinen Au'n; Land, wo schöne Flüsse fließen, wo wir frische Luft genießen, dich so gern und froh wir schau'n.

2. Rhein und Main und Lahn sie fließen durch die Berge, die uns grüßen herrlich mit des Waldes Grün; Westerwaldes, Taunus Höhen auf das Thal herniedersehen, auf das Land, wo Blumen blüh'n!

3. Auf das Land, wo Wasser quellen, die mit perlend silberhellen Tropfen machen froh, gesund! Auf das Land, wo Männer leben, treu dem Vaterland ergeben mit den Herzen, Hand und Mund.

4. Land, dem Männer sind entsprossen, die all' Zeiten Ruhmgenossen, deutsche Fürsten, edle Herrn, Männer, stark und treu verschwiegen, groß im Frieden, groß in Siegen, die das Volk hat stets so gern.

5. Schweigsam Wilhelm von Oranien holte Holland die Castanien aus dem Feuer schnell und gut; Segen bracht' den Niederlanden er und macht's von span'schen Banden frei, und opferte sein Blut.

6. Und in Nassau war geboren er, der ew'gen Haß geschworen welschem Nachbar, Herr von Stein, dessen patriot'sches Streben Preußen brachte Freiheit, Leben — schön mit Ordnung im Verein.

7. Land, wo holde Mädchen, Frauen in die Welt so freundlich schauen und zum Himmel klar und blau; Land, wo's Volk den nassen Auen allzeit freudig kann vertrauen! Glück und Freude allzeit schau!

8. Land, das birgt in seinem Herzen Reichthum an gar manchen Erzen, Eisen, Silber, Gold im Rhein, laß' die Erze suchen, hütten, Bergbau, so den Herrn wir bitten, lasse blühen und gedeih'n.

9. Gott zum Gruß du Land, wo Helden, wie uns alte Kunden melden, stets gekämpft so treu und recht; lasset ihren Muth uns preisen, Nassau, du hast aufzuweisen ein gar herrlich stark Geschlecht'.

10. Nassau, Rheingau, schöne Erde, die den Deutschen Gott bescheerte, schöner herrl'cher Niederwald! Auf des Berges schönen Höhen wir des Volkes Denkmal sehen, dem jed' deutscher Gruß erschallt.

11. Oben denken wir der Schlachten und der Siege und der Wachten deutscher Söhne an dem Rhein; Volk und Kaiser ließen's bauen, mögen sie herniederschauen einig, freudig im Verein.

12. Nassau, sehnsuchtsvoll wir schauen aus der Fern nach deinen Auen, grüßen dich mit Herz und Hand; Ruhmesstätte, Deutsche eilen gern zu dir, sie alle weilen gern in deinem schönen Land!

13. Nassau-Land, wo Fürst und Leute friedlich lebten stets wie heute sich zur Freude, sich zum Glück, Deutsche lassen Gläser klingen, dir sie deutsche Lieder bringen, hell und laut mit frohem Blick. Lied für „Alldeutschland hie."

25. Gruß an Oldenburg.

Melodie: „Morgenroth, Morgenroth."

1. Oldenburg, Oldenburg, echt germanisch durch und durch, immer wacker auf dem Damm ist dein edler, deutscher Stamm, wenn die Kriegstrompete schallt.

2. Treu dem Reich! Treu dem Reich und dem Landesfürst zugleich, kannst du Pflug und Schwerter führen, Pferd und Büchse gut regieren in dem Frieden und im Kampf.

3. Nie zurück! nie zurück! schaut im Kampf dein blauer Blick; treu und edel sind die Frauen, halten stets und voll Vertrauen fest zum Mann, zum Vaterland.

4. Oldenburg! Oldenburg! echt germanisch durch und durch, laß dir unsre Grüße bringen, laß im Liede dich besingen! Jeder Deutsche grüßt dich gern.

5. Brudergruß! Bruderkuß! dich und uns erfreuen muß. Oldenburger laßt uns singen, dir ein Hurrah soll erklingen, dir und unsrem deutschen Reich.

Lied für „Alldeutschland hie."

26. An die Deutsch-Oesterreicher.

Melodie: „Gott erhalte Franz den Kaiser."

1. Deutsche Brüder in dem Osten, die im Denken uns so gleich, laßt uns eure Freundschaft kosten, glücklich macht sie uns und reich! Uns verbindet Sprach und Sitte, uns verbindet deutsche Treu, drum erfüllet uns die Bitte liebt wie früher uns auf's Neu!

2. Euer Wohlergeh'n und Leiden fühlt im deutschen Reich man mit, niemals kann und wird uns scheiden, die verbindet Sprach' und Sitt', uns verbindet deutsches Wesen, uns verbindet deutsche Zucht, nie sein Deutschthum wird vergessen, wer nach wahrem Glücke sucht.

3. Halte treu zum deutschen Wesen, halt es hoch und stets es acht', nimmer sei von dir vergessen, daß die Deutschen Gott bewacht! Gott vertrauend alle Zeiten wollen wir zusammenstehn, nicht soll äuß're Form uns scheiden, Bruderband soll uns umwehn.

4. Uns're Landesfürsten ehren sei uns Allen heil'ge Pflicht, heil'ges deutsches Recht zu wahren Deutsche, das vergesset nicht. Ihr im Osten, deutsche Brüder, seid gegrüßt mit Herz und Hand, preist mit uns in Wort und Lieder deutsche Sitte, deutsches Land.

Lied für „Alldeutschland hie."

27. An die Pfalz.

Melodie: „Morgenroth, Morgenroth."

1. Pfälzerland! Pfälzerland! reich gesegnet weltbekannt; laß ein deutsches Lied dir bringen, laß im Liede dich besingen! Fröhlich Pfalz, Gott erhalt's.

2. Land am Rhein! Land am Rhein! dort wo wächst so guter Wein, wo so treue Männer wohnen, Gott mög' Lieb' und Treu' dir lohnen! Fröhlich Pfalz! Gott erhalt's!

3. Volk so treu! Volk so treu! dich an deutscher Einheit freu'! Alle Deutsche treu dich lieben, weil dein Herz stets deutsch geblieben! Fröhlich Pfalz! Gott erhalt's!

4. Pfälzer Leut', Pfälzer Leut! Euch an fleiß'ger Arbeit freut! Eure Frauen sind so edel, und so herzig eure Mädel! Fröhlich Pfalz! Gott erhalt's!

5. Pfälzer Blut! Pfälzer Blut! Männer tapfer und voll Muth! tapfer habt ihr mit gerungen, fröhlich mit den Feind bezwungen. Fröhlich Pfalz! Gott erhalt's!

6. Deutsche Pfalz! deutsche Pfalz! grüß dich Gott gar laut, so schallt's dir aus deutschem Reich entgegen, schütze Gott dich allerwegen! Fröhlich Pfalz! Gott erhalt's!

Lied für „Alldeutschland hie."

28. Pommernlied.

Melodie: „Deutschland, Deutschland."

1. Pommernland, du Land der Stärke und der deutschen Biederkeit, allbekannt durch muth'ges Streiten aus der allerältsten Zeit. Deutschlands Schutz an deutscher Grenze, Deutschlands Schutz an deutscher See, Pommernland, du Land der Stärke Glück und Segen dich umweh'.

2. Pommernsöhne wack're Männer, edle Streiter gut und echt; fest habt immer ihr gestanden zu der Freiheit und dem Recht; habt im Frieden und im Kriege stets gesorgt für Kind und Haus, zogt ins Feld, zogt in die Schlachten ohne Furcht und Zagen aus.

3. Preußen, Deutsche drum dich grüßen als von echtem Schrot und Korn; wenn es galt das Schwert zu ziehen waren Pommern immer vorn, hielten hoch des Reiches Fahne, hielten hoch stets das Panier, drum mit frohen deutschen Herzen grüßen all' die Pommern wir.

4. Segne Gott die kern'gen Pommern, rauh von Schale, echt von Kern, glänze in dem deutschen Reiche stets der Pommern Glück und Stern! Grüßend stimmen all' wir freudig in ein Hoch für Pommern ein, möge Gott mit deutschem Reiche, mit den treuen Pommern sein!

Lied für „Alldeutschland hie."

29. Gruß an Posen.

Melodie: „Hier sind wir versammelt."

1. Ihr Männer aus Posen empfanget den Gruß, auch ihr habt ja mit uns gestritten, ihr habet gekämpft zu Pferd und zu Fuß, habt Noth und manch' Schlimmes erlitten, ihr habet gekämpft so tapfer und gut fürs Vaterland freudig mit wackerem Muth; drum reichet uns Brüder die Hände.

2. Ihr halft mit erkämpfen ein einiges Reich, es möge stets blühen, gedeihen, auch ihr sollt euch alle mit uns zugleich dem

neuerstandenen weihen, in Preußen in Deutschland, da findet ihr Glück, da findet ihr Ordnung und euer Geschick, ihr dürft es nimmer beklagen.

3. Vertrauet ihr Brüder am östlichen Rand den Deutschen am Rhein in dem Westen, Bewohner im Donaugebiete die Hand euch reichen mit Wünschen den besten; ergreifet sie freudig und drücket sie fest, Gott Glück euch und Freude erleben läßt, laßt mit uns die Gläser erklingen.

4. Dem Kaiser, dem Schutzherrn, den All' wir so gern, ihm gilt unser Hoch, unser Singen; aus Posen ihr Männer dem edlen Herrn laßt froh ein Hurrah erklingen. Er sorget so väterlich alle Zeit und ist zu helfen uns immer bereit, ihm darf auch der Pose vertrauen.

5. Den Gruß du Land an der östlichen Mark dir freudig und herzig wir spenden, die Einigkeit, Freundschaft sie mächtig erstark' mit unserm Gruß, den wir senden; gemeint ist er ehrlich, gemeint ist er gut, als Freunde der Einheit wir rufen voll Muth: die Männer in Posen sie leben.

Lied für „Alldeutschland hie."

30. Preußenlied.

Eigene Melodie.

1. Ich bin ein Preuße, kennt ihr meine Farben? Die Fahne schwebt mir schwarz und weiß voran; daß für die Freiheit meine Väter starben, daß deuten, merkt es, meine Farben an; nie werd' ich bang' verzagen; wie jene will ich's wagen. :,: Sei's trüber Tag, sei's heit'rer Sonnenschein: ich bin ein Preuße, will ein Preuße sein! :,:

2. Mit Lieb' und Treue nah' ich mich dem Throne, von welchem mild zu mir ein Vater spricht; und wie der Vater treu zu seinem Sohne, so steh' ich treu mit ihm und wanke nicht. Fest sind der Liebe Bande: Heil meinem Vaterlande! :,: Des Königs Ruf dringt in das Herz mir ein, ich bin ein Preuße, will ein Preuße sein! :,:

3. Und wenn der böse Sturm mich einst umsauset, die Nacht entbrennet in der Blitze Gluth: Hat's doch schon ärger in der Welt gebrauset, doch wer nicht bebte war der Preußen Muth. Mag Fels und Eiche splittern, ich werde nicht erzittern; :,: Es stürm' und krach', es blitze wild darein, ich bin ein Preuße, will ein Preuße sein! :,:

4. Wo Lieb' und Treu' sich so dem König weihen, wo Fürst und Volk sich reichen froh die Hand: da muß des Volkes wahres Glück gedeihen, da blüht und wächst das schöne Vaterland. So schwören wir auf's Neue, dem König Lieb' und Treue, :,: fest sei der Bund, ja schlaget muthig ein, wir sind ja Preußen, laßt uns Preußen sein! :,:

C. Thiersch.

31. Gruß an die Provinz Preußen.

Melodie: „Fern im Süd das schöne Spanien."

1. Preußen, dich Provinz besingen soll und will dies deutsche Lied, will dir seine Grüße bringen, Gott der Deutschen dich behüt! Deusche Wacht in deutschem Osten, deutsches Lied am deutschen Meer, laß uns deine Freundschaft kosten, halte mit uns Wacht und Wehr.

2. Als in Königsberg in Preußen setzte sich ein Zollern auf stolz die Königskrone Preußens, rief sein Volk: „Glück auf!" „Glück auf!" Rief Glück auf mit frohem Herzen, denn es liebte seinen Herrn, der ihm fern hielt alle Sorgen, der hielt alle Feinde fern.

3. Und der Gruß des Volkes brachte Glück dem König und dem Land; und seit jenen hohen Zeiten Fürst und Volk geh'n Hand in Hand. In den Zeiten schöner Freuden, in den Tagen großer Noth hielten Fürst und Volk zusammen und vertrauten ihrem Gott.

4. Wir im deutschen Reich drum bringen unsren Gruß mit frohem Mund, möge Reich und Kaiser leben treu vereint in schönem Bund! Mögen sie zusammenhalten, wie Provinz und Königsthron, darum bittet jeder Deutsche, jeder echte Preußensohn.

Lied für „Alldeutschland hie."

32. Gruß an die Rheinlande.

Melodie: „So pünktlich zur Sekunde."

1. Rheinland laß dich grüßen freudig tausendmal, laß dir Wünsche bringen, Grüße ohne Zahl; deine Söhne standen treu in jeder Schlacht, haben deutsche Marken treu und gut bewacht.

2. Rheinland stehst auf Posten, lasse nicht herein in die deutschen Lande, laß nicht übern Rhein unsren welschen Nachbar, der Gelüste hat, dich dem Reich zu rauben, heimlich gern sich naht.

3. Volk am Rhein so edel und so treu und gut, Volk von deutscher Sitte, Volk mit deutschem Muth sei gegrüßt mit Freuden, Rheinland hoch und hehr, steh' auf deinem Posten treu zu Deutschlands Wehr.

4. Volk so froh und munter, fleißig und so treu, reich uns immer wieder deine Hand auf's Neu! Rheinländer laß grüßen dich mit Bruderhand, deutsches Reich so herrlich seine Einheit fand.

5. Nimmer soll sie stören böser, welscher Feind um ihn abzuwehren Deutsche sind vereint! Land am allerschönsten, liebsten deutschen Fluß nimm von allen Deutschen deutschen Bruderkuß.

6. Rheinländer so gastlich nimmst du stets uns auf! laß dir aus dem Osten bringen ein Glück auf! Alle deutschen Stämme und aus allen Gau'n grüßen dich die Deutschen, froh zum Rhein sie schau'n.

Lied für „Alldeutschland hie."

33. Gott segne Sachsenland.

Melodie: „Heil dir im Siegerkranz."

1. Gott segne das Sachsenland, wo fest die Treue stand, in Sturm und Nacht. Ew'ge Gerechtigkeit, hoch überm Meer der Zeit, die jedem Sturm gebeut, schütz uns mit Macht!

2. Blühe du Rautenkranz in schöner Tage Glanz, freudig empor! Heil weiser Herrscher dir, Heil guter König dir! Dich Vater preisen wir, liebend im Chor.

3. Was treue Herzen fleh'n, steigt zu des Himmels Höh'n, aus Nacht zum Licht! Der uns're Liebe sah, der unsre Thränen sah, er ist uns hilfreich nah, verläßt uns nicht!

4. Gott seg'ne Sachsenland, wo fest die Treue stand, in Sturm und Nacht! Ew'ge Gerechtigkeit, hoch über'm Meer der Zeit, die jedem Sturm gebeut, schütz es mit Macht!

Siegfried August Wahlmann.

34. Gruß an Königreich Sachsen.

Melodie: „Erhebt euch von der Erde."

1. Du Sachsenland, wir schicken dir Grüße aus dem Reich, dem deutschen, die beglücken dich, freuen soll'n zugleich; urdeutsch in Sprach' und Sitte ist Sachsenblut und Herz, das treu und deutsch in Freuden, das treu und deutsch im Schmerz.

2. Gott segne dich und schütze, du liebes Sachsenland, dem edlen Sachsenvolke, wir reichen froh die Hand, du Volk, das schmückt vor allem wohl deutscher Fleiß und Treu, Gott seg'ne gnädig Sachsen, so schall' es stets auf's Neu.

3. Im Herzen Deutschlands liegend, hat treu dein Volk bewahrt, die alte, gute, deutsche und echt german'sche Art, d'rum schallet dir entgegen, ein froh und laut Hurrah! Laut rufens alle Deutsche im Land Germania.

4. Auch gilt's dem Sachsenkönig der sorgt so treu und gut, ihn schmückt ein Herz so edel, so treu, so deutsch, voll Muth; er hat das Schwert gezogen, ein deutsches Heer geführt, als Feldherr, Landesvater ihn Ruhm und Lorbeer ziert.

5. Ihn schmückt, wie seinen Vater, ein schöner Lorbeerkranz, auf seinen Thaten ruhet ein schöner Ehrenglanz, er wie ein Vater sorget für's Sachsenvolk so echt, fort leb' in seinem Geiste der Welt ein stark Geschlecht.

6. Gott grüß' dich Sachsenkönig, dich Sachsenvolk so treu, du in dem Herz von Deutschland, an schönem Glück dich freu': dem deutschen Vaterlande das Sachsenherz gehört, ein Hurrah laut erschalle, das treue Sachsen ehrt.

Lied für „Alldeutschland hie."

35. Gruß an Provinz Sachsen.

Melodie: „Brüder reicht die Hand zum Bunde."

1. Provinz Sachsen laß dir singen, laß dir deutsche Grüße bringen, Vieles hast du durchgemacht, hast für Deutschland viel gelitten, deine Männer treu gestritten haben in gar mancher Schlacht.

2. Denn bei Merseburg im Thale, an dem schönen Strand der Saale ward gebrochen Ungarnmacht, Kaiser Heinrich, Städtebauer, stand zur Wehre auf der Lauer, hielt mit Sachsen deutsche Wacht.

3. Magdeburg, du allerbeste, allertreuste deutsche Veste, hast geblutet, schwer und oft, für den Glauben, für die Ehre, Gott dir Segen nun bescheere, dies mit dir jed' Deutscher hofft.

4. Erfurt, Wittenberg, wo blühten Wissenschaften, Gott behüten möge euch zu jeder Zeit! Edle Männer bei euch lebten, deutsches Volk zu lehren strebten sie mit Fleiß und Biederkeit.

5. Deutscher Fleiß in allen Dingen hier in Sachsen zu erringen, wußte Wohlstand, Frieden, Glück! Sachsenvolk dir soll erschallen, von dem deutschen Völkern allen, ein Hurrah mit frohem Blick.

6. Segne Gott dir Land und Leute, in dem Reich zu uns'rer Freude, blühe schönes Sachsenland! Friedens Segen sei beschieden, allzeit dir in Freundschaft bieten, alle Deutschen froh die Hand.

„Lied für Alldeutschland hie."

36. Gruß an Schlesien.

Melodie: „So pünktlich zur Sekunde."

1. Schlesier Stamm im Osten vom neuen deutschen Reich, wir grüßen dich von Herzen aus Nord und Süd zugleich.

2. Wir bringen uns're Wünsche, mit frohem Hoffen dar, vor allem deiner tapfern und treuen Kriegerschaar.

3. Am Anfang des Jahrhunderts wart Alle ihr bereit, für's Vaterland zu sterben, in jener schweren Zeit.

4. Es schützten ihren König, nicht Männer nur, auch Frau'n, das Königshaus es konnte dem Schlesier Volk vertrau'n.

5. Mit wahrem Heldenmuthe, verachtend Tod und Gut, habt ihr das Land vertheidigt, gelassen Hab' und Blut.

6. Als Heldenvolk bewiesen habt Schlesier ihr euch All', d'rum laut aus deutschen Kehlen, ein Hurrah euch erschall.

7. Und als im Jahre siebzig ihr wieder zogt in Krieg, errangen eure Söhne gar manchen schönen Sieg.

8. Und wieder tröstend, helfend, manch' edle Frauenhand aus Schlesien rauhen Krieger die Wunde gern verband.

9. Drum Schlesiens edle Frauen, sollt laut gepriesen sein, ein Hoch mit frohem Muthe, will froh Deutschland euch weih'n.

10. Die Hand zum Gruß wir reichen, euch Schlesiern froh und gern, wir grüßen euch als Brüder, ob nah', ob in der Fern!

11. Kommt ihr in andre Gauen, wo deutsch man denkt und spricht, so werdet ihr empfangen mit Freuden, wie's ist Pflicht.

„Lied für Alldeutschland hie."

37. Gruß an Schleswig-Holstein.

Melodie: „Wenn Alle untreu werden."

1. Dir Schleswig-Holstein klingen soll unser deutsches Lied, laß Land dir Grüße bringen, wo deutscher Handel blüht, wo deutsches Recht erstarkte, germanisch nordisch echt, wo deutsches Meer bewachte, dein herrliches Geschlecht.

2. Bespült vom deutschen Meere, am deutschen Nordseestrand, sei, bleib die erste Wehre im Nord vom deutschen Land, wir haben dich nun wieder, dich Bruderland im Nord, wir halten treu und bieder zusammen immer fort.

3. Die deutsche Männerehre habt allzeit ihr bewahrt, nach echt germanisch zäher und echter deutscher Art; habt Dank für eure Treue, für euern deutschen Sinn, vertrauend schauet Alle zum deutschen Reiche hin.

4. Du Zwillingsband im Norden, gegrüßt sei jeder Zeit, wie standen deine Söhne so fest im Kampf und Streit, wie haben sie geblutet, für König, Vaterland, wie hielten treu sie Wache, am nord'schen Meeresstrand.

5. Ihr Schleswiger, ihr Holsten, Gott schütz die Meeresmark, die deutsche Mark im Norden, die deutsche Flott' erstark, die hohen Masten bringen dir, Schleswig-Holstein Glück, mit Stolz wir deutsche richten nach Norden Herz und Blick.

Lied für „Alldeutschland hie."

38. An Schleswig-Holstein.

1. Schleswig-Holstein, meerumschlungen, deutscher Sitte hohe Wacht! Wahre treu, was schwer errungen, bis ein schön'rer Morgen tagt! :,: Schleswig-Holstein stammverwandt, wanke nicht, mein Vaterland! :,:

2. Ob auch wild die Brandung tose, Fluth auf Fluth, von Bai zu Bai: O laß blüh'n in deinem Schooße deutsche Tugend,

deutsche Treu'! :,: Schleswig-Holstein, stammverwandt, bleibe treu mein Vaterland! :,:

3. Doch wenn inn're Stürme wüthen, drohend sich der Nord erhebt, schütze Gott die holden Blüthen, die ein mild'rer Süd belebt! :,: Schleswig-Holstein, stammverwandt, stehe fest, mein Vaterland! :,:

4. Gott ist stark auch in den Schwachen, wenn sie gläubig ihm vertrau'n; zage nimmer, und dein Nachen wird trotz Sturm den Hafen schaun! :,: Schleswig-Holstein, stammverwandt, harre aus, mein Vaterland! :,:

5. Von der Woge, die sich bäumet, längs dem Belt' am Ostseestrand, bis zur Fluth, die ruhlos schäumet an der Düne flücht'gem Sand! :,: Schleswig-Holstein, stammverwandt, bleibe treu, mein Vaterland! :,:

7. Theures Land, du Doppeleiche unter einer Krone Dach, stehe fest und nimmer weiche, wie der Feind auch dräuen mag! :,: Schleswig-Holstein, stammverwandt, wanke nicht, mein Vaterland!" :,:

M. F. Chemnitz.

39. Gruß an Thüringen.

Melodie: „Wo Muth und Kraft."

1. Du schönes Land in unsres Deutschlands Mitte, sei uns gegrüßt, Thüringen frohgemuth, du paarst des Nordens treue ernste Sitte mit deutschen Südens Fröhlichkeit und Muth; drum froh laß uns dich preisen, und uns willkommen heißen dein Volk im deutschen Süd, im deutschen Nord, wir grüßen froh es immerfort.

2. Thüringens Fürsten sind so treu und weise, sie sich dem Volkeswohl, der Bildung weihn! Ein jeder will in seinem Länderkreise ein wahrer Vater seines Volkes sein! Sie habens All' bewiesen, drum seien sie gepriesen. Thüringens Volk, sie stehn mit dir zum Reich unb sorgen väterlich für dich zugleich.

3. Thüringens Mädchen, mit den schönen, blauen und treuen Augen seid uns froh gegrüßt, auf eure deutsche Treue darf man bauen, der Schönheit Ruf ihr überall genießt. Ihr Guten und ihr Schönen, nach euch wir gern uns sehnen, ihr seid bescheiden, freundlich, treu zugleich, und noch an mancher schönen Tugend reich.

4. Ihr Frauen, die als Mädchen ihr gewachsen, wie's Sprüchwort sagt, im ganzen deutschen Land, gar schön auf Bäumen in dem Lande Sachsen, wir reichen euch zum Gruße gern die Hand,

als Mütter wir euch ehren, die ihre Kinder lehren, die rechte Sitte, Tugend, fromm und echt, Gott segne thüring-sächsisches Geschlecht.

5. Thüringer Land in deinen schönen Gauen, wohnt Gastlichkeit und edler Freundschaftssinn, drum möchten stets dein schönes Land wir schauen, zu dir uns zieht es so gewaltig hin, laß laut dich Land besingen, Thüringen soll es klingen, begeistert ruft es jeder deutsche Mund, du bist die Perl' im deutschen Völkerbund.

6. Suchst Redlichkeit, suchst Freundschaft du und Freude, so geh' in's Thüringer-, in's Sachsenland, da findest du so brave, echte Leute, die zieren deutsche Herzen und Verstand; sie hassen alles Schlechte, drum reiche deine Rechte Thüringens Männern allzeit frohgemuth, sie denken alle ehrlich treu und gut.

7. Thüringer Land, wo schallen deutsche Lieder, sei uns gegrüßt, mit Herz, mit Mund und Hand, ihr lieben, treuen, mitteldeutschen Brüder, so treu, so redlich überall bekannt! Euch schallen Gruß und Lieder, so heut, wie immer wieder, ihr braven Bürger die ihr's meint so gut, seid uns gegrüßt, mit deutschem, frohen Muth.

8. Thüringer ihr, die ihr ohn' Furcht und Schrecken, gestanden habt so fest vor jedem Feind, laßt stets vom ersten Kampfesruf euch erwecken und kämpft, wie sonst so treu mit uns vereint; laßt Heldensöhne wachsen, nach Väterart in Sachsen, Thüringer Stamm, dem besten Stamme gleich, bist du von allen Stämmen in dem Reich.

Lied für „Alldeutschland hie."

40. Gruß an Waldeck, Anhalt und Lippe.

Melodie: „Preisend mit viel schönen Reden."

1. Laßt euch grüßen, Waldeck, Anhalt-Dessau, Bernburg, Lippe-Detmold, Schaumburg-Lippe, voller Freude, jeder Deutsche ist euch hold.

2. Waldeck, du von allen deutschen Ländern, rein hast dir bewahrt deutsche Sprache, deutsche Sitte, deutsches Wesen, deutsche Art.

3. Anhalt, dich und deine Fürsten, schmücket deutsche Tapferkeit, deutscher Volkssinn, deutsche Treue, heute, wie in alter Zeit.

4. Lippe, du das Land, wo Hermann hat das röm'sche Heer besiegt, allen deutschen Männern glaub es, treu dein Volk am Herzen liegt.

5. Edle Männer, treue Helden, habt ihr all' hervorgebracht, ihrer sei in unserm Liede dankend von uns gern gedacht.

6. Hermann, dein und deiner Siege, die Germania freigemacht, sei der erste Kranz des Dankes, froh begeistert stets gebracht.

7. Und du Leopold, du alter Dessauer, der treu und gut, für das Heer des Königs sorgte, ruh' in Frieden Heldenblut.

8. Georg Friedrich, Fürst von Waldeck, Frankreich hast du abgewehrt, von des deutschen Reiches Grenzen sei im Grabe noch geehrt.

9. Doch nicht nur den edlen Helden, heut' ein Lob und Preis erklingt, nein, ein Gruß auch ihrem Volke dieses Lied mit Freuden bringt.

10. Gott zum Gruß ihr deutschen Brüder, in dem alten Sachsenland, haltet treu zum Reich und Kaiser, nehmt zum Gruß die Bruderhand.

Lied für „Alldeutschland hie",

41. An Westfalen.

Melodie: „Ach die Heimath seh ich wieder."

1. In dem Sachsenland, dem alten, das Westfalen wird genannt, biedre Menschen sich erfreuen ihres Lebens wie bekannt, deutsche Treue finden wir hier als schönste Volkes-Zier.

2. Doch auch echte Speisen winken uns in dem Westfalenland, herrlich ist Westfalens Schinken, wie ist allerwärts bekannt, laben kann man Mund und Geist, wo das Land Westfalen heißt.

3. Söhne, Töchter von den Helden, die einst Wittekind geführt, nimmer lassen wir Euch schelten, Eure Treue wir gespürt, treu und redlich wie bekannt, seid Ihr im Westfalenland.

4. Ist auch rauh die äußre Schaale, Kern und Herzen sind gesund, sei gegrüßt uns du Westfalen in dem deutschen Völkerbund, uns bekannt ist ja dein Muth edles deutsches Sachsenblut.

5. Hüte du den deutschen Westen vor der welschen Feindesmacht, zählst ja zu den Allerbesten, die am Rheine halten Wacht, Treu dem Kaiser, Vaterland halte fest Westfalenland.

Lied für „Alldeutschland hie."

42. Württemberger Schwabenlied.

Melodie: „So pünktlich zur Sekunde."

1. Von allen deutschen Landen ist mir mein Schwabenlieb, ich stets und allerwegen ihm treu gewogen blieb.

2. Ich habe wohl gesehen der fremden Länder Pracht; doch hat mir in der Heimath nur wahres Glück gelacht.

3. Fragt ihr nach Schwabens Helden, sonenne ich euch gleich die Staufen und die Zollern, an Ruhm und Ehren reich.

4. War Eberhard der Greiner doch auch ein Schwabenkind, gar edel und gar muthig als Held und Mann gesinnt.

5. Der höchste Schatz im Lande war ihm des Volkes Treu, sie lebet alle Zeiten und blühet stets auf's Neu!

6. Den Schiller, Hauff und Uhland gebar das Schwabenland, und Schwab's und Rückert's Wiege im Schwabenlande stand.

7. Treu wird stets unser König von Allen uns geliebt, und jeder schwäb'sche Bürger treu seine Pflichten übt.

8. Gilt's wieder loszuschlagen, zu schirmen Frau und Kind, die Schwabenfaust dann immer man stets am Platze find't.

9. Der Schwabe blickt zum Kaiser so stolz und ruft Glück auf! der Stern der Hohenzollern in Schwaben ging er auf.

10. Ich stolz, zufrieden schaue auf manchen Schwabenstreich und mein geliebtes Schwaben macht glücklich mich und reich.

11. Die Heimath wohnt im Herzen mir, wie dem Schweizerkind, ich nur in meinem Schwaben die wahre Heimath find'.

Lied für „Alldeutschland hie.“

43. Heil dem Kaiser.

Eigene Melodie.

1. Heil Dir, greiser Imperator, Barbablanca, Triumphator, der du Frankreich niederzwangst und die Krone der Germanen, Wittwe längst des Ruhm's der Ahnen, Glanz und Schimmer neu errangst!

2. Frech vom Uebermuth beleidigt, mit dem Schild des Rechts vertheidigt, rufst den Heerbann Du ins Feld: sieh, da greift vom Fels zum Meerre klirrend alles Volk zur Wehre, eine deutsche Waffenwelt.

3. Du zuerst riefst deine Schaaren, flinke Jäger, schußerfahren, Bayernfürst mit Jugendschwung: treu dem neuen Bund und alten folgt dein deutsches Herz dem Walten edelster Begeisterung.

4. Der in Treue grau gewachsen, schickt, „der Wahrheit Freund“, die Sachsen gern zum Streit mit Lügenquark: und mit ihrem Blute wollen Dank die wack'ren Holsten zollen, daß sie los von Dänemark.

5. Aus des Schwarzwalds dunklen Tannen braust das Roß der Alamannen rasch zur Wacht am Rhein dahin, und voran auf unsren Bahnen rauschen lorbeerschwer die Fahnen Prussia's, der Adlerin.

6. Wie sie doch zu plündern eilten, vor dem Kampf den Raub schon theilten, unsres heil'gen Stroms Gestad': doch es sah ihn kein Franzose, der nicht fluchend seinem Loose, ein Gefangner, ihn betrat.

7. Volk der Kriegslust, Volk des Trügens, Volk des Hochmuths und des Lügens, wie oft schlugen wir dich schon, seit die schwarzen Mordgesellen hingemäht dort auf den Wällen Weißenburgs der Königssohn!

8. Sei von all den stolzen Siegen, Wörth und Spichern selbst geschwiegen und, was Frankreichs Arm gelähmt, wie Bazaine und Metz geendigt, die durch Hunger wir gebändigt, wie man wilde Falken zähmt.

9. Doch mich darf ich glücklich preisen, der gefügt aus Blitz und Eisen dort bei Sedan sah den Ring, der in immer eng'rem Bogen, wie von Schicksalshand gezogen, Marschall, Heer und Kaiser fing.

10. Sah entschaart die Bataillone, sah, wie Adler und Kanone, Schwert und Bayonnet gewann. Hingestreckt die Stahlgeschwader, schußgesprengt der Veste Quader, und gefangen der Tyrann.

11. Töchter, einst uns schnöd entrissen, grüß euch Gott nach schwerem Missen an der Väter Heimathheerd: Erwins Elsaß, Lotharingen kann euch nicht zum Herzen dringen deutsches Wort und deutscher Werth.

12. Wie viel Burgen und Kastelle schirmt der Maas, der Mosel Welle, Loire und Seine deckt zumal — jede Schanze brach und Schranke, großer Schweiger, dein Gedanke, deutscher Muth und Krupp'scher Stahl.

13. Fleucht zur Küste — Göben drängt euch, kreucht in Klüfte, Werder zwängt euch; Noth und Tod dräut rings umher, und euch folgt durch Thal und Hügel, und euch jagt mit schwarzem Flügel Schreck und des Ulanen Speer.

14. Und die Sieg auf Sieg gelogen, lasterprahlend, lustverzogen, Äffin halb, halb Tigerin, — Gnade flehend von dem Sieger, Brod vom schlichtsten deutschen Krieger, sank Paris, die stolze hin.

15. Der die Krone der Germanen, Wittwe lang des Ruhm's der Ahnen, Du erkämpfst hast neuen Glanz; Heil Dir greiser Imperator, Barbablanca, Triumphator, Retter du des Vaterlands.

Felix Dahn.

44. Frau Pastor Bauer's Kleinod.

Melodie: „So pünktlich zur Sekunde."

1. Ein kleiner Ring von Eisen gilt mehr als Edelstein, laßt mich ihn loben, preisen, dies Lied soll sich ihm weih'n!

2. Am Ringfinger er ruhte, den sonst nur schmücket Gold gleich einem hehren Gute für Gold war er verzollt.

3. In hohen ernsten Zeiten zu lindern Schmach und Noth bei Kriegsdruck, andren Leiden man Gold und Silber bot.

4. Der goldne Ring der Treue, den schmückte Frauenhand, er wurde ohne Reue geopfert deutschem Land.

5. Ihn mußt ersetzen Eisen in schwerer Eisenzeit, soll heut' uns noch beweisen, wozu die Frau'n bereit.

6. Sie Hab' und Gut gern legen auf Vaterland's Altar, das mußte bringen Segen, was so geopfert war.

7. Drum Preis der Frauengabe, dir schlichter Eisenring, drum Preis dir Frau im Grabe, im Lied ich dich besing.

8. Auch du hast gleich den Helden geopfert heil'ges Gut, der Welt wir wollen melden von deutschem Edelmuth.

9. Du ruhst in deutscher Erde — der deutsche Eisenring zu reichem Segen werde, er das so kleine Ding.

10. Schlaf wohl! Auf Wiedersehen im schönen Gottesland, dein Geist mög' wehen, wehen in deutschem Frauenstand.

Lied für „Alldeutschland hie."

45. Noch lange nicht genug.

(Devise des Hauses Bismarck.)

Marschweise.

1. Hei, Ju-gend-blut hat Uebermuth! Ot-to von Bismarck,
Wer a - ber zähmt die wilde Glut? Fort stürmt er mit Ge-

halt.
walt. Des Le-bens Becher schäu-met hell, er trinkt mit

2. Doch in der Nacht, das Hirn voll Brand, er brütet, sinnt. und denkt, wie er das theure Vaterland zu Ruhm und Ehre lenkt. Er bauet manchen kühnen Plan mit hohem Geistesflug: und haben wir auch viel gethan, noch lange nicht genug!

3. Zum Landtag ziehet er hinaus kühn in Entwurf und Wort, du hast, o Hohenzollernhaus, kein treuer Herz am Ort! Der König ruft, der Ritter geht, ihm folget Preis und Fluch, wie er im Kampfe ficht und steht: Noch lange nicht genug.

4. Und fest und stark führt er den Staat, sein Wille lauter Erz, das Haupt so voll von List und Rath und offen g'rad das Herz. Er schauet schärfer wie der Aar: Allwärts Verrath und Lug! Doch siegreich trotzt er — ei, Gefahr? — Noch lange nicht genug.

5. Mein Preußen, in der schlimmsten Zeit flog dein Panier zum Sieg, jetzt machen sie mit Haß und Neid dir schlau den kleinen Krieg, sie zerren ab, sie zerren auf — hinaus zum Kriegeszug nach Schleswig-Holstein geht's im Lauf: Noch lange nicht genug!

6. Denn Oestreich gönnt dir nicht im Bund den Platz, der dir gebührt, und muß es sein, hinaus zur Stund', die Trommel frisch gerührt! Bei Sadowa da ward das Reich erneut mit Recht und Fug, bei Gott, das war ein Meisterstreich! Noch lange nicht genug!

7. Der Franzmann stieß in's Kriegeshorn — laßt sehen, was er kann! Deutschland steht auf in hellem Zorn bis auf den letzten Mann. Den Korsenwolf vom morschen Thron! Zur Hölle Tück' und Trug! und stürzte der Napoleon: Noch lange nicht genug!

8. Hei, Männermuth hat kühles Blut, Graf Bismarck halte Stand! Ein Deutschland! Allwärts brennt die Glut, ein freies Vaterland! Der König, unser Volk und Du, wie Alles Schlachten schlug! Und Sieg! Jetzt Frieden, Glück und Ruh! Dir Ehre nie genug!

Wolfg. Müller.

46. Das Lied vom Feldmarschall.

(Volksweise.)

1. Was blasen die Trompeten? Husaren heraus! es reitet der Feldmarschall in fliegendem Saus, er reitet so freudig sein muthiges Pferd, er schwinget so schneidig sein blitzendes Schwert. Juchheirassassa die Preußen sind da, die Preußen sind lustig und rufen hurrah!

2. O schauet, wie ihm leuchten, die Augen so klar, o schauet wie ihm wallet sein schneeweißes Haar! So frisch blüht sein Alter, wie greisender Wein, drum kann er auch Verwalter vom Schlachtfelde sein. Juchheirassassa ꝛc.

3. Der Mann ist es gewesen, der, als Alles versank, muthig zum Himmel den Degen noch schwang! Da schwur er beim Eisen, gar zornig und hart den welschen zu zeigen die preußische Art. Juchheirassassa ꝛc.

4. Den Schwur hat er gehalten, — als Kriegsruf erklang, hei, wie der greise Jüngling im Sattel sich schwang! Da ist er's gewesen der Kehraus gemacht, mit eisernem Besen das Land rein gemacht. Juchheirassassa ꝛc.

5. Bei Lützen auf der Aue er hielt solchen Strauß, daß vielen tausend Welschen der Athem ging aus. Viel Tausende liefen dort hastigen Lauf, zehntausend entschliefen, die nie wachen auf. Juchheirassassa ꝛc.

6. Am Wasser der Katzbach hat er's auch bewährt, da hat er die Franzosen das Schwimmen gelehrt. Fahrt wohl ihr Franzosen zur Ostsee hinab und nehmt, ohne Hosen, den Wallfisch zum Grab. Juchheirassassa ꝛc.

7. Bei Wartburg an der Elbe, wie fuhr er hindurch! da schirmte die Franzosen nicht Schanze noch Burg. Da mußten sie springen wie Hasen übers Feld, und hell ließ erklingen sein „Hussah“ der Held. Juchheirassassa ꝛc.

8. Bei Leipzig auf dem Plane, o herrliche Schlacht da brach er den Franzosen das Glück und die Macht! Da lagen sie sicher nach blutigem Fall, da wurde der Held Blücher ein Feldmarschall. Juchheirassassa ꝛc.

9. Drum blaset ihr Trompeten! Husaren heraus! Du reite, Herr Feldmarschall, wie Winde im Saus dem Siege entgegen zum Rhein, über'n Rhein, du tapferer Degen, nach Frankreich hinein. Juchheirassassa ꝛc.

E. M. Arndt.

47. Feldmarschall Derfflinger.

Melodie: „Hans Joachim von Ziethen.“

1. Der Kurfürst saß beim Mahle, die Becher kreisten froh, es saß an seiner Seite der Held von Rathenow. Er hatte kühn geschwungen für seinen Herrn das Schwert und Ehre sich erstritten, des schönsten Ruhmes werth.

2. Der Wein, der macht beredter und öffnet jedes Herz; und lauter ward die Freude und freier ward der Scherz. Doch mancher Höfling schaute, gereizt von schnödem Neid, scheel nach dem kühnen Helden und grollt in Bitterkeit.

3. Ein Herr aus Baierlande, wohl sechzehn Ahnen schwer, sprach zierlich und geschliffen vom Brandenburger Heer und fragt', verächtlich lächelnd, geröthet vom Pokal: „Ist's wahr? Ein Schneider wurde ein großer General?“

4. Drob freute sich verstohlen die feige Höflingsschaar und reicht dem fremden Grafen noch einen Becher dar. Sieh, da erhebt sich plötzlich mit Stolz der General und schlägt an seinen Degen und spricht laut durch den Saal:

5. „Ihr Herren, den ihr meinet, der General bin ich! Der Schneider ist behende, glaubt mir es sicherlich! Denn hier mit meiner Elle meß' ich die Kreuz und Quer jedweden Wicht, auch wenn er von altem Erze wär'!“

6. Der große Kurfürst lächelt mit biedrem Angesicht, reicht freundlich ihm die Rechte und spricht voll Zuversicht: „Wohl mir und meinem Volke! Das schönste Ritterthum ist unserm Vaterlande Verdienst und eig'ner Ruhm!“

J. A. Lehmann.

48. Prinz Eugen.

1. Prinz Eugen, der edle Ritter, wollt' dem Kaiser wied'rum kriegen Stadt und Festung Belgerad. Er ließ schlagen einen Brucken, daß man konnt' hinüber rucken mit d'r Armee bis vor die Stadt.

2. Als der Brucken nun war geschlagen, daß man kunnt' mit Stuck und Wagen frei passir'n den Donaufluß; bei Semlin schlug man das Lager, alle Türken zu verjagen, ihn'n zum Spott und zum Verdruß.

3. Am einundzwanzigsten August soeben kam ein Spion bei Sturm und Regen, schwur's dem Prinzen und zeigt's ihm an, daß die Türken futragiren, soviel als man kunnt' verspüren, an die dreimalhunderttausend Mann.

4. Als Prinz Eugenius dies vernommen, ließ er gleich zusammenkommen sein' Generals und Feldmarschalls. Er thät' sie recht instruiren, wie man thät' die Truppen führen, und den Feind recht greifen an.

5. Bei d'r Parole thät' er befehlen, daß man sollt' die Zwölfe zählen bei der Uhr um Mitternacht. Da sollt' Alles zu Pferd aufsitzen, mit dem Feinde zu scharmützen, was zum Streit nur hätt' die Kraft.

6. Alles saß auch gleich zu Pferde, jeder griff nach seinem Schwerte; ganz still ruckt' man aus der Schanz', die Musketier' wie auch die Reiter, thäten alle tapfer streiten, 's war fürwahr ein schöner Tanz.

7. Ihr Constabler auf den Schanzen, spielet auf zu diesem Tanzen, mit Karthaunen groß und klein, mit den großen, mit den kleinen, auf die Türken, auf die Heiden, daß sie laufen all' davon.

8. Prinz Eugenius auf der Rechten thät als wie ein Löwe fechten, als General und Feldmarschall. Prinz Ludwig ritt auf und nieder: „Halt' euch brav, ihr deutschen Brüder, greift den Feind nur herzhaft an.“

9. Prinz Ludwig, der mußt' aufgeben seinen Geist und junges Leben, ward getroffen von dem Blei. Prinz Eugen war sehr betrübet, weil er ihn so sehr geliebet, ließ ihn bringen nach Peterwardein.

Volkslied.

49. Friedrich Karl, er lebe hoch!

1. Tambour-Major Bazaine mit Namen, deine letzten Stündlein kamen, seit du eincernirt in Metz. Hast zwar noch Mobilgardisten und die Turkos aus den Wüsten Afrika's mir rothem Fez.

2. Doch die Jäger, Infanteristen, Cavallerie und Artilleristen, wir verjagen dich denn doch; hast versucht, dich durchzuschlagen, doch wir kriegten dich beim Kragen, pfeifst jetzt auf dem letzten Loch.

3. Seit Napoleon gefangen, Toul und Straßburg übergangen, helfen Flausen jetzt nicht mehr; gieb nur her den Tambour-Knüppel, wie der Däne einst bei Düppel willig gab die Schanzen her.

4. Mac Mahon, dein Kampfgenosse, ja, ihn traf auf hohem Rosse uns're Kugel, das war hart. Doch wir mußten auf ihn schießen, that es auch gar sehr verdrießen Euren Louis, den Bonaparte.

5. Und der General de Wimpffen, als er that bei Sedan

schimpfen, ward sofort er eingelocht; ebenso, das hoffen Alle, wenn du kommst in uns're Falle, wird dir tüchtig eingestocht.

6. Friedrich Carl, der Hohenzoller, ist für dich ein schlimmer Groller, und er fackelt nicht gern lang; er wird dich zu Paaren treiben, und ein Stammbuchblatt dir schreiben, das dir bleibt dein Leben lang.

7. Und wir Leute, die dies singen, wollen jetzt ein Hoch ausbringen, Friedrich Carl, er lebe hoch! Daß er uns're Siege mehre, führe uns von Ehr zu Ehre, Friedrich Carl, er lebe hoch!

Ungenannt.

50. Friesen.

Melodie: „Wenn alle untreu werden."

1. Es thront am Elbestrande das stolze Magdeburg, ihr Ruhm drang durch die Lande, ihr Unglück auch hindurch. Als Tilly einst dem Feuer zu tilgen sie gebot, trug sie den Wittwenschleier, war ihre Schönheit todt.

2. Sie mag ihn wieder nehmen, ihr starb ihr bester Sohn; er ging, ein großer Schemen, hinauf vor Gottes Thron. Da hießen gleich den Frommen, der kam aus heil'gen Streit, die Englein all' willkommen zur ew'gen Himmelsfreud.

3. Wohl viele sind gepriesen im hohen deutschen Land; doch dich, mein frommer Friesen hat Gott allein gekannt. Was blühend im reichen Herzen die Jugend reich umschloß, ist jedem Laut der Schmerzen, ist jedem Lob zu groß.

4. War je ein Ritter edel, du warst es tausendmal vom Fuße bis zum Schädel ein lichter Schönheitsstrahl! Du hast mit kühnem Sinne nach Freiheit wohl geschaut; das Vaterland war Minne, war Liebste dir und Braut.

5. Du hast die Braut gewonnen im ritterlichen Streit, dein Herzblut ist geflossen für die vieledle Maid; von welschen grimmen Bauern empfingst du Todesstreich, dort wohl Jungfrauen trauern, der Schönheit Blum' ist bleich.

6. Schlaf still und fromm in Treue, bis an den jüngsten Tag, wo sich ein Morgen neue dir wieder röthen mag! Es blüht um deinen Frieden Gedächtniß golden schön, im Sieg war dir beschieden, für's Vaterland heimzugeh'n!

E. M. Arndt.

51. Hermann.

Melodie: „Prinz Eugen, der edle Ritter.“

1. Preis dir Hermann, Volkserretter, der wie Gottes Donnerwetter in die Feinde Deutschlands schlug, der die Knechtschaft und die Schande sammt der Zwingherrn frecher Bande aus dem deutschen Lande jug.

2. Preis dir, starker Gotteskrieger! Preis dir, frommer, edler Sieger! Unsers Volkes reinster Held! Deutschlands Freiheit, Deutschlands Einheit, alter Sitte Kraft und Reinheit riefen dich ins blut'ge Feld.

3. Was dir theurer als das Leben, hast du freudig hingegeben für dein Volk und Vaterland: Weib und Kindlein lag in Ketten, doch, das Vaterland zu retten, gabst du auf das liebste Pfand.

4. Keiner hat wie du gestritten, Keiner hat wie du gelitten, Hermann, unsers Volkes Zier! Immer soll dein Geist uns leiten, wie im Leiden, so im Streiten: wachst du auf, wir folgen dir.

Karl Heinrich Hoffmann.

52. Andreas Hofer.

Weise von Friedrich Silcher.

1. Zu Mantua in Banden der treue Hofer war, in Mantua zum Tode führt ihn der Feinde Schaar. Es blutete der Brüder Herz, ganz Deutschland lag in Schmach und Schmerz! :,: mit ihm das Land Tyrol! :,:

2. Die Hände auf dem Rücken Andreas Hofer ging mit ruhig festen Schritten; ihm schien der Tod gering, der Tod, den er so manchesmal vom Iselberg geschickt ins Thal :,: im heil'gen Land Tyrol! :,:

3. Doch als aus Kerkergittern im festen Mantua die treuen Waffenbrüder die Händ' er strecken sah, da rief er laut: Gott sei mit euch, mit dem verrath'nen deutschen Reich, :,: und mit dem Land Tyrol! :,:

4. Dem Tambour will der Wirbel nicht unterm Schlägel vor, als nun Andreas Hofer schritt durch das finst're Thor. Der Sandwirth noch in Banden frei, dort stand er fest auf der Bastei, :,: der Mann vom Land Tyrol. :,:

5. Dort soll er niederknieen; er sprach: „Das thu ich nit! will sterben, wie ich stehe, will sterben, wie ich stritt, so wie ich steh auf dieser Schanz'. Es leb' mein guter Kaiser Franz, :: mit ihm sein Land Tyrol!

6. Und von der Hand die Binde nimmt ihm der Korporal, Andreas Hofer betet allhier zum letzten Mal; dann ruft er: „Nun, so trefft mich recht! Gebt Feuer! — Ach wie schießt ihr schlecht! :,: Ade! mein Land Tyrol!" :,:

Julius Mosen 1832.

53. Testament König Konrad's.

Melodie: „Gott erhalte Franz den Kaiser."

1. Deutschlands Herrscher, König Konrad, lag in Weilburg schwer verwundet, und sein trauerreiches Antlitz schwere, schwere Sorgen kundet! Kein Vergehen drückt den König, der stets treu erfüllt die Pflicht, eine and're Seelensorge trübt sein schönes Angesicht!

2. Sein so sehr bewegtes Leben hat er nur dem Reich geweiht, nie hat er den Muth verloren, nie vergessen seinen Eid! Deutschen Reiches künft'ges Schicksal macht dem Held das Sterben schwer; denn er hat es stets vertheidigt mit der Lanze, mit dem Speer!

3. Ruft mir Eberhard, den Bruder, spricht er, daß ich ihm mein Herz offenbare, ihm vertraue meine Hoffnung, meinen Schmerz! Eberhard kniet trauernd nieder an dem Krankenlager, schweigt, und in treuer, edler Liebe Konrad sich zum Bruder neigt:

4. Theurer Bruder, ich muß sterben und verwaist wird's deutsche Reich, spricht er, du, du bist mein Erbe, an so mancher Tugend reich; doch das deutsche Reich zu schirmen, deine Macht sie ist zu klein; wenn erfüllst du meine Bitte, wird ein And'rer König sein.

5. Heinrich, Sachsens stolzer Herzog, Otto des Erlauchten Sohn, mächtig ist er, stark und edel, würdig für den Königsthron! Ihm allein wird es gelingen, alte, lang verlor'ne Macht unsrem Vaterland zu bringen in dem Frieden, in der Schlacht!

6. Drum verzichte auf die Krone, die gebracht mir wenig Glück; auf den starken Sachsenherzog richte du wie ich den Blick! Bringe selber Krone, Scepter Heinrich, Deutschlands stärkstem Mann, der zu neuem Glanz erheben Deutschland will und der es kann!

7. Schwöre du vor allen Fürsten huldigend den Eid der Treu', dann in altem Glanz wird blühen wieder deutsches Reich aufs

Neu! Eberhard, gerührt, gelobet, was der Bruder hat verlangt, Konrad kann nun ruhig sterben, nicht mehr vor dem Tod ihm bangt.

8. Und mit dankbar treuer Liebe drückt dem Bruder er die Hand, segnet ihn und seine Mannen, betet für das Vaterland! Ruhig ist er eingeschlafen, sterbend Segen er gebracht uns'rem deutschen Vaterlande, das erblüht in neuer Pracht!

Lied für „Alldeutschland hie!“

54. Körner's Geisterstimme.

Weise: „Erhebt euch von der Erde.“

1. Bedeckt mit Moos und Schorfe ein Eichbaum, hoch und stark, steht bei Wöbbelin, dem Dorfe, im Mecklenburger Mark; darunter ist von Steine, ein neues Grab gemacht, daraus steigt im Mondesscheine ein Geist um Mitternacht.

2. Er richtet auf die Rinden des Baums den Blick und liest den Namen, der zu finden dort eingegraben ist; dann sucht er mit den Händen ein Schwert, das liegt am Ort, und gürtet um die Lenden sich dieses Schwert sofort.

3. Langt dann nach einer Leier, nimmt sie vom Ast herab, und setzt in stiller Feier sich singend auf sein Grab: „Ich war im Jugendbrause ein rascher Reitersmann, bis hier im dunkeln Hause ich Ruh und Rast gewann.

4. „Ich war ein freier Jäger in Lützow's wilder Schaar und auch ein Zitherschläger, mein Schwertlied klang so klar. Nun reiten die Genossen allein auf ihrer Fahrt, da ich vom Roß geschossen und hier begraben ward.

5. „Ihr mögt nun weiter traben, bis daß ihr kommt an's Ziel, ihr habet mich begraben, wie es mir wohlgefiel; es sind die beiden Lieben, die mir im Leben werth, im Tode mir geblieben, die Leier und das Schwert.

6. „Ich seh auch meinen Namen, daß er unsterblich sei, geschnitten in den Rahmen der Eiche schön und frei. Es sind die schönsten Kränze gegeben meiner Gruft, die sich in jedem Lenze erneun mit frischem Duft.

7. „Die Eich' ob meinem Scheitel, wie ist der Kranz so groß; mein Ringen war nicht eitel, ich ruh' in ihrem Schooß: man hat in Fürstengrüften bestatten mich gewollt, hier in den frischen Düften ihr ruh'n mich lassen sollt!“

Friedrich Rückert.

55. An die Division Kummer.

Melodie: „Preisend mit viel."

1. Division Kummer, Landwehrleute, von gar echtem, deutschen Schlag, dieses Lied zu euerm Lobe, hell und laut erschallen mag.
2. Euch, die wacker ihr gestritten, habt vergossen euer Blut, habt dem Feind in's Aug' gesehen, ohne Furcht mit kaltem Blut.
3. Landwehrleute, die verlassen willig Weib und Kind und Gut, mög' euch leicht die Erde werden, sanft in welscher Erde ruht.
4. Dank euch, wackre deutschen Streiter, tausend Dank sei euch gebracht, die ihr treu und ohne Zittern, habt gehalten Fahnenwacht.
5. Die ihr habt zurück getrieben welsche Feinde mit Geschick' Euch und allen euren Lieben wünschen Segen wir und Glück.
6. Mancher von euch ist gefallen, mancher, mancher ließ ein Bein, dankbar wird zu allen Zeiten unser Vaterland euch sein.
7. Eure Todten fromm wir ehren durch Erheben ernst und still, euch, die ihr noch lebt und wirket, laut dies Lied besingen will.
8. Kameraden, hebt die Gläser, stimmet froh und frei mit ein, dir, der Division von Kummer, wir ein dreifach Hurrah weih'n.

Lied für „Alldeutschland hie."

56. An Königin Luise.

Melodie: „Gott erhalte Franz den Kaiser."

1. Steige nieder, Geist der besten aller deutschen Mütter, Frau'n, heut' an deinem Wiegenfeste sollst das deutsche Volk du schau'n, das gesegnet aller wegen wird von deinem Sohn regiert, der ein mildes, doch ein starkes Scepter uns zum Wohle führt.
2. Was gesät du hast mit Sorgen, ist gereift zur schönen Frucht, endlich, endlich ist gefunden, was die Deutschen lang gesucht, Macht und Einheit, innen, außen, Glanz und Ehr' in aller Welt, herrlich blüht das Reich, das deutsche, von den Alpen bis zum Belt.
3. Gott er hat erhört dein Beten, hat erhört dein frommes Fleh'n, ließ in alter Pracht und Größe, herrlich deutsches Reich erstehn, ließ geraubte Lande holen wieder durch die deutsche Macht und des Friedens holder Segen in dem deutschen Reiche lacht.
4. Blicke segnend du hernieder, Geist der besten, deutschen Frau, deinem lieben treuen Sohne, unserm Kaiser froh vertrau! Lasse deinen Segen ruhen, auf dem deutschen Vaterland, edle Königin Luise, die den Deutschen Gott gesandt.

Lied für „Alldeutschland hie."

57. Die Herren von Mansteins.

Melodie: „Preisend mit viel."

1. Neunten Corps tapfrer Führer, vorwärts mit den Seinen schritt, kühn im Kampf, fest bei Strapazen, stets in seines Corps Mitt'!

2. Ernstes denkend auf dem Marsche, muß er eine Truppe seh'n, auf den Knieen Männer liegen, denket, was ist hier geschehn!

3. Steiget ab von seinem Pferde, steht vor einem schlichten Grab, fragt, wen senket ihr Soldaten, denn in dieses Grab hinab?

4. Und sie sagen: unsern Hauptmann, Herrn von Manstein brav und gut, der geworden ist ein Opfer von gar wackrem Heldenmuth.

5. Zeiget mir den lieben Todten, spricht der Feldherr tiefgerührt, und in seinem wunden Herzen einen wehen Stich er spürt.

6. Er enthüllt die Heldenleiche, giebt ihr einen letzten Kuß, o daß ich mein Erstgeborner, spricht er, so dich finden muß!

7. Knieet nieder, faltet schmerzlich seine Hände zum Gebet, hat für seinen Sohn den Sel'gen wohl ein stilles Grab erfleht.

8. Schlafe wohl mit all' den Opfern, die gebracht dem Vaterland, deinem Geist im bessern Jenseits sei der Vatergruß gesandt.

9. In die fremde, welsche Erde hat er dann den Sohn gelegt, und die edlen Heldenaugen blickten traurig, schmerzbewegt.

10. Er zerdrückt die Heldenthräne, eilet wieder zu dem Heer, leitet wieder treu die Truppen, zu des deutschen Volkes Wehr.

11. Greiser Feldherr, droben fandest du wohl deinen Heldensohn, in dem ew'gen Vaterlande, glücklich mit dem Tapfern wohn'!

12. Einen Helden nicht nur preise dieses Lied, nein, ein Geschlecht tapfrer Männer, die gestritten treu für Vaterland und Recht.

Lied für „Alldeutschland hie."

58. Scharnhorsts Tod.

Melodie: „Prinz Eugen der edle Ritter."

1. In dem wilden Kriegestanze brach die schönste Heldenlanze, Preußen, euer General. Lustig auf dem Feld bei Lützen sah er Freiheitswaffen blitzen, doch ihn traf der Todesstrahl.

2. Kugel, raffst mich doch nicht nieder! Dien' euch blutend, werthe Brüder; bringt in Eile mich gen Prag! Will mit Blut um Oester-

reich werden, ist's beschlossen, will ich sterben, wo Schwerin im Blute lag."

3. Arge Stadt, wo Helden kranken, Heil'ge von den Brücken sanken, reißest alle Blüthen ab! nennen dich mit leisen Schauern, heil'ge Stadt, nach deinen Mauern zieht uns manches theure Grab!

4. Aus dem irdischen Getümmel haben Engel in den Himmel seine Seele sanft geführt zu dem alten deutschen Rathe, den im ritterlichen Staate ewig Kaiser Karl regiert.

5. „Grüß' euch Gott, ihr theuren Helden! Kann euch frohe Zeitung melden: unser Volk ist aufgewacht; Deutschland hat sein Recht gefunden, schaut, ich trage Sühnungswunden aus der heil'gen Opferschlacht!"

6. Solches hat er dort verkündet, und wir alle steh'n verbündet, daß dies Wort nicht Lüge sei. Heer, aus seinem Geist geboren, Jäger, die sein Muth erkoren, wählet ihn zum Feldgeschrei!

7. Zu den höchsten Bergesforsten, wo die freien Adler horsten, hat sich früh sein Blick gewandt; nur dem höchsten galt sein Streben, nur in Freiheit konnt' er leben, Scharnhorst ist er drum genannt.

8. Keiner war wohl treuer, reiner, näher stand dem König Keiner; doch dem Volke schlug sein Herz. Ewig auf den Lippen schweben wird er, wird im Volke leben, besser als in Stein und Erz.

Max v. Schenkendorff.

59. Der kühne Schill.

Melodie: „Es ritten drei Reiter ꝛc."

1. Es zog aus Berlin ein tapferer Held, juchhe! er führte sechshundert Reiter ins Feld, juchhe! sechshundert Reiter mit redlichem Muth, sie dürsteten nach Franzosenblut. Juchhe! juchhe! juchhe! o Schill dein Säbel thut weh!

2. Auch zogen mit Reitern und Rossen im Schritt, juchhe! wohl tausend der tapfersten Schützen mit, juchhe! Ihr Schützen, Gott segne euch jeglichen Schuß, durch welchen ein Franzmann erblassen muß. Juchhe.

3. So ziehet der tapfre, der muthige Schill, der mit den Franzosen sich messen will; ihn sendet kein Kaiser, kein König aus, ihn sendet die Freiheit, das Vaterland aus, juchhe!

4. Bei Dendorf färbten die Männer gut, das fette Land mit französischem Blut; zweitausend zerhieben die Säbel blank, die übrigen machten die Beine lang. Juchhe.

5. Drauf stürmten sie Dömitz, das feste Haus und jagten die Schelmenfranzosen hinaus, dann zogen sie lustig ins Pommerland ein, da soll kein Franzose sein Kiwi mehr schrei'n. Juchhe!

6. Auf Stralsund stürmte der Reisige Zug, o Franzosen verstündet ihr Vogelflug! O wüchsen euch Federn und Flügel geschwind! Es nahet der Schill und er reitet wie Wind.

7. Er reitet wie Wetter hinein in die Stadt, wo der Wallenstein weiland verlegen sich hat, wo der XII. Carolus am Thore schlief: jetzt liegen die Thürme und Mauern tief.

8. O weh euch Franzosen, wie mähet der Tod, wie färbten die Reiter die Säbel roth. Die Reiter, sie fühlen das deutsche Blut; Franzosen zu tödten, das däucht ihnen gut.

9. O Schill, o Schill, du tapfrer Held! o weh! was sprengst du nicht mit den Reitern ins Feld! o weh! Was schließt in den Mauern die Tapferkeit ein? bei Stralsund, da sollst du begraben sein. O weh, o weh, o weh: o Schill dein Säbel that weh!

10. O Stralsund, du trauriges Stralsund! o weh! in dir ging das tapfere Herz zu Grund! Eine Kugel durchbohrte das ehrlichste Herz, und Buben, sie treiben mit Heiden Scherz, o weh!

11. Da schreiet ein schnöder Franzosenhund: man soll ihn begraben wie einen Hund, wie einen Schelm, der an Galgen und Rad schon fütterte Krähen und Raben satt! O weh!

12. So trugen sie ihn ohne Sang und Klang, ohn' Pfeifengetön, ohne Trommelklang, ohn' Kanonenmusik und Flintenschuß, womit man Soldaten begraben muß.

13. Sie schnitten den Kopf vom Rumpfe ihm ab und legten den Leib in ein schlechtes Grab; da schläft er nun bis zum jüngsten Tag, wo Gott ihn zu Freuden erwecken mag, juchhe!

14. Da schläft nun der fromme, der tapfere Held, o weh! Ihm ward kein Stein zum Gedächtniß gestellt, o weh! Doch hat er gleich keinen Ehrenstein, sein Name wird nimmer vergessen sein, juchhe!

15. Denn zäumet ein Reiter sein schnelles Pferd, juchhe! und schwinget ein Reiter sein blankes Schwert, juchhe, so rufet er zornig Herr Schill, Herr Schill! ich an die Franzosen euch rächen will, juchhe!

E. M. Arndt.

60. Schönstes Heldenthum.*)

Melodie: „Gott erhalte Franz den Kaiser."

1. In dem wilden Kampfgetümmel von den Seinen weggerissen, mitten in der Feinde Reihen einen blut'gen Stein zum Kissen liegt,

erschöpft durch tiefe Wunden, athmend mühevoll und schwer, in der Sonne Gluth verschmachtend, ein Soldat von Preußens Heer.

2. Schwächer schlagen seine Pulse, Nah'n des Tods glaubt er zu fühlen, — könnt er nur mit einem Tropfen Wasser seine Zunge kühlen, — seine letzten Lebenskräfte sammelt er in heißem Drang: Wasser! Wasser! tönt sein Rufen, leis verhallend, todesbang.

3. Und der Ruf, der müden, schweren, schmerzdurchwogten Brust entrungen, ist zu einem Oesterreicher durch das Schlachtgewühl gedrungen; der erblickt den Feind, der blutend, hülflos, sterbend vor ihm liegt und das Gottentstammte in ihm über andre Regung siegt.

4. Mit des Mitleids Stimme ruft er: „Kamerad, sollst Wasser haben!“ Und im raschen Laufe eilt er hin zu einem nahen Graben, doch wie er, das Naß zu schöpfen, sich geschäftig niederbiegt, eine scharfe Preußenkugel in das edle Herz ihm fliegt.

5. Lautlos sinkt der Brave nieder, Niemand sah sein sel'ges Sterben als der todeswunde Preuße, dem er Rettung wollt' erwerben: der ward unter Freundespflege wieder rüstig und gesund, doch denkt er des Österreichers, wieder schmerzt die alte Wund'.

Gustav Duill.

*) Episode aus der Schlacht bei Königsgrätz; der edle Oesterreicher hieß **Josef Schleidner.**

61. Ein Heldenherz.

Melodie: „Es zogen drei Burschen.“

1. An Gemüth und an Muth ein richtiger Held, das war der Major von Tannefeld; der hat nicht gemeint, daß Soldatenehr' je nach dem Rang verschieden wär'.

2. Als zu End' bei Spichern der blut'ge Tanz, sie fanden ihn auf erstürmter Schanz, von Hieben zerrissen die tapfere Brust, das Auge glänzend von Siegeslust.

3. Und als sie ihn auf den Wagen gebracht, mit matter Stimme sprach er sacht: „dort liegt noch einer verwundet schwer, den holt und legt ihn zu mir her.

4. Er wich nicht von mir in Sturm und Streit, er soll nun ruh'n an meiner Seit'.“ „„Der Wagen ist voll, es geht nicht an, es ist nicht Raum für einen Mann.““

5. „„So legt dorthin denn wieder auch mich, wo mein Feldwebel stirbt, da sterb' auch ich.“ Da gingen die Männer, tief bewegt, sie haben den Tapfern zum Tapfern gelegt.

6. Und so lagen sie auch im Lazareth, des Einen Bett an des Andern Bett. „wir haben gesiegt, was wollen wir mehr — Feldwebel wird dir das Sterben schwer?“

7. „„Mit meinem Major sterb' ich freudig gleich, das Leben gälte mir keinen Streich.““ und als erglühte das Morgenroth, die Helden waren beide todt.

Gustav Duill.

62. Tejas Todesgesang.

1. Erloschen ist der helle Stern der hohen Amelungen, Dietrich theurer Held von Bern, dein Heerschild ist zersprungen: Das Feige siegt, das Edle fällt, und Treu und Muth verderben, die Schurken sind die Herrn der Welt — auf, Gothen auf! Auf Gothen auf. Auf, laßt uns sterben.

2. O schöner Süd, o schlimmes Rom, o süße Himmelsbläue, o blutgetränkter Tiberstrom, o falsche welsche Treue! Noch hegt der Nord' manch' kühnen Sohn, als unsres Hasses Erben, der Rache Donner grollen schon — :,: auf Gothen :,: laßt uns sterben.

3. Vom Kaukasus bis vor Byzanz, welch stolzes Siegeswogen! Der Gothen Glück stieg auf im Glanz, im Glanz auch soll es fallen. Die Schwerter hoch, um letzten Ruhm, mit letzter Kraft zu werben: fahr wohl, du freudig Heldenthum — :,: auf Gothe :,: laßt uns sterben.

Felix Dahn.

63. Der alte Ziethen.

Eigne Melodie.

1. Joachim Hans von Ziethen, Husarengeneral, dem Feinde die Stirne bieten thät er die hundert Mal; sie habens All' erfahren, wie er die Pelze wusch mit seinen Leibhusaren, der Ziethen aus dem Busch.

2. Hei, wie den Feind sie bleuten bei Lowositz und Prag, bei Liegnitz und bei Leuthen und weiter Schlag auf Schlag; bei Torgau, Tag der Ehre, ritt selbst der Fritz nach Haus, doch Ziethen sprach: „Ich kehre erst noch mein Schlachtfeld aus.“

3. Sie kamen nie alleine, der Ziethen und der Fritz, der Donner war der Eine, der Andre war der Blitz; es wies sich Keiner träge, Drum schlugs auch immer ein, ob warm', ob kalte Schläge, sie pflegten gut zu sein.

4. Der Friede war geschlossen, doch Krieges Lust und Qual, die alten Schlachtgenossen durchlebtens noch einmal. Wie Marschall Daun gezaudert und Fritz und Ziethen nie, es ward jetzt durchgeplaudert bei Tisch in Sanssouci.

5. Einst mocht' es ihm nicht schmecken, und sieh, der Ziethen schlief; ein Höfling will ihn wecken, der König aber rief: „Laßt schlafen mir den Alten, er hat in mancher Nacht für uns sich wach gehalten — der hat genug gewacht!"

6. Und als die Zeit erfüllet des alten Helden war, lag einst, schlicht eingehüllet, Hans Ziethen, der Husar; wie selber er genommen, die Feinde stets im Husch, so war der Tod gekommen wie Ziethen aus dem Busch.

Theodor Fontane.

64. Des Kriegers Neujahrslied.

Melodie: „Wo Muth und Kraft."

1. Prosit Neujahr! schallt es laut in deutschen Gauen und Jung und Alt stimmt froh und lustig ein, und wenn wir auch ins Ungewisse schauen, so richten wir als Krieger doch zum Rhein, heut' freudig unsre Blicke; denn zu des Volkes Glücke ging Blücher am Neujahrstag übern Rhein, sein Leben unsrem Vaterland zu weih'n.

2. Ihm folgten froh die jungen Kriegerschaaren, die Lieb' zum Vaterlande hat gestählt, die hochbegeistert hohen Muthes waren und die den Kampf sich selber gern gewählt; sie Alle wollten zeigen, daß Deutschland nicht wollt weichen, dem stolzen Corsen seiner Heeresmacht, und daß am Rhein steht heilig treue Wacht.

3. Marsch! Vorwärts in das neue Jahr geschritten und in das Feindesland mit frohem Muth — doch halt! Laßt Gott zuerst uns bitten, daß er dem deutschen Heer ist allzeit gut! Der Blücher hats gesprochen, Napoleons Macht gebrochen, denn siegreich zog ins welsche Land hinein die deutsche Macht als heilge Wacht am Rhein!

4. Drum sei der Neujahrstag von uns gepriesen, bei Caub die Stelle im Gedächtniß sei, der deutsche Muth Napoleon hat bewiesen, wie sich von Fremden macht der Deutsche frei! So soll es immer bleiben, vom Rhein soll nie vertreiben uns welsche Rachsucht, welscher Uebermuth, wir weih'n dem deutschem Lande Gut und Blut.

5. Mit Blüchers Ruf wir allzeit vorwärts dringen, wenn fremde Macht das Vaterland bedroht, laut soll der deutsche Hurrahruf erklingen, stets soll es heißen: Siegen oder Tod! Laßt ab mit euren Tücken, sie werden euch nicht glücken, du welscher Nachbar zieh nicht zu dem Rhein, es soll dir nimmer gut und nützlich sein!

6. Prosit Neujahr schallt's, die Gläser lasset klingen, wir trinken auf das liebe Vaterland, dem deutschen Kaiser laßt ein Hoch uns bringen, an den uns knüpft der Liebe heil'ges Band! Gott hat ihn auserkoren, zu bringen was verloren, zu gründen wieder uns ein deutsches Reich, dem kommet in der Welt kein zweites gleich.

7. Drum danken Gott wir an des Jahres Morgen, geloben Einigkeit und Fahnenpflicht, sind Deutsche einig, ist das Reich geborgen, nicht mehr der welsche Nachbar an es sieht! Drum einig treu und bieder im neuen Jahr seid wieder, ihr Deutschen, fröhlich stimmet Alle ein und singt mit uns, fest steht die Wacht am Rhein!

Lied für „Alldeutschland hie."

65. Herr, unser Gott, dich loben wir.

Melodie: „Sei Lob' und Ehr'."

1. Herr, unser Gott, dich loben wir, der uns den Sieg beschieden, Herr unser Gott, wir danken dir, der uns geschenkt den Frieden! Du Schlachtengott, du Friedensgott, dein ist die Macht, du hast's vollbracht, dein Name sei gepriesen!

2. Kein Menschenwill' und Trachten frommt, es kann ja nichts gelingen, wenn nicht von dir die Hilfe kommt beim Wollen und Vollbringen! Der Weisen Rath, der Helden That zerrinnt wie Schaum, zerfließt als Traum, fehlt Deines Segens Walten!

3. Du warst's, der uns im Blutgefild den Weg geführt der Gnade, warst uns're Leuchte, unser Schild auf dunklem Schreckenspfade, warst unser Thurm im Wettersturm, in Kampfesbraus in Todesgraus ein Retter, ein Erbarmer!

4. Wie lang du trägst auch mit Geduld den Stolz und Hohn der Bösen, du strafst doch endlich ihre Schuld, und willst dein Volk erlösen! dein Arm zerschlug Gewalt und Trug, vom Wolkensitz dein Racheblitz fuhr auf die Frevler nieder!

5. Gott, der uns nahm in treue Hut, Dank dir und Preis und Ehre! Du stärktest uns'rer Führer Muth, du zogst voran dem Heere! Hell strahlt im Glanz der Tapfern Kranz, ums Vaterland der Eintracht Band hast mächtig du geschlungen!

6. Herr, unser Gott, dich loben wir, das Reich ist neu erstanden! O wahre nun auch für und für den Frieden deutschen Landen! Und Lebenshort sei uns dein Wort, daß sich dein Geist mit Kraft erweist, und wir dein Reich erbauen!

Friedrich Becker.

66. Neujahrsgruß aus den Vogesen.

Kriegs-Genrebilder
aus der Zeit der Belagerung von Paris.

Melodie: „Nun laßt die Glocken."

1. Halt, Postillon; nur stät, nur stät — was sprengest du so spät, so spät durch Schneegetreib' und Sturmesbraus in's sternenlose Grau'n hinaus? Hüt' dich vor den Vogesen.

2. Steig' ab; noch keinem Menschen bracht' viel Gutes Sankt Sylvesters Nacht; dein Pferd, beim Biwackfeu'r stells ein, und fei'r mit uns beim heißen Wein Neujahr in den Vogesen."

3. „„'S wär' lust'ger; doch im Ranzen hier viel tausend Grüß trag ich bei mir, viel tausend Grüße treuer Hand zum neuen Jahr in's Vaterland von jenseits der Vogesen.

4. Die müssen früh schon über'n Rhein"" — und stürmet in die Nacht hinein, und hört nicht, wie der Kamerad ihm's Neujahr nachgerufen hat und Glück durch die Vogesen.

5. Wohl schnell ging ihm der Pulse Schlag, nur langsam kroch die Zeit ihm nach, bis von des Nordwinds grimmen Stoß sich lichter das Gewölk' erschloß: — „gut' Nacht, gut' Nacht Vogesen!"

6. „Ich grüße dich" trarah! trarah! „Du neuer Tag! bist endlich da?" — hell schmetterte in's Morgenroth sein Neujahrsgrüßen, das er bot den schweigenden Vogesen.

7. Da, weil gekrümmt der Paß sich engt, als er nach links sein Pferd gedrängt, knackt es, wie wenn den Hahn man spannt, unheimlich, wo zu steiler Wand aufsteigen die Vogesen.

8. Und eh' vom Mund das Horn er nimmt, kracht's, laut vom Echo überstimmt, und eh' die Hand um's Herz sich schloß, sinkt matt sein Haupt herab auf's Roß — eu'r blutig Werk, Vogesen!

9. Noch einmal auf des Pferdes G'nick gestemmt, beugt er den Leib zurück, und stößt in's Horn — trarah! trarah! — „Kameraden eilt! die Post ist da — die Post aus den Vogesen!"

10. Vom nahen Biwacht stürmt's herbei: aus jedem Mund ein Racheschrei; da lehnt er still das Haupt zur Seit': — „die Post ist da — ich hielt die Zeit — mein Neujahr ist gewesen.“

11. Trarah! trarah — „die Kugel traf, mein Auge bricht zum letzten Schlaf, — daß dich, mein Deutschland, Gott bewahr,“ — Trarah! — „dich grüßt zum neuen Jahr mein Horn aus den Vogesen!“ —

Hans Köster.

67. Zum 18. Januar.

Methfessel.

1. Stimmt ein, laßt uns singen ein Lied vom deutschen Reich, dem

Reich, dem auf Er-den nicht ein zwei-tes kommt gleich, dem

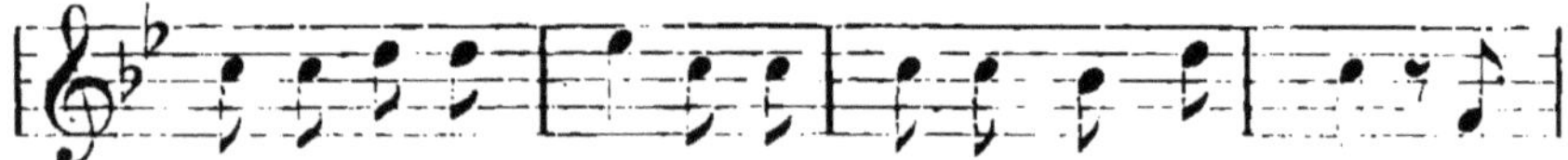

Reiche, das uns strahlet, in neu-er schö - ner Pracht, und

das uns-re Her -zen so froh und glücklich macht.

2. Das Reich deutscher Völker aus Norden und Süd', du güt'ger Himmelsvater, zu jeder Zeit behüt'! Laß blühen und wachsen es stets an innrem Glück, und Frieden und Gedeihen dem deutschen Volke schick'.

3. Nicht Preußen, nicht Baiern sei unser Feldgeschrei, in erster Linie jeder ein echter Deutscher sei; ob Schwabe, ob Sachse, er halte stets zum Reich, die deutsche Sitt' und Sprache macht Alle uns gleich.

4. Ob stammend aus Holstein, aus dem Badenser Land wir reichen uns liebend und brüderlich die Hand; nicht Ost und nicht

Westen sie scheiden uns mehr, wir stehen fest zusammen im deutschen Reichesheer!

5. Nicht trennt uns Glaube, nicht trennt uns Stand, die Lieb' zum Vaterlande sei uns ein heilig Band, es Gott uns stets segne in Frieden und Krieg, Gott führe unser Banner zu Ehren und Sieg.

6. Das Reich, das zersplittert so lange war — lebt neu, ein jeder wahre Deutsche sich dessen erfreu', es leb' und gedeihe recht stolz und recht kühn, es möge im Glanze und Schmucke erblühn.

7. Laßt fröhlich uns feiern des Reiches Wiegenfest, im Norden, im Süden, in Ost und in West, erhebt euch ihr Brüder dem Kaiser laßt weih'n, ein Hoch aus deutschen Kehlen begeistert und rein.

8. So rein wie der Himmel, den Wolke nicht trübt; so rein wird der Kaiser von Allen uns geliebt, erhalte der Himmel ihn lange noch gesund! So ruft heut' vor allem Alldeutscher Kriegerbund.

Lied für „Alldeutschland hie."

68. Zum 18. Januar.

Melodie: „Leise zieht durch mein Gemüth."

1. Deutschen Reiches Wiegenfest bist gekehrt uns wieder! Alles was sich wünschen läßt, wünschen Herz und Lieder!

2. Wachs' an Freiheit, Wohlstand, Macht! Glück sei dir beschieden ferne bleib' der schwarzen Macht; falscher Freiheit Wüthen!

3. Reichskraft, Würde nehme zu, Außen so wie Innen! Mög' durch Friede, Fleiß und Ruh' gold'ne Zeit beginnen!

4. Reich und Kaiser schütze Gott, segne Land und Leute! Ferne bleibe jede Noth, — Einkehr halt die Freude!

Lied für „Alldeutschland hie."

69. Gedächtnißfeier zum Aufruf des Volkes

am 3. Februar 1813.

Weise: „Erhebt euch von der Erde."

1. Frisch auf, zum fröhlichen Jagen! So rief der Hörner Klang, so rief in frohen Tagen der muntre Jagdgesang. Verklungen sind die Lieder, die blanken Waffen ruhn; wir aber fragen wieder: wo sind die Jäger nun?

2. Ein Kirchhof liegt gebreitet, keine Mauer faßt ihn ein, keine Hügel sind bereitet mit hohem Leichenstein. Der Pflüger pflügt darüber und fragt nicht nach dem Grab: der Wandrer zieht vorüber, schaut nicht auf euch hinab.

3. Sie freuen sich der Aehren, die euer Blut getränkt; sie schmücken sich mit Ehren, die euch der Tod geschenkt. Sie brechen von den Kränzen, die euch der Sieg vertraut; sie fliegen zu den Tänzen mit eurer jungen Braut.

4. Die Welt will untreu werden, so bleiben wir getreu, damit die Lieb auf Erden nicht ganz verschwunden sei. Das Fest, das wir begehen, hat euch dem Tod geweiht; mag es fortan bestehen, ein Zeichen bessrer Zeit!

5. Und ruft der Frühling wieder die grüne Saat hervor, dann tönen unsre Lieder im muntern Jägerchor. Das Heil begann zu tagen, das Vaterland ist frei! „Frisch auf, zum fröhlichen Jagen! Wir waren auch dabei.“

Friedrich Förster 1818.

70. Zum 1. März.

Melodie: „Freiheit, die ich meine.“

1. Laßt die Gläser klingen heut' am ersten März, höher soll uns schlagen froh das deutsche Herz; denn wir feiern heute einen schönen Tag zum Gedächtniß aller nun getilgter Schmach.

2. Anno einundsiebzig an dem ersten März zogen deutsche Truppen wohl zu Frankreichs Schmerz ein in seine Hauptstadt sieg- und ruhmgeschmückt, nicht dem welschen Kaiser war sein Plan geglückt.

3. Stolz er wollte führen, Turcos nach Berlin, nach der Wilhelmshöhe brachten wir ihn hin; All' die deutschen Truppen kamen her vom Rhein, in Paris sie zogen frohen Muthes ein.

4. Schmach ist abgewendet, Gott hat wohlgemacht, was zum eignen Schaden Frankreich auserdacht, Frankreich mußte büßen seine Ländergier, längst geraubte Lande holten wieder wir.

5. Und es ist erstanden schön das deutsche Reich und ein deutscher Kaiser herrschet segensreich, um wir Deutsche kehrten des Napoleons Spieß, zogen uns zu rächen ein in sein Paris.

6. Darum wolln' wir feiern ihn den ersten März, schauen Gott vertrauend dankend himmelwärts, wollen nimmer lassen in das Land hinein unsre welschen Nachbarn, halten Wacht am Rhein.

Lied für „Alldeutschland hie.“

71. Zu Kaisers Geburtstag.

72. Festlied zum 1. April.

Melodie: „Hier sind wir versammelt zu löblichem Thun."

1. Wir sitzen zusammen so fröhlich vereint, laßt liebliche Lieder uns singen, dem Vaterland, das uns so herrlich erscheint, am ersten ein Hoch soll erklingen! Es ist doch ein herrliches ruhmvolles Reich, es gleichet dem Sinnbild der Stärke, der Eich'! Ihm kommet auf Erden ein zweites nicht gleich, das Vaterland blühe, gedeihe!

2. Doch nicht nur dem theueren Reiche allein ein Loblied soll tönen von Allen dem Kaiser, ihm wollen wir ehrfurchtsvoll weih'n ein donnerndes Hoch! — mög' es schallen zu Ehren dem edelen Helden und Greis, der trefflich zu helfen, zu sorgen stets weiß, ertöne ein Loblied zum Dank ihm und Preis, der Kaiser der Deutschen er lebe!

3. Zum dritten Mal schalle begeistert und laut, ein Hoch noch germanischer Sitte, dem Mann, dem der Kaiser in Allem vertraut, der geehrt wird auf Thron und in Hütte. Du mächtiger Kanzler und trefflicher Held, gewaltiger Staatsmann in Frieden und Feld, den Gott hat den Deutschen geschickt in die Welt, Reichskanzler, Fürst Bismarck sollst leben!

4. Da wieder das Wiegenfest feiern wir heut vom Kanzler, Gott mög' ihn erhalten, Gott gebe, daß es sich noch oft ihm erneut, laß gut ihn im Reiche stets walten! Das Vaterland lebe, es blüh' und gedeih'! Gott stehe dem Kaiser, dem Kanzler bei, dem Volke er Segen und Frieden verleih'; Reich, Kaiser und Bismarck sie leben!

Lied für „Alldeutschland hie."

73. Zum Frankfurter Frieden.

Melodie: „Preisend mit viel."

1. Schönes Frankfurt laß dich grüßen, Kaiserstadt so würdig, alt, deutscher Geist in allen Orten hier in Frankfurt wiederhallt!

2. Wie es scheint, hast du geopfert alte Rechte deutschem Reich; doch die Zeit wird wieder kommen, wo dem früheren Glanze gleich.

3. Strahlen wird im deutschen Lande, als ein deutscher Kaiserort, Frankfurt unter deutschen Städten, deutschem Reich ein theurer Hort!

4 Friede langersehnter Friede ward nach heißem Kampf und Krieg hier in Frankfurt abgeschlossen, glänzend. gleich dem schönsten Sieg!

5. Friede zieht auch in die Herzen, Groll und Schmerz hat er verbannt, ehrlich, treu und ohne Zagen reichtest du das Herz, die Hand.

6. Deutschem Reiche, deutschem Kaiser, heute an dem Friedensfest, das auch für des Reiches Zukunft und das Beste hoffen läßt!

7. Frankfurt groß in alten Zeiten, zeige dich als heller Stern in dem Kreise deutscher Städte, die das Reich, den Kaiser gern!

8. Halte fest und treu und bieder an dem Vaterland und wahr, opfre, wenn es gilt zu opfern, froh an Vaterlands Altar!

9. Nicht durch Selbstsucht laß dich leiten, Schmeichlerwege suche nicht, ehrlich, offen, deutsch und edel handle du nach heil'ger Pflicht!

10. Glück und Segen wird dann blühen dir, wie deutschem Vaterland, einig, frei von fremdem Einfluß, reicht versöhnend euch die Hand!

11. Deutschland, Deutschland über Alles singt ein Friedensfest vereint, schöner Mai er ist gekommen, auch im deutschen Reich er scheint!

12. Frühling ist trotz kalter Nächte angebrochen deutschem Land; Frankfurt reicht dem deutschen Kaiser, schön geschmückt mit deutscher Hand

13. Friedenspalmen, führt ihn gastlich in die Kaiserstadt zurück, betet für des Reichs Gedeihen, für des Kaisers Segen, Glück!

14. Viele tausend deutsche Herzen flehen bittend zu dem Herrn: Gott erhalte uns den Frieden, halt uns Krieg und Zwietracht fern.

15. Schütze uns den edlen Kaiser, laß das deutsche Reich gedeih'n, gieb uns Kraft in allen Ständen uns dem Vaterland zu weih'n!

Lied für „Alldeutschland hie."

74. Zum 18. Juni.

Melodie: „Feinde ringsum."

1. Ehre sei dir herrliches Volk der Germanen, Ehre des Vaterlands Fahne und Lorbeerzier!

2. Adler so kühn, als du zum Raube gezogen, rauschte der Pfeil von dem Bogen, warf dich dahin!

3. Schlachtfeld des Herrn, wo zum Gericht er gekommen, hoch über Leichen entglommen stand Deutschlands Stern.

4. Wahret es treu! Vaterland dir nur ergeben, wollen wir sterben und leben, Deutschland sei frei!

Bardili.

75. Der neunzehnte Juli 1870.

Melodie: „Preiset mit viel schönen Reden.“

1. Zu Charlottenburg im Garten in den düstern Fichtenhain tritt, gesenkt das Haupt, der greise, unser theurer König ein.

2. Und er steht in der Kapelle, seine Seele ist voll Schmerz, drin zu seiner Eltern Füßen liegt des frommen Bruders Herz.

3. An des Vaters Sarkophage lehnet König Wilhelm mild, und sein feuchtes Auge ruhet auf der Mutter Marmorbild.

4. „Heute war's vor sechzig Jahren,“ leise seine Lippe spricht, „als ich sah zum letzten Male meiner Mutter Angesicht!

5. „Heute war's vor sechzig Jahren, als ihr deutsches Herze brach um den Hohn des bösen Feindes, um des Vaterlandes Schmach!

6. „Jene Schmach hast du gerochen längst, mein tapf'rer Vater du, aber Frankreich wirft auf's Neue heute uns den Handschuh zu!

7. „Wieder sitzt ein Bonaparte ränkevoll auf Frankreichs Thron, und zum Kampfe zwingt uns heute wieder ein Napoleon!

8. „Tret' ich denn zum neuen Kampfe wider alte Feinde ein, dann soll's mit dem alten Zeichen mit dem Kreuz von Eisen sein!

9. „Der Erlösung heilig Zeichen, leuchte vor im heil'gen Krieg und der alte Gott im Himmel schenk' dem alten König Sieg!

10. „Blicke segnend, Mutterauge, Vater, sieh'! dein Sohn ist hier, und auch du, verklärter Bruder, heute ist dein Herz bei mir!“

11. Leise weht es durch die Halle — König Wilhelm hebt die Hand, all' die gold'nen Sprüche funkeln siegverheißend von der Wand.

12. Zu Charlottenburg im Garten, aus dem düstern Fichtenhain tritt der König hoch und mächtig, und sein Antlitz Sonnenschein!

Georg Hesekiel.

76. Siegesbotschaft.

Schrittgemäß. Mauck.

1. Ein kurz Gebet, — und dann Hurrah! Ihr schle-si-schen

Gre - na - die - re, dort seht ihr Frank-reichs Gren-ze nah,

ihr bai-ri-schen Fü - se - lie - re! Horcht auf, es donnert

in den Mor-gen hin-ein, das können nur deutsche Ka-

no - nen sein. Vorwärts, dem Herrn die Eh - re.

2. Und Schuß auf Schuß. Allüberall ein Trommeln, ein Schmettern, ein Rufen, die Feuerrohre sprühn Ball auf Ball, der Boden dröhnt unter den Hufen. Zum Avanciren! Auf Weißenburg los! Das giebt den Franzosen ins Herz einen Stoß. Dem Herrn allein die Ehre!

3. Horch die Parole mit kurzem Wort: Heut' sterben oder siegen! und immer vorwärts sieht man dort die deutschen Fahnen fliegen. Lebt wohl, ihr Braven, auf grünem Grund, zum Siege ruft ihr, ob todeswund: Dem Herrn allein die Ehre!

4. Der erste Sieg, ein blut'ger Sieg; es gilt die deutsche Ehre, daß nicht der Franzmann in diesem Krieg Germaniens Boden verheere. Was deutsche Treue und Einheit vermag, das schreiben mit Blut wir Tag auf Tag. Dem Herrn allein die Ehre!

O. Anton.

77. Der vierte August.

Melodie: „Hinaus in die Ferne."

1. Was wettert vom Rheine herüber mit Macht? Das ist im Flammenscheine die erste deutsche Schlacht! Die erste der Weisen von Sturm und von Sieg; der erste Schlag von Eisen im großen deutschen Krieg.

2. O schönste der Stunden, du Blume im Kranz, da Deutschland sich gefunden, gefunden treu und ganz! O schönster der Tage, der stolz und geweiht, erweckt im Schwerterschlage die alte Herrlichkeit!

3. Was wettert vom Rheine herüber mit Macht? Das ist im Flammenscheine die erste deutsche Schlacht. Nun steh'n wir zusammen in Kampf und im Sieg, und über Sturm und Flammen flieg, deutscher Adler, flieg!

Gustav Weck.

78. Ein Trunk in Weißenburg.

Melodie: „Steh' ich in finstrer Mitternacht."

1. Bei Weißenburg beginnt die Schlacht, aus tausend Schlünden der Donner kracht; voll Ungeduld die Bayern steh'n für Deutschland in den Kampf zu geh'n!

2. Da tritt, die Uhr in der Hand, ein Major an der Fronte des Bataillons hervor. „Schaun's Leute," so ruft er, „'s ist eben neun, wir müssen um Zwölfe z' Weißenburg sein.

3. Ein Fässel Bier wird dann angesteckt, das uns nach dem Sieg vortrefflich schmeckt." Hurrah! ertönt's aus der Helden Mund, wir sind dort, Herr Major, zur zwölften Stund'!

4. Und wie der Sturmwind geht es drauf, die „Zephirs" sinken um zu Hauf', dann kommen die Turkos — was steht Ihr hier, wollt Ihr uns entwenden den Sieg und das Bier?

5. Hui! fallen und fliegen die Turkos da — o wärt Ihr geblieben in Afrika! Und weiter und weiter! Gar manchen Zuav' streckt die Bayernfaust in den Todesschlaf.

6. Doch dort die Kanonen sind nicht faul: denen stopfen wir auch das große Maul! Wohl mancher Bayer niedersinkt und keinen Tropfen Bier mehr trinkt,

7. Doch die Kanonen werden genommen: die sollen als Beute nach München kommen! Sieg! Sieg! — sie sind oben, blutend und naß: 's ist zwölf, Herr Major, — nun her das Faß!

8. Nun aber ist dort ein Trunk geschehen — wer hat noch je so trinken gesehen, wer hat noch jemals so getrunken von Allen, die zechend umgesunken,

9. Wer hat je so verdient sein Bier, wie diese braven Bayern hier!? So trinkt den Regen das trockene Land, so trinkt die Quelle der Wüstensand.

10. So trinkt die Blume auf der Au nach des Tages Gluth den Himmelsthau, so trinkt das wunde, gehetzte Wild, wenn den brennenden Durst es am Waldbach stillt.

11. Gesegn' Euch Gott den Gerstensaft, daß er stärk' die erschöpfte Heldenkraft und möge nie erscheinen der Tag, — es wär' fürwahr ein Tag der Schmach —

12. An dem ihr hättet Durst gelitten, die Ihr so für Deutschland habt gestritten. Euch schuldet das Vaterland Tag für Tag euer Bier bis zum letzten Herzensschlag.

Gustav Duill.

79. Zum sechsten August.

Melodie: „Auf ihr Brüder."

1. Am Gedenktag deutscher Siege gilt der erste Dank dem Herrn, der dem deutschen Bundesherrn Schmach und Niederlag' hielt fern, ehrfurchtsvoll wir gern ihn bringen, stehe Gott uns immer bei, halte uns die deutschen Lande alle Zeit von Kriege frei.

2. Feinden, die uns Frieden rauben, bringen Sorgen uns und Noth, die Verdienst und Lohn uns nehmen, schmälern unser täglich Brod; alle Feinde halte ferne Du dem lieben Vaterland, kräftige zu allen Zeiten unser schönes Friedensband.

3. Laßt den zweiten Dank uns bringen wackern deutschen Führern dar, die zum Sieg die Truppen führten, achtend Noth nicht und Gefahr, unsrem Kronprinz Friedrich Wilhelm wohl gebührt der erste Kranz, der errungen ward im Felde in dem ernsten Kriegestanz.

4. Ihm dem Leiter und dem Sieger jener Wörther Riesenschlacht sei von allen deutschen Männern drum ein laut Hurrah gebracht; doch auch Dank gebührt den Truppen seines Preußen, Schwaben, Bayern, heute all die wackren Helden wir bei unserm Feste feiern.

5. Doch nicht nur der Wörther Helden sei in diesem Lied gedacht, nein ein Lorbeerkranz vor Allem dankend, liebend sei gebracht jenen tapfern Männern, die erstürmet Spichern's Höh'n, die mit muthig kaltem Blute all' dem Tod ins Aug' geseh'n.

6. Segne Gott was sie vollbrachten all' die Streiter gut und recht, mögen sie zum Vorbild dienen einem kommenden Geschlecht, mögen die Gefallnen Alle nie von uns vergessen sein, nach dem Kampf zum ew'gen Frieden zogen sie ins Jenseits ein.

7. Wie bei Wörth und Spichern hielten Deutschlands Söhne aus im Streit, so auch möchten alle Deutschen stets zum Kämpfen sein bereit; lasset treue Wacht uns halten jenen edlen Helden gleich unerschütterlich uns stehen zu dem Kaiser und dem Reich!

Lied für „Alldeutschland hie."

80. Der Doppelsieg am sechsten August 1870.

Melodie: „Was blasen die Trompeten."

1. Hei, das war ein Siegen im Sturmesgebraus, es geht schier den Sängern der Athem aus, es macht ihrer keiner im Augenblick so schnell wie die Helden die Schlachtmusik! Juchheirassassa und die Deutschen sind da, die Deutschen lustig und rufen Hurrah!

2. Hei, das war ein Tag der sechste August, eine Freude für jede deutsche Brust! Das ist Alldeutschlands Ehrentag, da ward geschlagen der Doppelschlag! Juchheirassassa 2c.

3. Das war ein Siegen unerhört: an einem Tag die Schlacht bei Wörth, an einem Tag bei Saarbrücken der Sieg — nun, Deutschlands Adler, durch Frankreich flieg'! Juchheirassassa 2c.

4. Der sechte August, der sechste August macht schwellen die deutschen Herzen vor Lust, drum ruft König Wilhelm: „Hurrah, Hurrah, ganz Deutschland schieß' heute Victoria!" Juchheirassassa 2c.

Joh. Fastenrath.

81. Zum 18. August.

(Begräbniß bei Gravelotte.)

Melodie: „Preisend mit viel schönen Reden."

1. Bei Gravelotte sich blutig schlugen die deutsche und die welsche Macht, welch' sich am tüchtigsten bewährte das zeigte jene Riesenschlacht.

2. Der Sieg ist unser, Gott die Ehre! gekostet hat er vieles Blut, viel junge, brave, deutsche Männer erlagen ihrem Heldenmuth.

3. Die Todten galt es zu bestatten, die von der Heimath starben fern, die abgerufen all zu frühe von unsrem mächt'gen Himmelsherrn.

4. Dem Einen liegt die Hand am Herzen, ob seiner Lieben er gedacht, eh' in den Schlaf er ist gefallen, aus dem kein Sterblicher erwacht?

5. Ein Andrer hält noch todeskräftig mit starrer Hand ein Bildniß fest; die Mutter ist's, die treue, gute, die selbst im Tod er nicht verläßt.

6. Die gute Alte hat gegeben ein Cruzifix dem Sohn zum Schutz, doch bot die freche, welsche Kugel dem frommen Mutterglauben Trutz.

7. Ein Dritter hält so festgeklammert 'nen Brief von treuer Vaterhand, dem Sterbenden bracht er noch Grüße von Seinen aus dem Heimathsland.

8. Noch Vieles könnte ich erzählen, was in verklärtem Anblick lag, gar Mancher schien Triumph zu lachen, gerächt war ja die alte Schmach.

9. Fragt ihr: wie ist das Grab gewesen? Soldatengrab, es ist nicht tief, in einem Grabe liegen Viele, die Gott in's bess're Jenseits rief.

10. Ihr Sarg, es ist der Rock der Ehre, so liegen sie in einer Erd', die deutsch gewesen, deutsch geworden, weil sich die Deutschen gut gewehrt.

11. Zur Leichenfeier still wir standen, ein jeder sprach ein still Gebet und hat den braven, tapf'ren Todten ein ungestörtes Grab erfleht.

12. Nur Einigkeit war hier zu sehen, des Lebens Ernst hielt in Verein uns; wir gelobten All' auf's Neue stets treu dem Vaterland zu sein.

13. Das schwere Werk, es war vollendet, ins Bivouack schlich ich still zurück, doch trat mir manchmal vor die Seele so mancher voll verklärte Blick.

14. Ich dacht der Wittwen und der Waisen, des Vaters und des Sohns beraubt, und an die nun verlass'nen Bräute, die an der Liebe Glück geglaubt.

15. Mit Recht wir schöne Siege feiern, doch auch der Opfer sei gedacht, als kleines Scherflein deutschen Dankes sei ihnen dieses Lied gebracht.

Lied für „Alldeutschland hie."

82. Nach der Schlacht vom 18. August.

Melodie: „Ich hatt' einen Kameraden."

1. Der Abend sinkt — da liegen gebettet auf grünem Pfühl :,: nach heiß erkämpften Siegen :,: der Sterbenden gar viel.

2. Und wie die Nacht ausbreitet ihr dunkles Leichentuch, :,: da übers Schlachtfeld reitet :,: ein stiller, ernster Zug.

3. Der hoch an seiner Tête, ist König Wilhelm, der Held, :,: auf blickt er im Gebete :,: zum blauen Sternenzelt.

4. „Herr, gieb, daß diese Erde, gedüngt mit deutschem Blut, :,: Nun wieder Deutschlands werde :,: ureig'nes deutsches Gut.

5. Sei diese Schlacht, entschieden im düstern Abendschein, :,: die letzte, Herr, laß' Frieden :,: und einig Deutschland sein!"

6. Da durch die grünen Wiesen ein Dankes-Flüstern geht. :,: sich tausend Augen schließen, :,: verklärt bei dem Gebet.

7. Und wie die Geister wallen zum Himmel auf, ein Stern :,: bringt im Herniederfallen :,: das Amen Gott des Herrn.

A. Dunker.

83. Nach dem Königssiege bei Metz.

Melodie: „Hinaus in die Ferne."

1. O Hoffnung, nicht belogen hast du Germania, die Kunde kommt geflogen in Blitzschrift ist sie da, das große Wort zu sagen, daß Frankreichs Heeresmacht von Deutschland ist geschlagen bei Metz in blut'ger Schlacht.

2. Das Banner seiner Ehre und uns'rer Ehre hoch hielt mit dem deutschen Heere der Deutschen Allherzog: der König schlug den Kaiser vernichtend auf das Haupt. Bazaine, nun schrei' dich heiser, bleibst fest in Metz geschraubt!

3. Heraus, ihr Preußenfahnen, ihr deutschen Fahnen weht! Sieg, Sieg auf allen Bahnen, Sieg, wie wir ihn erfleht! — und sieh! schon ungeboten weh'n sie von jedem Haus, schwarz-weiß bei schwarz-weiß-rothen, gar festlich seh'n sie aus.

4. Es woget ein Gedränge die Straßen auf und ab, doch eh' des Volkes Menge dem Jubel Ausdruck gab, horch! von den Thürmen allen der alten, lieben Stadt hört man die Glocken schallen, wie's nie geklungen hat.

5. Sie klangen Dank und Freude für diesen neuen Sieg, sie galten auch dem Leide in diesem blut'gen Krieg; sie zitterten und bebten ein heiliges Gebet für die, so annoch lebten und der Tod' gemäht. —

6. Kein Laut ward sonst vernommen, kein Jubelruf und Wort, still, wie sie war gekommen, ging all' die Menge fort. Erst als das Herz schlug freier, drückt Manchem ich die Hand. Ja, das ist deutsche Feier, heil Dir, mein Vaterland!

Wilh. Osterwald.

84. Zum 2. September.

1. Herr' bleib' bei uns mit deinem Reich, sei mit den uns'ren allzugleich! Dir Gott der Wahrheit dienen wir, halt' über uns dein Siegspanier! Wir stehen oder fallen! Mit Gott für's deutsche Vaterland.

2. Scharf sei die Wehr und blank der Pflug, das sind der Schätze uns genug — ein freier Muth und Gottvertrau'n soll rings vor'm Feind die Mauer bau'n. Wir stehen oder fallen, stets soll der Ruf erschallen: Mit Gott für's deutsche Vaterland!

3. Fürst, Ritter, Bürger all' herbei! — in Feind und Krieg ein Wahlspruch sei: An Muth und Lieb' und Ehre gleich, die gleiche Treu' dem deutschen Reich! Wir stehen oder fallen soll stets der Ruf erschallen! Mit Gott für's deutsche Vaterland.

Ernst Veit.

85. Zum 2. September.

Weise: „Wohlauf, Kameraden, aufs Pferd."

1. Frisch auf, lieben Brüder, die Stimme erhebt zum jubelnden Siegesgesange, auf daß, was tief im Herzen uns lebt, sich kräftig gestalte im Klange; wer heute nicht jubeln, nicht singen kann, ist immer ein reicher, ein deutscher Mann.

2. Dem gallischen Hahn war geschwollen der Kamm, es dürstete arg ihn nach Siegen, mit vielem Geschrei von der Grenze Damm versucht er gen Deutschland zu fliegen, unser Rheinstrom und Weinstrom, der schien ihm recht, ach, du gallischer Hahn, wie ging's dir so schlecht!

3. Als die Trommel erdröhnt, als der Kriegsruf erschallt, wie eilten zusammen die Mannen! Ein Volk in Waffen, — der Zwist verhallt, — und die Raben sie flogen von dannen. Alldeutschlands Söhne im starken Verein, wie hielten sie treulich die Wacht am Rhein!

4. Ja mannhaft und muthig, so haben ihr Schwert die deutschen Männer geschwungen; im heiligen Kampfe für Heimath und Herd nur Siegeskronen errungen. Ihr armen Franzosen, mit eurem Elan, wie ging's euch so traurig am Tag von Sedan!

5. Sedan, du herrlichster Ehrentag, wie bist du ins Herz uns geschrieben, da vor deutschen Hieben mit Ach und mit Krach die wälsche Spreu mußt zerstieben. Als den Tag, Germania, dein Auge geschaut, wie freudig erstrahlt' es, du Siegesbraut!

6. Und die blut'ge Saat hat gar herrlich gekeimt, hat goldene Frucht uns gewähret, was die Väter schmerzlich gesehnt und geträumt, uns ist es in Wahrheit bescheeret, ein Deutschland, ein Kaiser, ein starkes Reich! — Lieb' Vaterland mein, was kommt dir gleich?

7. O hör' uns, wir schwören auf's Neu dir Treu. Dir weihen wir Hände und Herzen, was dir, unsrer Mutter, behalten auch sei, dein sind wir in Freud' und in Schmerzen. Dann dräue du Feind nur, dann komme heran, wir schützen dich Vaterland, Mann für Mann!

Hermann Hahn 1875.

86. Der Sieg von Sedan.

Melodie: „Sie sollen ihn nicht haben."

1. Was donnern die Kanonen? Was kündet der Glocken Mund? den Deutschen in allen Zonen wird freud'ge Märe kund.

2. Laßt Siegesfahnen prangen, die Welt hat wieder Ruh. Das französische Heer gefangen und der Kaiser, der Kaiser dazu!

3. Es ward eine Schlacht geschlagen bei Sedan auf dem Feld, davon wird man singen und sagen bis an das Ende der Welt!

4. Da schlug seine Schicksalsstunde dem dritten Napoleon, da blutet aus schwerer Wunde der Marschall Mac Mahon.

5. Drum donnern die Kanonen, drum dröhnt der Glocken Mund; den Deutschen in allen Zonen wird freud'ge Märe kund.

6. Es donnere jubeltönig hinaus über Land und Meer: Heil Deutschlands Heldenkönig! Heil Deutschlands Heldenheer!

Friedr. Bodenstedt.

87. Am 3. September 1870.

Nicht zu schnell. Mauck.

2. Es zog von Westen der Unhold aus, sein Reich zu festen in Blut und Graus, mit allen Mächten der Höll' im Bund, die Welt zu knechten, das schwur sein Mund. Furchtbar dräute der Erbfeind.

3. Vom Rhein gefahren kam fromm und stark, mit Deutschlands Schaaren der Held der Mark. Die Banner flogen und über ihm in Wolken zogen die Cherubim. Ehre sei Gott in der Höhe!

4. Drei Tage brüllte die Völkerschlacht, ihr Bluthauch hüllte die Sonn' in Nacht. Drei Tage rauschte der Würfelfall und bangend lauschte der Erdenball. Furchtbar dräute der Erbfeind.

5. Da hub die Waage des Weltgerichts am dritten Tage der Herr des Lichts und warf den Drachen vom güld'nen Stuhl, mit Donnerkrachen hinab zum Pfuhl! Ehre sei Gott in der Höhe!

6. Nun bebt vor Gottes und Deutschlands Schwert die Stadt des Spottes, der Blutschuld Heerd; ihr Blendwerk lodert, wie bald zu Staub und heimgefordert wird all ihr Raub. Nimmermehr dräut uns der Erbfeind.

7. Drum laßt die Glocken von Thurm zu Thurm durchs Land frohlocken im Jubelsturm! Des Flammenstoßes Geleucht facht an: Der Herr hat Großes an uns gethan. Ehre sei Gott in der Höhe!

Emanuel Geibel.

88. Straßburg fiel!

1870.

Melodie: „Gott erhalte Franz den Kaiser."

1. Laßt die deutschen Fahnen wallen, schwing empor dich, Jubelschall! Straßburg, Straßburg ist gefallen! O das war ein guter Fall — Fiel's doch in der Mutter Arme, die so lang es, ach, so lang an das Herz, das liebewarme, hat ersehnet hoffnungsbang.

2. Straßburg, Straßburg! sehne nimmer nach dem Fremden dich zurück, deine Mutter will für immer dich nun weihen deutschem Glück. Will die wunderschöne Tochter zeigen in dem

rechten Licht, sehne du, o deutsche Tochter, dich nach welschem Glanze nicht.]

3. Nicht kann dich Germania missen, die dich endlich wiederfand, ewig sei das Band zerrissen, das dich an den Gallier band; fort, Erinn'rung böser Stunden! An die Mutter schließ dich an und sie heilt dir deine Wunden und sie führt dich hohe Bahn.

G. Duill.

89. Deutschlands Stern.

(Als über die Frage wegen Benennung eines neuentdeckten Sterns verhandelt wurde.)

Melodie: „Preisend mit viel schönen Reden."

1. Wie der neue Stern soll heißen, der am hohen Himmelszelt nun mit erst entstandnem Glanze niederstrahlet auf die Welt?

2. Deutschland nennet ihn „Alldeutschland", denn zu kaum geträumter Pracht hast du, deutsches Reich erhoben dich nach düstrer Leidensnacht!

3. Herrlich ist dein Stern erschienen droben auf dem Niederwald in dem hohen Festesjubel bei des Denkmals Erzgestalt.

4. Und so laßt uns denn voll Hoffnung gläubig zu dem Himmel fleh'n, daß mit seinem hellen Glanze möge Deutschlands Stern bestehn.

5. Daß er flüchtig nicht erstrahle, wie ein prächt'ges Meteor, das mit schnell verglühtem Schimmer an dem Himmel flammt empor.

6. Daß, nachdem in wildem Kriege floß so vieler Heldenblut, nun nach heißerkämpftem Siege auch der Kampf im Innern ruht.

7. Dann o Deutschland, kann erst schweben friedenspendend klar und mild über deinen schönen Fluren deines Sternes Strahlenbild.

Wilhelm Wißmann.

90. Zum 28. September.

Erinnerung an die Einweihung des Niederwalddenkmals.

Melodie: „Preisend mit viel."

1. Achtundzwanzigster September, nicht allein als Siegestag rufst du in den deutschen Herzen freudige Erinnerung wach.

2. Nein, wir eilen auch mit Freuden in Gedanken an den Rhein, wo an diesem Freudentage Deutschland ließ sein Denkmal weih'n.

3. Nieder schaut es von den Höhen stolz herab auf deutsche Flur, deutsche Männer hier erneuten ihren alten heilgen Schwur.

4. Sie auf's Neue sich gelobten treu zu halten deutsche Wacht, für das Vaterland zu wirken in dem Frieden, in der Schlacht.

5. Deutschlands Denkmal! Krieg und Frieden stellst du schön und herrlich dar, für die deutsche Macht und Einheit bist du gleichsam ein Altar.

6. Einig! einig! tönt und klingt es, einig schallts vom Niederwald und der Ruf in allen deutschen Herzen freudig wiederhallt.

Lied für „Alldeutschland hie.“

91. Beim Siegesfeuer am 18. Oktober.

Marschmäßig. Gläser.

2. :,: Siehe, wir stehn :,: treu im geweiheten Kreise, dich, zu des Vaterlands Preise :,: Flamme, zu seh'n. :,:

3. :,: Heilige Gluth! :,: rufe die Jugend zusammen, daß bei den lodernden Flammen :,: wachse der Muth. :,:

4. :,: Auf allen Höhn :,: leuchte du, flammendes Zeichen, daß alle Feinde erbleichen, :,: wenn sie dich sehn! :,:

5. :,: Finstere Nacht :,: lag auf des Vaterlands Gauen; da ließ der Herrgott sich schauen, :,: der uns bewacht. :,:

6. :,: „Licht, brich herein!“ :,: sprach er; da glühten die Flammen, schlugen die Gluthen zusammen :,: über den Rhein. :,:

7. :,: Und er ist frei! :,: Flammen umbrausen die Höhen, die um den herrlichen stehen; :,: jauchzt! Er ist frei! :,:

8. :,: Stehet vereint, :,: Brüder! und laßt uns mit Blitzen unsre Gebirge beschützen :,: gegen den Feind! :,:

9. :,: Leuchtender Schein! :,: nahn wir im singenden Paare, schwören am Flammenaltare: :,: Deutsche zu sein. :,:

10. :,: Höre das Wort! :,: Vater, auf Leben und Sterben, hilf uns die Freiheit erwerben! :,: Sei unser Hort! :,:

Joh. Heinr. Christ. Nonne 1814.

92. Zum 18. Oktober, zum Geburtstag des Kronprinzen.

Melodie: „So pünktlich zur Sekunde.“

1. Am Wiegenfeste preisen den Kronprinz laßt uns All', der Gruß soll „Hurrah“ heißen, „Hurrah“ es kräftig schall'!

2. Ein Lied soll froh erschallen, aus jedem deutschen Mund, hell soll es wiederhallen, im ganzen Erdenrund.

3. Das Lied von einem Helden, der „Unser Fritz“ genannt, von dem die Siege melden, und der geliebt im Land.

4. Bei Düppel auf der Schanze ward unser Held erprobt und bei dem Schwertertanze ob seines Muth's gelobt.

5. Nach seiner Pulverweihe zog er in Düppel ein, und eine Schlachtenreihe sollt' Lorbeer ihm verleihn!

6. Mit seinen tapfern Leuten eilt er ins Böhmerland, die mit ihm niemals scheuten des Feindes Waff' und Hand!

7. Der schönste Ruhm ihm blühte in Königgrätzer Schlacht. den Feind er todesmüde durch diesen Sieg gemacht.

8. Der Sieg er war errungen, die Palme ward gepflückt, manch' Siegeslied gesungen, der Feldzug war geglückt!

9. Mit braven Baierkindern der Königssohn, der Fritz, bewährte sich nicht minder an seines Heeres Spitz!

10. Das Pfeifchen in dem Munde, die Karte in der Hand, von Allem nahm er Kunde im welschen Feindesland.

11. Und seine Heldenstärke hat trefflich sich bewährt beim großen Siegeswerke von Weißenburg und Wörth!

12. Auch hat er mitgerungen in herrlich schöner Schlacht, wo ist der Fang gelungen Napoleons halber Macht!

13. Stets wohlgemuth er schaute sich seine Leute an, sein Lächeln schon erbaute im Felde jeden Mann.

14. Er fragte nach den Sorgen manch' einzelnen Soldat, und der, der war geborgen, der ihm gebeichtet hat.

15. Drum lohnt ihm unsre Liebe wie keinem andern Held, aus reinem edlen Triebe hat er gesorgt im Feld.

16. Dem Held, der sich im Kriege hat Volkes Lieb' verdient, der führte uns zum Siege stets treu sind wir gesinnt!

16. Ein Hurrah soll ertönen dem, Kaiser seinem Sohn, von allen deutschen Söhnen Gott schütz den Kaiserthron!

Lied für „Alldeutschland hie.“

93. Zum 27. u. 28. Oktober.

Capitulation von Metz.

Melodie: „Gott erhalte Franz den Kaiser.“

1. Stolzes Metz du bist gefallen und dein Fallen ward uns schwer; denn du warest ja vor allen Festen, Frankreichs beste Wehr! Frankreich hast du dich ergeben deutsch geboren stolze Maid, endlich hat von welschem Buhlen dich das deutsche Schwert befreit.

2. Arg verwöhnt mit Schmeicheleien hat dich unser Nachbarland, doch nicht konnte er zerreißen das so feste heilge Band! Deutsche Sprache. deutsche Sitte konnten ganz nicht untergehn. neu in alt german'schen Fluren deutscher Geist sollt' wieder weh'n!

3. Deutschland sollte wiederholen sich sein Metz die alte Stadt, die einst froh das deutsche Wesen ritterlich bekennet hat, und die Ehre die dem Kaiser Deutschlands du so stolz verwehrt, hat ein andrer deutscher Kaiser sich erkämpft durch Sieg und Schwert.

4. Wie Brunhild bist du bezwungen, hoffen wir, daß bald dein Herz mit der treuen, lieben Mutter wieder theilet Freud und Schmerz. Stolzes Metz nimm deutsche Rechte und vertrau' dich deutschem Schutz, zu der Mutter heimzukehren bringt dem Kinde Glück und Nutz.

5. Nimmer werden wir dich lassen, reiche uns die Friedenshand, lasse ab von welschem Wesen, nun dich Deutschland wiederfand, traue froh dem Reich und Kaiser, bist befreit von welschem Netz, sei im deutschen Reiche glücklich, schönes festes stolzes' Metz

Lied für „Alldeutschland hie.“

94. Die Fahne von le Bourget.

Melodie: „Hans Joachim von Ziethen.“

1. Am dreißigsten Oktober, das war ein Kämpfen heiß, wo wieder die preuß'sche Garde gewann den Ehrenpreis.
2. Wie stürmen die Grenadiere mit lautem Hurrah heran! die Wacht am Rhein ertönte, hoch flog die Fahn' voran.
3. Und als sie im Kugelregen durchbohrt zu Boden fiel: vom Regiment ein Braver rafft auf sie im Kampfgewühl.
4. Und als er todesmuthig das wehende Banner hält, wird seine Brust getroffen — und wieder die Fahne fällt.
5. Da stürmt heran Budritzi, der edler General; aus seinen Augen flammt es, wie glühender Nordlichtstrahl.
6. Die Fahne hoch in der Linken hält seine Eisenfaust und in der Rechten der Säbel wie zuckender Blitzstrahl saust.
7. Jedweder Stein wird Schanze und Festung jedes Haus; dort fallen die Grenadiere wie Eichen im Sturmgebraus.
8. Doch über den Heldenleichen ragt siegreich in die Höh', gefärbt mit edlem Blute die Fahne von le Bourget.

Georg v. Dyherrn.

95. Württembergisches Kriegerlied.

(Zum 2. December.)

Melodie: „In einem kühlen Grunde.“

1. Zu Champigny im Felde da ist ein großes Grab drein senken sie die Schwaben die Landsleut' all' hinab,
2. Die frisch die Sense huben im Gau und Oberland, und die den Weinberg gruben am grünen Neckarstrand.
3. Der Alp, des Schwarzwalds Mannen, zusammen all' gefällt wie Eichen und wie Tannen, die grimmer Sturm zerspällt.
4. Zerstochen und zerschossen sie liegen in dem Schnee des Schwabenlandes Sprossen in herbem Todesweh.
5. Am fernen Marnestrande, da schlafen sie in Reih'n, auf ihre Stätte schauet kein Freundesaug' hinein.
6. Jedoch ihr Angedenken das lebt für alle Zeit und mancher stille Becher ist ihnen zugeweiht.
7. Und ernste Lieder schallen von ihrer Thaten Ruhm, für's Vaterland zu sterben ist höchstes Heldenthum.

E. Engelmann.

96. Am Tage der Friedensfeier.

Melodie: „Hinaus in die Ferne."

1. Flammt auf von allen Spitzen ihr Feuer deutscher Lust und weckt mit euren Blitzen ein Danklied jeder Brust. Das grause Spiel der Waffen mit Gott ist abgethan, und die das Schwert geschaffen die Palmenzeit bricht an.

2. Nun ward in Eins geschmiedet was eitel Stückwerk war, nun liegt das Reich umfriedet vor Arglist und Gefahr. Vom Alpenglühn bis zum Meere, vom Haff zur Mosel weht das Banner deutscher Ehre in junger Majestät.

3. Was braust vom Stamm zu Stamme ein Leben reich und stolz, seit der Begeist'rung Flamme was starr sich mied verschmolz, und am vereinten Werke des Südens Flügelkraft, des Nordens klare Stärke wetteifernd ringt und schafft.

4. Zieh ein zu allen Thoren du starker, deutscher Geist, der aus dem Licht geboren, den Pfad ins Licht uns weist, und gründ' in uns'rer Mitte wahrhaft und fromm zugleich, in Freiheit, Zucht und Sitte dein tausendjährig Reich!

Emanuel Geibel.

97. Zum Friedensfeste.

Kraftvoll. Manck.

1. Nun laßt durchs Land die Friedens- glocken schal-len vom

Rhein zum Belt im feierlichen Chor! Nun laßt noch einmal

die Ge - schü - tze knal- len des Kö-nigs Leb'wohl ins freu-

detrunk'ne Ohr! Nun laßt die Stadt von bunten Flaggen

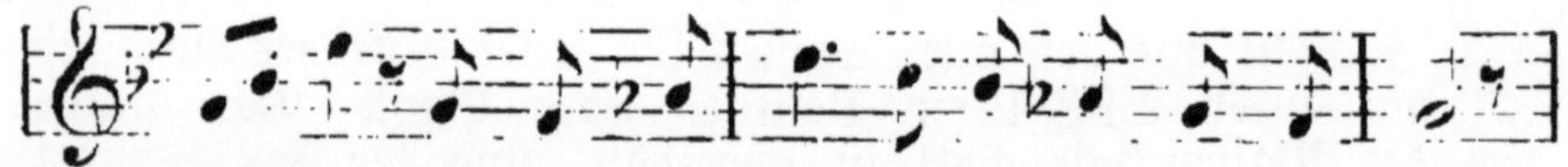

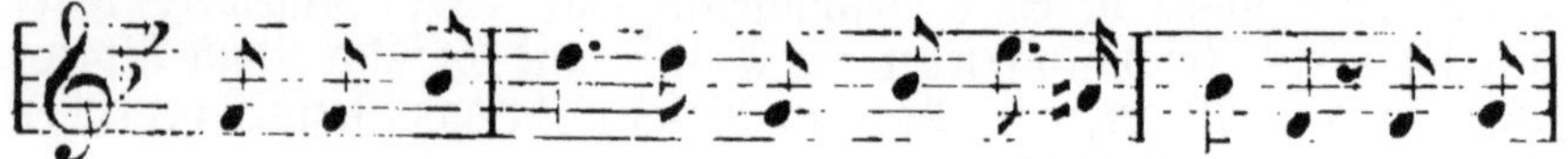

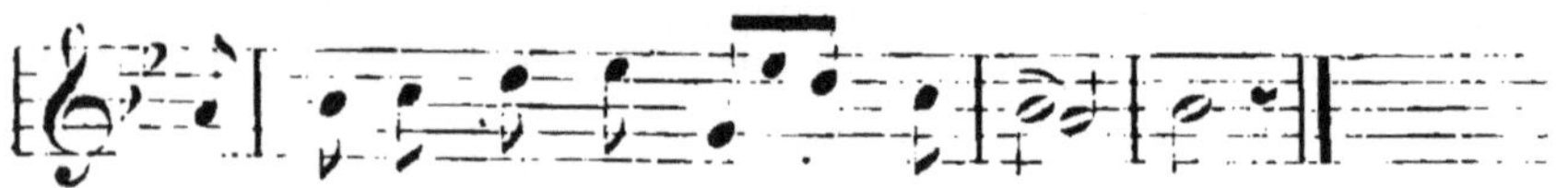

2. Das war ein Krieg, so frevelhaft errungen, daß nie ein Volk ein reiner Schwert noch zog, das war ein Sieg, so wunderbar gelungen, daß er das kühnste Hoffen überwog; das ist ein Lenz! so süß hat nie gesungen die erste Lerche, die gen Himmel flog; das ist ein Fest, wie nimmer seines Gleichen gefeiert ward im Schatten deutsches Eichen.

3. O seht die stolzen, bärtigen Gestalten, als Held marschirt ein jeder Mann im Glied; und sind es denn die Lieben noch, die alten? als Mann kommt wieder, wer als Knabe schied. Uns brennt das Herz und kann sich kaum noch halten von Thränen flimmert jedes Augenlied; die Trommel schweigt, es lösen sich die Glieder, und nun — in unsern Armen sind sie wieder.

4. Ein Jubel heut! o du im Frühlingsglanze, wie prangst du schön, mein deutsches Vaterland! Vom freien Rhein bei Straßburg's alter Schanze bis zu der Ostsee weißem Dünensand, vom Moselstrom im grünen Rebenkranze bis zu der Alpen schneebedeckter Wand, blüh' auf blüh' auf in frischer Frühlingswonne, kein schöner Land beleuchtet Gottes Sonne!

5. Unser das Reich. — Nun, alter Barbarosse, leg' friedevoll dein müdes Haupt zur Ruh, Ottonen ihr, du Kaiser Karl der Große, nun schlaft in Ehren in der Marmortruh': im Silberbart ein würdiger Genosse gesellt sich eurem hohen Reigen zu, ein herrlich Reich, ein deutsches ist erstanden, nicht Krieg bedeutet's, Friede bringt's den Landen.

Karl Gerock.

98. Kriegers Weihnachtslied.

Melodie: „Gott erhalte Franz den Kaiser."

1. Wieder bist du Fest der Freude, echt german'scher Feiertag, uns zurückgekehret heute, rufest uns zu danken wach. Dank dir Schöpfer, daß beschieden du uns diese Herzenslust, Dank, daß du uns schönen Frieden zu erhalten hast gewußt.

2. Neuen Frieden gibst du heute wieder Gott der ganzen Welt, hohe, reine Christenfreude steige auf zum Himmelszelt. Reine Liebe hat gelehret Christus, Gottes einz'ger Sohn, weil er sie der Welt bescheeret ward der Kreuzestod sein Lohn.

3. Drum dein sündenreines Sterben brachte Gnade uns und Glück, und dein Opfertod er brachte Seligkeit uns All'n zurück, ohne Eigennutz zu streiten für das schönste Vaterland, ohne Schuld den Tod zu leiden Gott den Heiland hat gesandt.

4. Doch auch wir, wir wollen streiten für das deutsche Vaterland, gern für es den Tod erleiden, das so herrlich auferstand. Lasset festlich uns begehen, Krieger, Christi Wiegenfest, laßt im Glauben fest uns stehen, Christi Lieb' uns nicht verläßt.

5. Als in Frankreich wir vor Jahren feierten den Weihnachtstag war in uns trotz der Gefahren die Erinnerung lebhaft wach an die Heimath, und wir sangen Hosianna in der Höh'! Ließen's Weihnachtsbäumchen prangen weihvoll im Gefild voll Schnee.

6. Drum des Weinachtstags gedenken wir als Krieger allzeit gern, uns're Lieben mit Geschenken ehrten uns auch in der Fern; Weihnachten mit seiner Weihe kennt man nur im deutschen Land, Weihnachtsfrieden uns verleihe Gottes gnadenreiche Hand.

Lied für „Alldeutschland hie."

99. Empfang der Gefallenen im Himmel.

Melodie: „Wo Kraft und Muth."

1. Geschlagen waren große Heldenschlachten bei Weißenburg, bei Spichern und bei Wörth, des Corsenreiches Festen mächtig krachten und deutscher Jubel wurde weit gehört. Gefallen waren Viele, gekommen sie zum Ziele, hin in Parade sie zum Himmel geh'n, in Reih' und Glied sie an der Himmelspforte steh'n.

2. Der Kaiser Barbarossa führt die Helden im Sturmschritt eilt er mit Hurrah heran, will selber sich im Himmel endlich melden; die Arbeit im Kyffhäuser ist gethan! Mit seinem Feuerbarte, dem Schwert mit mancher Scharte zum Petrus kommt der wack're Held und läßt sich melden bei dem Herrn der Welt.

3. Er rapportirt: Mit dreißigtausend Kriegern laß Schlüsselmeister in den Himmel mich hinein, mit lauter wack'ren, deutschen, frommen Siegern komm ich gezogen von dem deutschen Rhein; mit deutschen Heldenschaaren, die trotzten den Gefahren, die stritten für das deutsche Vaterland vom Schlachtfeld sind sie All' direct gesandt.

4. Der Petrus schauet auf zum Kaiser, eilt aufzusuchen seinen Herrn, der Alles weiß, der auf der Erde wie im Himmel weilet, zu hören den Befehl und sein Geheiß. Gott spricht: die Thore öffne für die da eingetroffen, doch lauter Helden bilden das Spalier, die Sieger festlich in dem Himmel grüßet mir.

5. Und der Befehl sich zum Empfang zu rüsten geht an die große, wackre Heldenzahl, vor Allem an die deutschen Heldenchristen sie treten freudig in den Heldensaal, die Helden zu empfangen, die herrlich eingegangen ins Paradies nach wack'rer, deutscher Art, geführt vom Kaiser mit dem rothen Bart.

6. Der Kaiser Carl mit Wittekind dem Sachsen die Ehrenwache freudig führet an, wie ist das deutsche Heldenheer gewachsen, hier sieht man manchen sel'gen Held und Mann; sie Alle sich verbeugen, um Ehren zu bezeugen den treuen Helden, die ihr Leben ließen und mußten es auf welschem Land beschließen.

7. Held Barbarossa tritt durch Himmelspforte mit seinen Schaaren in den Himmelssaal, mit seinem wack'ren deutschen Völkerhorte, mit Männern deutscher Stämme ohne Wahl, empfangen aller Wegen von Helden und Collegen, gegrüßet sollt ihr Alle freudig sein, die traten von dem blut'gen Schlachtfeld ein.

8. Den Krückenstock erhebt zum Gruß der Fritze und salutirt, sobald die Helden nah'n, begrüßet so, den Kaiser an der Spitze, die Truppen ehrend bis zum letzten Mann. Spricht, Alle die uns nahten von euren Heldenthaten hört man im Himmel und auf Erden singen, den Himmel zu erstürmen könnte euch gelingen.

9. Doch nein der Himmel nimmt euch auf in Ehren, ihr habt noch mehr geleistet als einst ich mit meinen Preußen, die doch auch zu wehren verstanden haben allzeit trefflich sich. Ihr Bayern, Preußen, Hessen und Schwaben nicht vergessen, ihr Sachsen, Franken, Pommern, Schlesier, Friesen das deutsche Volk mög' Einheit stets genießen.

10. Jetzt kam Held Blücher: Vorwärts, rief auch heute wie sonst er, wack're Helden kommt zu mir, du stattlich Heldenheer in meines Herzens Freude bring ich ein laut und freudig Hurrah dir! Erhebt euch Heldenseelen wir wollen Gott befehlen die Deutschen hier und drunten auf dem Feld, die kämpfen tapfer, Jeder als ein Held.

11. So sprach der Blücher und zum Himmelsthrone schritt im Parademarsch die Kriegerschaar, der liebe Gott empfing mit seinem Sohne die Männer, die gekämpft für deutschen Aar; gab, denen, die nicht scheuten den Tod des Himmels Freuden, sprach segnend: Deutsche, ich verlaß euch nie, ein neues Reich gedeih' und blüh'!

12. So wurden auch die spätern Opfer aufgenommen im Himmel, und ein einig Reich es ist mit Gottes Hilf' zu uns gekommen, mit einem Kaiser, dem kein Andrer gleich! Die Helden hier und droben laßt alle Zeit uns loben und preisen unser ganzes Leben lang im deutschen Lied und herrlichem Gesang.

Lied für „Alldeutschland hie."

100. Stiftungslied.

Melodie: „Wo Muth und Kraft."

1. Nach altem Brauch in unserm deutschen Landen wird, wenn ein neuer Freundschaftsbund entsteht, und wenn sich knüpfen neue Freundschaftsbanden vom Himmel Glück und Segen stets erfleht; drum da wir hier uns finden, um einen Bund zu gründen, wir fromm zum Himmelsvater fleh'n: Laß' blühen unsern Bund und lang besteh'n!

2. Als alte ausgediente Krieger wollen wir Kamradschaft pflegen treu und gut, dem deutschen Vaterlande Liebe zollen, zusammensteh'n als Krieger wohlgemuth, und Lieb' und Treu zu pflegen im Bunde allerwegen; wir treten freudig ein zu dem Verein, der Lieb' zum Vaterlande wir uns weih'n!

3. Mit Gott dem Vaterlande treu zu leben und fest zu stehen zu Kaiser und zu Reich wir allzeit treu und redlich wollen streben, denn Lieb' zum Vaterlande macht uns gleich; die Kameradschaft pflegen, wir wollen allerwegen und treu zu sein dem deutschen Vaterland, wir reichen uns zum Kriegerbund die Hand!

4. Mit Gott für Kaiser und für Reich zu streiten im Frieden, wie im Kriege sei uns Pflicht, nichts soll vom Vaterlande je uns scheiden, bis das der Tod das deutsche Herz uns bricht: Wir wollen nicht uns splittern, vorm Feinde nie erzittern, im Bunde treu zu sein und in der Schlacht, dem Kaiser sei das erste Hoch gebracht.

5. Mit Gott in diesen feierlichen Stunden, gegründet fest sei heute der Verein, er möge freudig alle Zeit verkünden, daß unser Leben wir dem Reiche weih'n! Du Kriegerbund gedeihe, empfange deine Weihe, wir Alle laut versprechen es dir hier: stets hoch zu halten Fahne und Panier.

Lied für „Alldeutschland hie."

101. Aufnahme in den Bund.

Melodie: „Treue Liebe bis zum Grabe"

1. Freund, du willst der Uns're werden, uns gehören ganz und gar, mit uns theilen die Beschwerden und die Freuden immerdar· willst zu uns'rer Ehre leben und vertheid'gen unsern Bund; ihm zu nützen, willst du streben alle Zeit mit That und Mund.

2. Unsere Gesetze halten willst du freudig alle Zeit, willst durch Zwietracht nie uns spalten, stets vermeiden Haß und Neid. Freundschaft, Liebe, hehre Freude soll dir lohnen deinen Schwur, willst du treu uns sein wie heute, lieber Freund, so sag' es nur.

3. In dem Frieden sollst du singen preisend Kaiser, Vaterland, gilt es freudig mit uns ringen mit der Waffe in der Hand, treu vereinigt mit uns singen, sollst du hadern aber nie, lasse deine Stimme klingen stets mit uns in Harmonie.

4. (Neuaufgenommener): Freunde hört, ich will versprechen, Eurem Bunde treu zu sein, nie das Wort der Treue brechen, uns'rem Bunde ganz mich weih'n. Seiner Ehre will ich leben, ihn verlassen schnöde nie, sondern treulich will ich streben stets mit Euch in Harmonie.

5. (Chor): Feierlich wir uns erheben, sei willkommen uns'rem Bund, dir wir uns're Rechte geben, schützen dich von dieser Stund'! Auf das Reich, den Kaiser trink, froh in uns'rem Kriegerbund, schöne Stunden, glaub' es, winken dir und Freuden, die gesund.

Lied für „Alldeutschland hie."

102. Lied zur Einweihung eines Kriegerdenkmals.

Melodie: „Zu Mantua."

1. Gedenkt, so ruft's im Busen, an eine hohe Zeit, die Glück und Freude brachte, doch Trauer auch und Leid, die Wunden schlug so tief, so tief, doch Freude auch ins Leben rief, an die Gefall'nen denkt.

2. Laßt zum Gedächtniß weihen für ihren Heldentod ein Denkmal, das sie ehret, weil sie in Drang' und Noth gekämpft ohn' Zagen, fest und treu den Tod gelitten ohne Scheu im fremden, wälschen Land.

3. Die Hülle lasset fallen vom Siegesmonument, das Denkmal alle Zeiten uns Heldennamen nennt; die Helden seien stets geehrt, die uns die Feinde abgewehrt, entblößet euer Haupt.

4. Doch nicht allein der Todten sei ehrend heut' gedacht, ge-

denket aller Derer, die treu im Krieg gewacht; gelobet sei du güt'ger Gott, der fern gehalten schlimme Noth dem lieben Vaterland.

¶ 5. Du Denkmal sei ein Zeichen auch einer künft'gen Welt, wie deutsche Krieger streiten, wie tapfer Jeder fällt. Lehr' deutsche Jugend deutschen Muth, lehr', daß auch sie läßt gern ihr Blut für's deutsche Vaterland.

6. Das Denkmal stets zu schützen, geloben heut' wir gern zu halten alle Feinde dem Vaterlande fern; dem deutschen Kaiser uns'ren Gruß wir bringen bei des Liedes Schluß, dem Kaiser, uns'rem Herrn.

Lied für „Alldeutschland hie."

103. Zur Fahnenweihe.

Melodie: „Steh' ich in finst'rer Mitternacht."

1. Der Fahne stets wir waren gut, vertheidigten mit uns'rem Blut das Banner in dem heil'gen Krieg, das uns geführt zu Ehr' und Sieg.

2. Die Fahne hatten wir so gern, sie schien uns ein gar heller Stern, sie flatterte uns kühn voran, wir folgen gern ihr Mann an Mann.

3. Treu uns'rem Banner waren wir, es war ein heiliges Panier, wir schwuren ihm, dem Vaterland den Treubund froh mit Herz und Hand.

4. Im Frieden nun, im Heimathshaus ziehn mit der Fahn wir nicht mehr aus, laßt uns ein neues Banner weih'n, uns schwören, stets ihm treu zu sein.

5. Gestiftet ist's von Frauenhand, von Mädchen, treu dem Vaterland, die Fahne allzeit sei geehrt, die Frauenhand hat uns bescheert.

6. Sie flatt're schön und stolz und kühn und weis' zur Treue stets uns hin, zur Treu' und Lieb zum Vaterland, im Kriege, wie im Friedensstand.

7. Im Frieden ziert sie uns'ren Bund, doch sollte kommen uns die Stund', in der bedroht der Feind das Land, dann nehmen wir die Büchs zur Hand.

8. Und nehmen uns're Fahne mit, vertheidigen sie Schritt für Schritt, sie ist geweiht von schöner Hand den Kriegern und dem Vaterland.

9. Sie sei ein echt und deutsch' Panier, dem alle gerne folgen wir, zu streiten für das deutsche Reich, für Volk und Kaiser segensreich!

10. Ihr deutschen Mädchen, deutschen Frau'n, auch ihr sollt' uns'rem Schwur vertrau'n, wir halten treu in Fried' und Schlacht als deutsche Männer Fahnenwacht.

Lied für „Alldeutschland hie."

104. Abschiedslied.

Melodie: „Morgen müssen wir verreisen."

1. Wandern willst du Freund und scheiden, lebe wohl, vergiß' uns nicht, uns're Wünsche dich begleiten, treuer Freund, so brav und schlicht.

2. Schütz' dich Gott im fernen Lande, wo das Schicksal hin dich bringt, knüpfe neue Freundschaftsbande, wo wie hier man friedlich singt.

3. Find' auf deinen Lebenspfaden, sei's im Süden, sei's im Nord', immer treue Kameraden, die dir helfen immer fort.

4. Ziehst hinaus mit schwerem Herzen, eine Thräne steht im Aug', laß' noch einmal Freund dich herzen, wie bei Deutschen es ist Brauch.

5. Lebe wohl, auf Wiedersehen! Freund nimm' uns're Bruderhand, wenn du auch wirst von uns gehen, fest bleibt unser Freundschaftsband.

6. Treu zu Reich und Kaiser stehe, bleibe treu dem Kriegerbund, bleib im Geist in uns'rer Mitte und an Geist und Leib gesund.

Lied für „Alldeutschland hie."

105. Krieger Grablied.

Melodie: „Brüder reicht die Hand zum Bunde."

1. Wieder einen uns'rer Brüder geben wir der Erde wieder, legen ihn ins stille Grab; brav und tapfer er gestritten, ausgekämpft und ausgelitten, senket trauernd ihn hinab.

2. Trauernd wir die Fahne senken, dankend seiner wir gedenken, der gekämpft für's Vaterland; Hab' und Gut hätt' er gegeben, setzte ein das eigne Leben für das Reich, das neu erstand.

3. Eine Salve lasset hören, in dem Tod soll sie noch ehren unsren braven Kamerad, schlaf er bis zur Weltparole sanft, der zu des Landes Wohle brav und gut gestritten hat.

4. Find' im bessren Jenseits dorten, der ein Engel wohl geworden, treue Kameraden auch; laßt zu seinem Grab uns treten, für den lieben Todten beten, wie im deutschen Land es Brauch.

5. Vaterland sollst nie vergessen, was der Sel'ge dir geweien, Kameraden entblöß' das Haupt! Ruhe Freund in stillem Frieden, Gott die Deinen mög' behüten, allzufrüh' ward'st du geraubt.

6. Lorbeer und Cypressen schmücken soll dein Grab, dich soll nicht drücken schwere Erde, ruhe gut, schlafe wohl auf Wiedersehen, sanfte Lüfte dich umwehen treu und gut Soldatenblut.

Lied für „Alldeutschland hie."

106. Trink-Lied zum Stiftungsfest.

Melodie: „Hier sind wir versammelt etc."

1. Da wir uns gefunden beim fröhlichen Fest, laßt lustig die Becher erklingen; die Mühen und Sorgen vergessen uns läßt ein fröhliches heiteres Singen! Erschallen soll darum, uns allen zur Lust, ein heiteres Liedchen aus männlicher Brust, da wir eines schönen Stands uns bewußt: laßt fröhlich und heiter uns singen, und lustig die Becher erklingen!

2. Versammelt zum Stiftungsfest ist der Verein, drum laßt das Zusammensein preisen, drum füllet die Becher mit goldenem Wein, die schäumenden lassen wir kreisen! Da heute wir Alle noch froh und gesund, drum geben wir unsere Freude gern kund; laßt singen uns lustig mit fröhlichen Mund, laßt schäumende Becher uns kreisen und unser Zusammensein preisen!

3. Ihr lieben Kam'raden es schwindet die Zeit, benutzet die schöne und trinket! Beim Wein und Gesange vergeßt Euer Leid; seht schäumender Becher uns winket! Bald sind wir zerstreut in gar manch' fremdes Land, uns fesselt so manches, so bindende Band, drum heute wir drücken uns fröhlich die Hand, benutzen die Zeit noch und trinken, so lange die Becher uns winken!

4. Und kommet die Zeit, wo geschieden muß sein; laßt wieder die Becher erklingen! In Freundschaft nehmt Abschied beim perlenden Wein, ein Abschiedslied lasset uns singen! Euch Allen sei gnädig ein gutes Geschick! Wir wünschen euch Allen von Herzen stets Glück! Drum denket wie wir an das Fest oft zurück, laßt oft noch die Becher erklingen bei heiterem fröhlichem Singen!

Lied für „Alldeutschland hie."

107. Die kleinen Patrioten.

Max: Wie schön der Lehrer hat erzählt, den Krieg er sich zum Stoff gewählt, wie Deutsche standen fest im Krieg, gewonnen manchen schönen Sieg!

Fanny: Ich weiß es noch, wie das geschah, ich damals manch' Franzosen sah', die Mutter nähte Tag und Nacht, Verwundeten hat sie Hemden gemacht. Charpie zupfte ich als kleines Kind, zuletzt ging es schon recht geschwind!

Lilli: Ich habe Strümpfe gestrickt für die Armen, der Feinde muß man sich auch erbarmen, wenn Nachricht kam vom deutschen Sieg, und ich gesessen an Maxens Wieg' dann hat geklopft mein kleines Herz, ich dankte Gott, sah himmelwärts!

Max: O wär ich damals groß gewesen hätt' auch mich mit Franzosen gemessen, ein eisern Kreuz mit heimgebracht, das ich verdient in schwerer Schlacht!

Fanny: Wenn ich erwachsen damals war, wär' auch gefolgt der Kriegerschaar, wär' Husar geworden mit Leib und Seel, hätt' Hurrah gerufen aus voller Kehl. Gleich einem Manne ich gestritten, wär' muthig in den Feind geritten!

Lilly: Das Fanny hätt' ich nicht gethan, das ist nicht eines Mädchens Bahn, im Lazareth hätt' ich gepflegt, Verwundeten Binden angelegt, geholfen, wo das Weib es kann, die Waffe sie gehört dem Mann!

Max: Der Lehrer erzählte von mancher Schlacht, die den Deutschen Sieg und Frieden gebracht und sagte: ihr wart' nicht dabei, doch wenn der Krieg entsteht aufs neu, so haltet treue Wacht am Rhein, wollt brave, wackre Krieger sein und weiter: denn ihr, ihr deutsche Knaben ihr habt es ja gehört, wie sich die Deuschen schlugen bei Gravelott' und Wörth, und wenn ihr groß geworden, so schlaget tapfer ein, beschirmt wie eure Väter den alten deutschen Rhein; denn ihr der Väter Thaten, dadurch am meisten ehrt, daß ihr den Ruhm der Väter in deutschen Landen mehrt. Der Lehrer hatte ausgesprochen und wir sind fröhlich heimgezogen, ich habe still bei mir gedacht, wenn's gilt, stehst fest du in der Schlacht.

Fanny: Hast recht, geliebter Bruder mein, wir Deutsche wollen einig sein, gewappnet gegen Feind und Schlacht, die Einigkeit uns tüchtig macht. Geschwister sollen treu sich lieben, Gott hat es uns ins Herz geschrieben, den Eltern folgen auf das Wort als ihren besten treusten Hort; Max heute woll'n wir uns versprechen, uneinig nie uns schlafen legen, recht fleißig brav und redlich sein, die Eltern immer nur erfreu'n, die Wahrheit sagen, — lügen — nein, dann bleibt uns das Gewissen rein!

Lilli: Hast recht, geliebte Schwester mein, wir Deutsche wollen einig sein, wir wollen lernen groß und klein, einander nützlich nur zu sein, versprechen wirs den Eltern gern, stets brav zu sein auch wenn sie fern. Und kommt der Schelm Franzos herein, dann woll'n wir treue Hüter sein. Dann sind wohl Reich' und Arme gleich, hoch leb' der Kaiser und das Reich.

Für „Alldeutschland hie."

108. Germania auf dem Niederwald.

Nun steh' für alle Zeiten
Am Rhein als deutsche Wacht!
Schau' aus in alle Weiten,
Schau' aus bei Tag und Nacht!
Ein Sinnbild für das Vaterland,
Das seine Einheit wiederfand,
Heb' hoch empor mit stolzer Hand,
Zum Gruß dem Volk, dem Throne
Die deutsche Kaiserkrone!

Und halt' an deiner Linken
Das deutsche Schwert bereit,
Daß, wenn Gefahren winken,
Gerüstet ist der Streit,
Das ganze deutsche Volk, bewehrt,
Wie früher in die Feinde fährt
Und Deutschlands Marken, unversehrt,
In den gezog'nen Grenzen
Für alle Zeiten glänzen!

Verbannt für alle Tage
Sei jede Zwistigkeit!
Die Barbarossasage
Ward wahr in schwerer Zeit;
Und der die Sage wahr gemacht,
Aus Pulverdampf und Kampf und Schlacht
Die Einheit uns zurückgebracht:
Ist Wilhelm unser greiser
Siegreicher Heldenkaiser!

Drum hat in Huld und Milde
Dich seine Hand geweiht,

Du herrliches Gebilde,
Als Bild der Einigkeit.
Der Einheit und der Deutschen Kraft,
Durch die kein inn'rer Riß mehr klafft,
Die Achtung sich nach außen schafft,
So daß vor Noth und Sorgen
Das Reich bleibt wohl geborgen.

So schau' für alle Zeiten
Als deutsche Wacht am Rhein
Hinaus in alle Weiten
Und in das Land hinein
Zum Schutz des Friedens für das Reich,
Zur Abwehr gegen Feindesstreich,
Nach außen, wie nach innen gleich;
Dann wirst vor Kriegsgefahren
Du Land und Volk bewahren.

Und hälst du so in Treue,
Germania, die Wacht,
Hast unter Himmelsbläue
Die Tagesschau vollbracht:
Dann lenke, wenn der Abend winkt,
Dem Westen zu die Sonne sinkt
Und fern ihr letzter Lichtstrahl blinkt
Den Blick auf Wehmuthsflügeln
Zu den verklärten Hügeln.

Dort ruh'n sie ja und schlafen
In blutgetränktem Feld.
Die Tap'ern und die Braven,
Ein jeglicher ein Held,
Die muthig gingen in den Tod,
Gehorsam heil'gem Pflichtgebot,
Und aus des Vaterlandes Noth
Die Freiheit uns erwarben
Und für die Freiheit starben.

So oft in Abendtönen
Der Tag sich neigt zur Ruh,
Wink' jenen Heldensöhnen
Die treusten Grüße zu!

Unwandelbar, unwandelbar,
Bring' der verklärten Heldenschaar
Des Vaterlandes Liebe dar!
Sein Dank soll nie vergehen,
Und du sollst ewig stehen!

September 1883. Erwin Weßter.

Inhalts=Verzeichniß.

Inhalts-Verzeichniß.

Seite.

Seite.

Seite.

Seite.

Seite.

Seite.

Seite.

Druck von L. Brunn's Wwe.,
Heiligenstadt in Thür.